〈제2판〉

사회복지학개론

윤정숙 · 신민정

KNOWLEDGE COMMUNITY 공동체

Preface

사회복지를 한마디로 정의하는 것은 어려운 일이다. 사회복지를 배우는 학생들에게 사회복지란 무엇인가 질문을 하면 머뭇거리면서 알기는 아는데 한마디로 정의하는 것을 어려워하는 경우가 많다. 평생교육 시대에 이런저런 과정을 통해서 사회복지를 접하는 학생들에게, 특히 만학도에게는 더욱 그런 것 같다.

이 과목은 사회복지학과에 들어와서 처음 배우는 전공과목 중 하나로서 사회복지에 대한 기본적인 지식과 사회복지과에서 앞으로 배우게 될 내용들을 전반적으로 소개하는 과목이다. 이 책은 사회복지가 무엇을 하는 학문이며 무엇을 대상으로 실천을 하는 학문인가를 소개하는 책이다. 사회복지는 우리 사회의 다양한 사회문제를 해결하기 위한 하나의 방법으로서 인간의 삶의 질 향상과 사회적인 욕구, 개인적인 문제를 사회복지 제도와 서비스를 통해 해결하고자 노력하는 학문이라고 할 수 있다.

이 책은 학생들뿐만 아니라 일반인들도 사회복지를 쉽게 이해할 수 있도록 가능한 한 쉽고 간단하게 기술하는 데 중점을 두었다. 깊은 내용은 별도의 전공과목에서 배우기 때문에 개론서에서 깊이 있는 내용을 다루기보다 기본적이고 기초적인 내용을 소개하는 방향으로 집필 방향을 정했다.

사회복지학개론을 오랫동안 가르치면서 느꼈던 문제와 학생들의 입장에서 다가가기 쉽도록 고려하려고 노력했다. 사회복지를 처음 접하는 학생들은 용어 자체가 생소한 것이 많아 어려워하는 경우가 많았다. 이러한 문제를 보완하고 배우는 입장을 고려하여 교양적이고 상식적인 수준에서 이해할 수 있도록 전체적인 구성을 하였다.

모쪼록 이 책을 접하는 학생들이 사회복지가 재미있는 과목이라는 인식을 가지고 공부하기를 바란다. 앞으로 더 깊이 알아가고 싶은 동기부여가 되는 과목이 되기를 희망해 본다.

2023년 3월

저자 일동

Contents

PART 2 사회복지의 실제

PART 01

사회복지의 기초

01
CHAPTER

사회복지학문은 무엇을 배우는 것인가?

최근 들어 복지에 대한 관심이 높아지고 있다. 급격한 사회변화와 산업구조의 변화, 인구구조의 변화, 생활구조의 변화 등은 다양한 영역에서 국민 생활에 커다란 영향을 미치고 있다. 과거에는 스스로 해결할 수 있었던 문제를 개인의 차원을 넘어 사회적인 차원에서 해결을 요구하는 방향으로 변화하고 있다. 개인 차원의 문제가 사회구성원 대다수의 문제로 인식되고 사회제도적인 차원에서 보호를 필요로 하는 사회가 된 것이다.

여성들의 사회진출로 자녀양육과 가사부담, 부모부양 등 여성 혼자서는 해결할 수 없는 역할의 한계와 인식의 변화는 새로운 제도를 필요로 하게 되었다. 일과 가정을 양립할 수 있는 제도, 노부모 부양을 국가가 책임지는 제도, 자녀양육에 필요한 양육비, 교육비 지원제도, 질병에 대한 국가 차원의 보호와 지원제도 등 국민들의 삶의 질을 보장하고 향상시키기 위한 국가적인 차원에서의 대책이 증가하고 있다.

사회복지는 사람들이 살아가면서 겪게 되는 다양한 문제와 고통을 사회가 분담하고 함께 책임지는 과정에서 제공되는 사회적인 서비스라고 할 수 있다.

사회복지학문도 시대의 변화와 더불어 다양화하고 세분되는 경향을 보이고 있다. 개인적인 욕구와 문제를 중심으로 해결하는 데 초점을 맞추는 문제해결 중심의 접근에서 다양한 영역, 다양한 대상으로 전문화되고 세분화되는 경향을 보이고 있다. 따라서 사회복지라는 학문은 인간의 욕구와 사회문제를 이해하는 데 필요한 지식을 배우고, 해결방안을 모색하기 위한 제도와 정책을 연구하는 것이라고 할 수 있다. 또한 모든 국민이 행복한 삶을 추구할 수 있도록 원조하고 서비스를 제공하는 기술을 배우는 것이다. 사회복지 학문은 사회복지를 실천하는 과정에서 필요한 가치와 윤리, 사회복지의 발전과정, 사회복지 분야, 대상, 영역에 따른 접근방법과 사회복지사로서의 역할, 기술 등을 배운다.

1. 사회복지란 무엇인가?

복지란 인간을 행복하게 만드는 것이라고 할 수 있다. 그렇다면 행복이란 무엇인가? 행복은 사람들마다 사고방식이나 가치관 등에 따라 각기 다른 기준과 인식을 가지고 있다. 복지는 개인의 행복뿐만 아니라 다른 사람의 행복도 중요하게 생각하며 함께 책임을 공유하는 것이다. 다른 사람들의 생각과 삶을 존중하고 관심을 가지며 모든 인간이 인간다운 삶을 누릴 수 있도록 상부상조하며 사회적인 연대를 이루어 가는 것이다. 사회복지는 인간이 행복을 추구하는 데 방해가 되는 생활불안에 대한 대책의 하나로 볼 수 있다. 경제활동과 관련된 노동문제, 주택문제, 건강문제, 교육문제, 고령자문제, 장애로 인한 문제, 질병으로 인한 문제, 아동·청소년 보호와 관련된 문제, 가정문제, 범죄문제, 빈곤문제, 범죄문제, 인구문제 등 다양한 영역에서의 생활불안을 제거하고 최소한의 보장을 위해 노력하는 것이다.

따라서 사회복지가 무엇인가를 명확히 하기 위해서는 다음과 같은 몇 가지 사항을 설명할 수 있어야 한다.

첫째, 사회복지의 대상은 무엇인가?

둘째, 사회복지의 주체는 무엇인가?

셋째, 사회복지의 목적은 무엇인가?

넷째, 사회복지를 위한 수단과 방법은 무엇인가?

다섯째, 사회복지는 사회정책, 사회보장, 사회보험, 노동정책 등과 어떤 관련이 있는가?

여섯째, 사회복지와 사회정의는 어떤 관련성이 있는가?

일반적으로 사회복지는 인간의 욕구와 밀접한 관련이 있다. 그것은 사회복지가 인간 생활에서 발생하는 문제에 대하여 관심을 가지며 바람직한 해결방안을 강구하는 데 관심을 갖는 학문이기 때문이다. 사회구성원들의 삶의 질을 향상시키고 행복을 추구하는 데 필요한 환경을 개선시켜 개인의 욕구와 환경 간의 조화를 이루도록 실천하는 학문이다. 인간은 사회적인 존재이므로 인간의 문제는 인간을 둘러싼 환경을 떠나서는 생각할 수 없다.

욕구란 무엇인가? 욕구는 인간이 세상을 살아가는 데 필요한 것, 반드시 필요한 것, 원하는 것, 좋아하는 것 등 매우 다양하다. 욕구는 사람이 살아가는 데 기본적으로 필요한 것을 구하는 것으로 욕구가 충족되지 않을 때 불행과 좌절, 분노를 느끼게 된다(박옥희, 2017 : 16). 사회복지에서는 인간의 생존에 반드시 필요한 욕구가 충족되지 않거나 결핍되었을 때 발생하는 개인적인 욕구를 해결하는 데도 관심을 갖지만 사회적인 제도나 모순, 사회적인 문제로 인해 발생하는 욕구를 중요시한다.

따라서 인간의 개인적인 욕구는 사회적으로 많은 사람들이 공감하고 인식하는 욕구이어야 하며, 개인적인 차원이 아니라 사회적인 차원에서 해결과 개선을 필요로 하는 욕구, 예방적인 차원에서 대책을 필요로 하는 욕구 등이라고 할 수 있다.

1) 욕구의 개념

욕구는 인간의 생존에 필요한 신체적, 심리적, 경제적, 사회적, 문화적인 요구로서 개인적이고 사회적인 요구를 의미하는 것이다. 욕구는 매우 보편적이고 자연스러운 현상이며, 삶을 유지하는 데 필요한 자원이라고 할 수 있다. 알트슐드(Altschuld, 1995)는 욕구는 현재 상태와 바람직한 상태 사이의 차이를 말하며, 현재 상태와 바람직한 상태의 차이를 충족시켜 나가기 위한 수단이라는 의미가 포함되어 있다고 했다(권혁창 외, 2017 : 57). 즉, 욕구는 생명체가 존속하기 위해 필요한 것을 구하는 현상이다.

욕구는 인간이 살아가는 데 필요한 최소한의 요소이며 필수 불가결한 요소를 포함하는 기본적인 욕구와 사회적인 욕구로 구분하여 생각해 볼 수 있다.

기본적인 욕구는 첫째, 모든 개인에게 요구되는 공통적인 욕구이다. 모든 인간이 무차별 평등하게 가지는 공통된 욕구들을 의미한다. 예를 들면, 의식주와 같은 욕구 등으로 이해할 수 있다. 둘째, 필수 불가결한 욕구이다. 인간의 생활유지에 필수적으로 요구되는 욕구로 인간의 존엄성을 유지하기 위해서 보장되는 생존권적 기본권 등을 말한다. 인간이 사회적 존재로서 살아가는 데 필요한 기본적인 욕구를 의미한다. 셋째, 최소한의 욕구이다. 이 욕구는 욕구의 정도나 수준을 의미하는 욕구로서 인간으로 삶을 영위하는 데 필요한 최소한 충족되어야 하는 욕구를 말한다(박용순, 2017 : 17-18).

사회적 욕구는 인간의 욕구를 사회적인 차원에서 인식하는 욕구이다. 욕구 불만이나 욕구 결여의 원인을 사회적인 원인으로 인식하는 것으로 사회의 변화와 정치·경제제도 변화에 따라 영향을 받는 욕구이다. 예를 들면, 빈곤의 원인을 개인에게 있는 것으로 볼 것인지 경제발전으로 인한 사회구조의 변화로 볼 것인지와 관련된 욕구라고 할 수 있다.

2) 욕구 이론

(1) 브래드쇼(Bradshow)의 욕구이론

브래드쇼(J. Bradshow, 1977)는 "사회서비스가 직면한 가장 심각한 문제 중 하나는 사회적 욕구를 어떻게 규명하느냐의 문제"라고 하면서 욕구의 내용을 네 가지로 제시하였다.

① 규범적 욕구

규범적 욕구(normative need)는 전문가의 판단에 의해 정의한 욕구를 말한다. 사회적인 상황에서 욕구의 바람직한 수준의 기준이 정해지고 실질적인 수준과 비교하여 차이가 있는 욕구상태를 의미한다. 예를 들면, 아동의 영양 수준이 신체적 발달에 따라 전문가들에 의해 바람직한 수준이 제시된 경우 정해진 적정 수준에 미치지 못한다면 바람직한 영양 수준에 대한 욕구를 갖게 되는 것이다.

이러한 규범적 욕구는 사회적 가치나 규범, 전문가의 특성에 따라 그 기준이 영향을 받는다는 점에서 유동적이며 획일적인 기준을 반영하기 때문에 한계가 있다. 개별 대상자의 실제 욕구와 획일적인 기준의 차이가 클 경우 개별성이 존중받지 못할 수 있다.

② 감지된 욕구(느낀 욕구)

감지된 욕구(felt need)는 개인이 주관적으로 지각하는 욕구에 초점을 맞추어 측정되는 욕구이다. 이러한 욕구는 대상자가 어떠한 서비스를 요구하고 있는지 필요로 하고 있는지를 조사해 봄으로써 측정되는 욕구이다. 설문지, 면접, 인터뷰 등의 여러 가지 조사를 통해 대상자의 욕구를 확인하는 방식으로 이루어진다. 그러나 욕구의 특성상 조사대상자의 주관성과 시기, 상황의 변화에 따라 달라질 수 있어 욕구의 일관성을 확보하기 어렵다는 문제를 가지고 있다. 또한 자신의 욕구를 정확히 감지하지 못하는 경우나 인지적으로 문제가 있는 경우 욕구 측정이 불가능하여 응답이 배제될 수 있다는 것이다. 욕구를 인지하고 표현하는 수준이 다양해서 적절한 기준을 정하기가 어렵고, 현재나 가까운 장래의 여건과 상황에 따라서 욕구의 정도도 수시로 변할 수 있다는 점에서 측정에 오류를 범할 수도 있다(황성철, 2007 : 116).

③ 표현된 욕구

표현된 욕구(expressed need)는 사람들이 필요로 하는 욕구를 행동으로 직접 표현하거나 요청할 때 나타나는 욕구를 말한다. 이러한 욕구는 대상자들이 적극적인 방식으로 욕구를 표현했을 때 인정되는 욕구로서 구체적인 행위를 실제적으로 실행하는 것이다. 표현된 욕구는 실질적인 서비스 수용 대상자를 파악하거나 구체적인 욕구 정도를 파악할 수 있어 적절한 개입이 가능하다. 그럼에도 불구하고 지적인 장애나 인지적 장애 등의 문제가 있는 경우 욕구표현에 제한이 있어 욕구파악에서 제외될 수 있다.

④ 비교욕구

비교욕구(comparative need)는 욕구를 가진 대상자들이 서로 다른 지역 간에 존재하는 서비스 수준의 차이나 서비스 수급 대상에서 제외되는 경우 발생하는 욕구이다. 즉, 동일한 욕구를 가진 사람들이 동일한 서비스를 받지 못하게 되면 비교욕구를 갖게 된다고 말할 수 있다. 구체적으로 욕구를 갖고 있는 당사자와 유사한 욕구를 가진 사람을 비교하거나, 또는 타 지역과 비교하여 정해지는 욕구를 말한다. 비교욕구는 어떠한 지역의 사람들이 일정한 서비스를 받고 있고, 비교된 다른 지역에서는 아직 서비스가 실시되지 않았다면 그 서비스에 대한 욕구를 평가하는 데 도움이 될 수 있다(이인정, 2001).

비교욕구는 현실적으로 한 지역이 필요로 하는 욕구가 있음에도 불구하고 타 지역과의 서비스 수준 간에 차이를 측정하므로, 실제로 충족되어야 할 욕구가 반영되지 못하는 경우가 있을 수 있다. 욕구파악을 위한 비교집단이 동일한 욕구를 가진 집단이라는 보장이 없어 비슷한 욕구를 가진 집단 간의 비교가 동일한 수준의 욕구가 있는 집단인지에 관해서는 정확하지 않을 수도 있다는 문제가 있다.

결과적으로 사회적 욕구는 모든 사람이 생존을 위해 필요한 기본적인 요건으로서 사회복지를 통해 충족되어야 하는 기본적인 욕구로 인식할 필요가 있고 여러 차원의 욕구가 개인이나 집단에게 통합적이고 전체적인 관점에서 적절하게 반영될 수 있도록 하여야 한다(박용순, 2017 : 18-19).

(2) 매슬로우(Maslow)의 욕구이론

매슬로우(Abraham Maslow)는 인간은 태어나면서 자연적이고 본능적으로 욕구를 가지며 충족하고자 하는 동기를 가지고 있다고 가정한다.

인간은 자신의 능력과 자기를 실현하고자 하는 본성을 가지고 있고 이를 끊임없이 갈망한다고 보았다. 인간은 이러한 욕구를 충족시키기 위해 행동한다고 보았다. 그는 인간행동의 동기가 되는 욕구체계를 5단계로 제시했다. 인간은 가장 기본적인 욕구를 충족하고 나면, 다음 단계의 욕구를 충족하기 위해 계속해서 다음 단계의 욕구를 끊임없이 추구한다고 하였다.

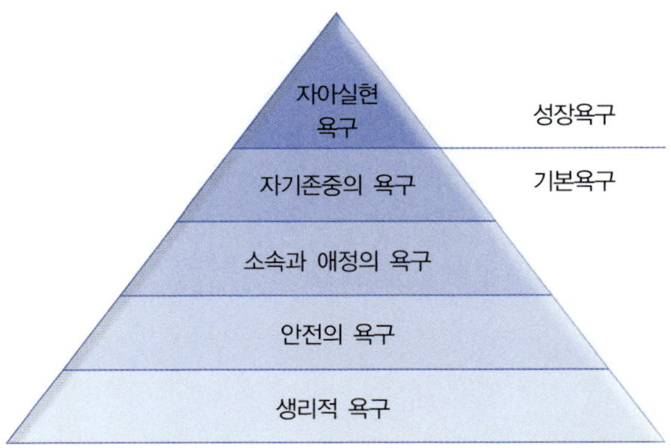

| 그림 1-1 | 매슬로우(Maslow)의 욕구단계

매슬로우(Maslow)는 인간의 욕구는 그 중요성과 강도에 따라 위계적으로 배열되어 있으며, 개인에 따라 차이가 있고 특정 시기에 강하게 나타나는 욕구가 있기는 하지만 모든 욕구가 동시에 존재한다고 보고 있다. 만약 생리적 욕구를 85% 정도 충족시키면 안전의 욕구는 70% 정도, 소속과 애정에 대한 욕구는 50%, 자기존중의 욕구는 40% 그리고 자아실현의 욕구는 10% 정도를 충족한다(Maslow, 1971; 김동배 · 권중돈, 1998 재인용). 대체적으로 인간은 하위단계의 욕구를 적정 수준 충족하면 계속적으로 상위단계의 욕구를 충족하는 경향을 보인다. 매슬로우(Maslow) 욕구유형의 자세한 설명은 다음과 같다.

① 생리적 욕구

생리적(physiological) 욕구는 5단계의 욕구 중 최하위 욕구이자 가장 강렬하고 기본적인 욕구이다. 이러한 욕구는 의식주 욕구, 성적 욕구, 추위나 더위 또는 고통을 피하려는 욕구들로 인간에게 가장 기본이 되는 욕구이다. 예를 들어, 음식, 물, 공기, 배고픔, 갈증, 수면 등 감각적 욕구로서, 이는 인간의 생물학적 유지와 생존을 위해 꼭 충족되어야 하는 욕구이다.

생리적 욕구는 다른 욕구들과 두 가지 점에서 다르다. 첫째는 완전히 만족되거나 넘치게 만족될 수 있는 유일한 욕구라는 것이다. 어떤 사람이 충분히 음식을 먹은 후 음식을 추구하는 욕구를 완전히 잃을 수 있다. 둘째는 욕구가 다시 생긴다는 것이다. 인간은 음식을 먹은 후 일정 시간이 지나면 다시 배가 고프다. 음식과 물은 계속 공급되어야 한다. 하지만 다른 욕구유형들은 다시 생기지 않는다(이 숙 외, 2008 : 118). 구체적으로 생리적 욕구는 다른 욕구단계들과는 달리 욕구를 분명히 충족하였음에도 계속적인 욕구 충족의 본능적 욕구가 이루어진다는 것이다.

② 안전의 욕구

인간이 생리적 욕구가 충족되면 자연스럽게 개인의 안전에 대한 욕구추구에 관심을 가지게 된다. 충족되어도 또 다시 욕구가 생기는 생리적 욕구의 특성과는 달리 안전의 욕구는 안락하고 편안한 환경을 보장받고자 하는 욕구로서 끊임없이 추구하는 특성이 있다. 예를 들어, 가족의 위기라든가 해체를 경험하지 않은 대부분의 아동에게는 거의 안전욕구가 채워져 있어 이 욕구가 그리 중요하지 않다.

특히 아동의 경우에는 어둠, 동물, 낯선 사람, 부모의 벌 같은 위협에 노출된 상태로 살아가므로 안전욕구에 동기화된다. 또한 안전에 대한 욕구는 전쟁, 범죄, 홍수, 지진, 폭동, 사회조직의 해체 따위가 발생할 때에도 나타난다. 안전의 욕구를 위협하는 욕구가 생기면, 다음 단계의 욕구인 소속과 애정, 자기존중, 자아실현과 같은 더 높은 단계의 욕구는 힘을 잃고 안전의 욕구 충족에 힘쓴다.

③ 소속과 애정의 욕구

두 가지 하위욕구인 생리적 욕구와 안전의 욕구가 충족되고 나면 인간은 소속과 애정의 욕구를 추구한다. 소속과 애정의 욕구는 사랑, 애정, 가족이나 집단에 대한 소속감, 우정, 사람들과 시간을 함께 보내고 싶어 하는 것 등이다. 사람들은 친구나 가족, 사랑하는 사람이 없을 때 심한 외로움을 느낀다(최옥채 외, 2008). 특히 현대사회에서 개인주의 경향이 심화될수록 사람들은 소속과 애정의 욕구를 더 갈망하게 된다.

④ 자기존중 욕구

자기존중(self-esteem) 욕구는 소속과 애정의 욕구가 충족된 이후에 추구된다. 이것은 자신을 긍정적으로 평가하려는 데에서 생기며, 자기존중과 타인으로부터의 존경으로 분류된다. 자기존중은 능력, 신뢰감, 적합성, 성취, 독립, 자유 등을 포함하는 것으로 자신이 가치 있다고 생각하는 것이다. 타인으로부터의 존경은 명성, 인식, 수용, 주목, 지위, 평판 등을 포함하는 것으로 자기의 능력이 다른 중요한 사람으로부터 인식되고 좋게 평가되는 것이다(이근홍, 2008). 이러한 자기존중 욕구는 자기개발, 긍정적인 자아관으로 나타나며 타인으로부터 인정받고 존중받고자 하는 욕구이다.

⑤ 자아실현의 욕구

마지막으로 자아실현(self-actualization)의 욕구는 앞의 네 가지 하위욕구가 충분히 만족될 때 성취되는 욕구이다. 매슬로우(Maslow)는 가장 높은 단계에 도달한 사람이 그 자신의 재능, 능력, 잠재력을 충분히 발휘하려고 노력하여 자신이 원하는 것을 실현하고자 하는 고차원적인 욕구를 자아실현 욕구로 설명하였다. 즉, 인간의 재능, 능력, 잠재력을 최대한 발휘하고 인간의 이상이 실현되는 상태를 의미한다. 그러나 자아실현은 충족감을 주는 한편, 책임감과 미지에 대한 두려움도 일으킨다.

사회복지 분야에서는 개인의 욕구, 집단의 욕구, 지역사회 욕구 등을 파악하여 욕구 충족을 위해 필요한 서비스와 프로그램, 정책 등을 개발하고 추진하기 위해 노력한다.

2. 사회복지 개념과 정의

사회복지라는 말은 사회와 복지를 합성한 용어이다. 'Social Welfare'에서 'Welfare'는 well과 fare의 합성어로 well은 좋은, 안녕, 평안 등의 의미이며 fare는 가다, 지내다 등의 의미이다. 따라서 welfare는 편안하게 잘 지낸다, 안락하고 만족한 상태 등을 의미한다. 즉, 사회복지는 사회적으로 평안하고 만족스러운 상태, 사회적으로 평안하게 잘 지내는 상태 등으로 해석할 수 있다.

사회복지는 한 나라의 가치관이나 이념, 문화, 정치, 경제적인 수준에 따라 각기 다른 형태를 지닌다. 문화적인 특성, 역사적인 배경, 정치적인 성향, 경제적인 차원에 따라 다양한 형태로 나타난다고 할 수 있다.

사회복지라는 용어는 개인적인 행복이나 건강의 차원을 넘어 사회 구성원 모두의 행복추구 노력, 집합적인 차원에서의 활동으로서 개인의 노력만으로 성취할 수 없는 부분을 사회가 책임지는 노력을 의미하며, 조직적인 차원에서 사회구성원들이 복지상태를 유지할 수 있도록 노력하는 것을 의미한다. 궁극적으로 사회복지라는 용어는 사회구성원들이 안녕하지 못하고 만족스럽지 못한 생활에 대한 책임을 개인의 책임에서 사회의 책임으로 인식하면서 사용하게 된 용어라고 할 수 있다.

이러한 복지에 대한 사회적인 인식과 사회복지가 탄생하게 된 배경을 간략하게 살펴보면 다음과 같다. 첫째, 경제성장과 산업구조의 변화에서 볼 수 있다. 농경사회에서 산업사회로 발전하면서 인구의 도시 집중으로 빈곤문제, 노동문제 등이 발생하였고 이러한 문제를 사회구조적인 문제로 인식하게 됨으로써 빈곤에 대한 책임을 개인적인 차원에서 사회적인 책임으로 인식하게 되었다. 둘째, 가족제도의 변화이다. 산업구조의 변화는 여성의 사회진출을 확대시켰고, 도시로 인구 이동은 대가족 제도에서 핵가족 제도를 불가피하게 하였고 핵가족화는 맞벌이로 인한 자녀양육문제, 가족기능의 약화 등 다양한 새로운 문제에 대한 대책을 필요로 하게 되었다. 셋째, 과학의 발달이다. 과학의 발달은 의학의 발달로 이어지고 인간의 평균수명 연장은 고령자 증가로 이어져 고령자 보호와 요양에 대한 사회적인 차원에서의 대책을 요구하게 되었다. 넷째, 도시화에 따른 환경의 변화이다. 교통수단의 발달, 환경오염, 산업재해로 인한 장애증가, 직업병 등과 같은 문제가 심각해지는 상황 속에서 사회적인 대책을 필요로 하게 되었다. 다섯째, 사회연대의식의 약화이다. 개인적인 삶의 방식과 생활문화의 서구화 등으로 이기적이고 개인주의적인 측면이 두드러지고 사회구성원들은 과거에 경험하지 못했던 스트레스로 인해 정신적인 질환이 급증하고 있다. 또한 예측하지 못했던 천재지변이나 재해 등에 대비할 수 있는 사회적 보호와 국민들의 안정적인 경제생활을 보장해 줄 수 있는 연금제도, 사회보험제도 등을 통한 사회적 안전망의 필요성이 요구되고 있다. 여섯째, 개인의 책임을 벗어나는 다양한 사회문제의 증가이다. 끝으로 자본주의 사회가 갖고 있는 모순으로 인한 사회구조적인 문제를 해결하기 위한 정책으로 복지가 요구되게 되었다.

1) 사회복지 개념

사회복지의 개념은 크게 두 가지로 구분해서 정의한다. 서비스 대상의 범위를 어떻게 규정하는가에 따라 광의의 개념과 협의의 개념으로 구분하여 설명할 수 있다. 1950년대 우리나라에 사회복지가 도입될 당시는 사회사업(social work)이라는 용어를 주로 사용하였다. 초기의 사회상황은 서비스 대상의 범위가 매우 제한적이고 심각한 문제를 가지고 있는 대상자를 중심으로 실시되었다. 오늘날에 협의의 개념과 유사한 개념으로 사용되었다고 할 수 있다.

(1) 협의의 사회복지

협의의 사회복지 개념은 사회적으로 핸디캡을 갖고 있는 개인, 가족, 집단의 욕구와 문제를 해결하기 위해 전문적인 원조를 통하여 사회적인 기능을 회복하고 향상시킬 수 있도록 제공하는 노력이다. 사회적인 약자, 정상적으로 사회생활을 유지할 수 없는 요보호자를 대상으로 그들이 정상적인 사회생활을 유지할 수 있도록 소극적인 차원에서 제공되는 원조활동을 의미한다. 즉, 사회적 약자들의 삶의 질을 개선시키기 위해 스스로 문제해결방법을 찾을 수 있도록 개입하는 전문적인 활동이다.

(2) 광의의 사회복지

광의의 사회복지 개념은 사회제도적인 차원에서 이루어지는 복지 개념으로서 전 국민을 대상으로 사회, 경제, 교육, 의료, 노동 등의 측면에서 보편적으로 제공되는 서비스를 말한다. 모든 국민이 인간으로서의 존엄성과 인간다운 삶을 유지하는 데 필요한 국가적인 차원의 프로그램, 정책, 서비스체계를 말한다.

즉, 넓은 의미의 사회복지는 사회구성원들을 대상으로 사회 전체의 복지를 증진시키기 위한 노력으로서 사회적 역기능을 예방하고 경감시킴으로써 인간다운 삶을 유지하고 향상시키기 위한 체계적인 사회적 노력을 의미한다(박지영 외, 2014 : 45).

〈표 1-1〉 사회복지와 사회사업의 개념적 이해

구 분	사회복지	사회사업	관 계
어의적 개념	거시적, 추상적	미시적, 실천적	상호보완적인 관계, 개인의 복지와 사회 전체의 복지를 중요시함, 제도적 보완관계
목적적 개념	사회환경 변화, 바람직한 사회	개인의 변화, 바람직한 인간	
대상적 개념	불특정 다수, 전체적	특정 대상, 부분적	
방법적 개념	제도적, 정책적	기술적, 전문적	
기능적 개념	예방적, 사전적	치료적, 사후적	
체계적 개념	사회적 정책의 의한 제도적인 체계	전문적 기술에 의한 개입기술체계	

2) 사회복지의 특성

사회복지는 사회현상을 탐구하는 사회과학의 한 분야이다. 사회복지는 사회에서 발생하는 문제를 해결하는 데 필요한 전문적인 지식이나 기술을 활용한다. 사회복지는 인간의 기본적인 사회적 욕구와 사회문제를 해결하기 위해 전문적인 개입과 실천을 통한 조직적이고 체계적인 활동이다. 사회복지는 단순히 문제해결을 위해 필요한 서비스를 제공하는 것에 그치지 않고 대상자들이 스스로 문제를 해결해 나갈 수 있는 사회적인 기능을 향상시키는 데 궁극적인 목적을 두고 있다.

사회복지는 실천학문이며 인간행위와 사회적 관계에 관심을 갖는다. 사회과학의 분야들과 밀접한 관계를 유지하면서 독자적인 영역을 추구하는 응용학문이라고 할 수 있다. 사회복지는 영리를 추구하지 않으며 인간을 존중하고, 자율성, 잠재적인 능력(강점을 가진 존재)을 인정하는 데서 출발한다. 사회복지의 관점은 문제를 가진 개인 자체보다는 개인을 둘러싸고 있는 환경을 중시하는 환경 속의 인간을 중시한다.

3. 사회복지와 유사개념

사회복지는 그 내용이나 성격상 유사한 개념들과 혼용하는 경향이 많다.

1) 사회사업(Social Work)

사회사업은 앞에서도 언급한 바와 같이 내용상 사회복지의 협의의 개념으로 볼 수 있다. 개인이나 집단, 지역사회가 문제를 해결하고 만족스러운 상태를 확보할 수 있도록 돕는 기술이다. 즉, 사람들의 삶의 질을 개선시키기 위해 문제해결 방법이나 문제해결 능력을 획득할 수 있도록 돕는 전문적인 서비스라고 할 수 있다. 사회사업은 구체적인 실천을 통해 사람을 돕는 전문적인 활동으로서 개인, 집단 지역사회가 사회적인 기능을 제대로 수행하도록 그들의 능력을 향상시키고 치료에 중점을 둔 실천 방법을 말한다.

2) 사회복지서비스(Social Welfare Service)

사회복지서비스는 국가 · 지방자치단체 및 민간 부문의 도움을 필요로 하는 모든 국민에게 복지, 보건의료, 교육, 고용, 주거, 문화, 환경 등의 분야에서 인간다운 생활을 보장하고 상담, 재활, 돌봄, 정보의 제공, 관련 시설의 이용, 역량 개발, 사회참여 지원 등을 통하여 국민의 삶의 질이 향상되도록 지원하는 사회서비스 중 사회복지사업을 통한 서비스를 말한다(사회복지사업법 제2조 제6호, 사회보장기본법 제3조 제4호). 사회복지사업이란 사회복지사업법에 정한 법률에 따른 보호 · 선도(善導) 또는 복지에 관한 사업과 사회복지상담, 직업지원, 무료 숙박, 지역사회복지, 의료복지, 재가복지(在家福祉), 사회복지관 운영, 정신질환자 및 한센병력자의 사회복귀에 관한 사업 등 각종 복지사업과 이와 관련된 자원봉사활동 및 복지시설의 운영 또는 지원을 목적으로 하는 사업을 말한다(사회복지사업법 제2조 제1호).

3) 사회보장(Social Security)

사회보장은 국민의 행복을 국가와 사회가 책임을 져야 한다는 이념을 바탕으로 소득보장을 비롯한 교육, 의료, 주거, 연금, 실업보장 등과 같은 제도를 통한 보호를 의미한다. 사회보장에 대한 정의는 사회보장기본법 제3조 제1항에 "사회보장이란 출산, 양육, 실업, 노령, 장애, 질병, 빈곤 및 사망 등의 사회적 위험으로부터 모든 국민을 보호하고 국민 삶의 질을 향상시키는 데 필요한 소득 · 서비스를 보장하는 사회보험, 공공부조, 사회복지서비스를 말한다"고 규정하고 있다. 사회보장은 민간 부문의 사회복지활동은 포함하지 않으며 국가의 법적인 강제성을 띠고 있다(오정수 외, 2010 : 21-22).

4) 사회안전망(Social Safe Network)

모든 국민을 사회적 위험으로부터 보호하기 위한 제도적인 장치로서 최소한의 인간다운 생활을 보장하는 보장체계를 말한다. 예기치 않은 경제위기 상황으로 실업과 빈곤에 처한 국민을 보호하기 위한 장치이다.

사회안전망은 실업, 질병, 노령, 빈곤 등 사회적 위험으로부터 국민을 보호하기 위한 제도적인 장치로서 공공부조, 사회복지서비스, 노후소득보장, 건강, 재해 등 잠재적 위험에 대비하기 위한 사회보험 등을 포괄하고 있다. 사회안전망의 목적은 모든 사회적 위험으로부터 모든 국민을 보편적으로 보호하여 기본적인 생활을 보장하는 데 있다(오정수 외, 2010 : 24-25).

5) 공공부조(Public Assistance)

공공부조는 생활빈곤자에게 제공되는 공적인 소득보장제도로서 일정 기준의 조건을 갖춘 대상자에게 국가가 실시하는 생활보장제도이다. 최저생활 보장, 무차별 평등, 현금급부 등의 원칙을 적용하고 있다.

6) 사회보험(Social Insurance)

생활곤란을 초래하는 여러 가지 사고에 대해 일정한 급부를 제공함으로써 피보험자의 생활안정을 도모하는 강제적 보험제도를 통해 사회보장을 실현하는 것이다. 산업재해보험, 의료보험, 실업보험, 연금보험 등이 있다.

02
CHAPTER

사회복지와 사회문제

앞 장에서도 언급했듯이 사회복지는 인간 생활에서 발생하는 사회문제의 원인과 바람직한 해결방안을 강구하는 데 관심을 가지는 학문이다. 사회복지의 관심은 인간의 욕구 해결에 관심을 갖지만 사회적인 제도나 모순 등으로 발생하는 사회적인 측면을 중요시한다. 따라서 사회복지 차원에서의 욕구는 대다수의 사람들이 공감하고 인식하는 욕구, 사회적 차원에서 개선을 필요로 하는 욕구이다.

사회문제란 무엇인가를 살펴보기 전에 사회정의는 무엇이며 사회불평등과는 어떤 관련성이 있는지 살펴보고자 한다.

1. 사회적 정의란 무엇인가?

사회적 정의란 시민사회를 구성하며 유지하기 위한 도리, 올바른 도리, 사회 전체의 복지를 보장하고 사회질서를 실현하고 유지하는 것이다. 사회정의는 사회적 이익과 부담을 함께 공유하는 것이며 사회구성원 간의 평등이 실현된 상태를 의미한다.

그렇다면 누구를 평등하게 할 것인가? 이것은 보편주의와 선별주의의 문제이며 배분의 문제이다. 무엇을 평등하게 할 것인가? 그것은 급여 수준과 종류와 내용, 기간 등과 관련된 문제이다. 어떻게 평등하게 할 것인가? 이것은 기회를 평등하게 할 것인지 결과를 평등하게 할 것인지 평등의 실현 방법과 관련된 문제이다.

사회적 정의의 현실적 의미는 사회적 이익을 분배함에 있어서 개인의 자아실현에 필수 불가결한 요소는 모든 사람에게 평등하게 배분하고 그 외의 요소들은 공정한 방법으로 차등 분배한다는 것이라 할 수 있다. 그럼에도 불구하고 분배의 결과는 불평등 정도가 일정 수준을 초과하지 않는 범위 내에서 제공된다는 특성이 있다.

2. 사회문제란 무엇인가?

사회문제는 사회변화와 정치, 사회, 문화, 경제제도의 여러 가지 모순에서 발생하기 때문에 한마디로 정의하기 어렵다. 때로 사회문제는 모든 사람에게 불리하거나 부정적인 영향을 미치지 않는 경우도 있기 때문이다.

1) 사회문제의 정의

일반적으로 사회문제는 불특정 다수의 사람들에게 불이익과 불안, 고통을 느끼게 하는 현상이나 상황을 의미한다고 할 수 있다. 즉, 사회적으로 바람직하지 못하며 부정적인 현상을 의미한다. 사회문제의 정의는 그 사회의 가치, 규범, 윤리 등의 수준과 관련이 있다. 어느 시대 어느 사회에서는 문제가 아니었던 것들이 또 다른 시대와 사회에서는 심각한 문제로 드러나는 경우가 있다. 예를 들어, 경제적으로 못살던 시대에 사회 개발이나 경제 개발을 위해 환경을 오염시키고 자연을 훼손해도 별다르게 문제로 인식하지 못하던 현상을 경제가 발전하고 사람들의 의식 수준이 높아짐에 따라 심각한 환경오염문제, 산업재해로 인식하기 때문이다. 결국 사회문제에 대해 어떤 사회현상을 바람직하지 못하다고 판단하는 기준은 그 사회의 가치이며 규범이라는 것이다. 오늘날 우리 사회에서 발생하는 사회문제는 대부분 자본주의 경제체제의 근본적인 모순, 제도적인 모순에 기인한 문제라고 할 수 있다(박용순 외, 2014 : 16).

사회문제에 대한 학자들의 정의를 살펴보면 다음과 같다.

① 콜먼과 크레세이(Coleman & Cressey) : 사회문제는 그 사회의 이상과 현실 성취의 커다란 차이에서 발생하며 사회문제는 그 사회의 대중들에 의해 결정된다고 하였다.

② 페리와 페리(Perry & Perry) : 사회문제는 그 사회의 대다수 사람들이 사회질서를 위협한다고 판단한 사회적 행동으로서 개선이 가능하다고 생각하는 현상을 말한다.

③ 에치오니(Etzioni) : 사회문제는 사회적인 차원에서 형성되며 사회구성원들이 일반적으로 문제로 인식하고 그 상태의 개선을 요구하는 사회적인 상태를 말한다.

④ 호튼과 레슬리(Horton & Leslie) : 사회문제는 사회질서의 산물로서 사회적 가치의 변화에 따라 달라질 수 있다고 보았다. 사회문제는 많은 사람들에게 바람직하지 못한 영향을 미치고 이러한 현상을 해결하기 위해 집단행동을 통한 사회적 개입을 유발시킨다.

2) 일반적인 정의와 상대적인 정의

(1) 일반적인 정의

사회문제는 개개인의 주관적인 차원에서 인식하는 문제가 대다수 사람들의 객관적 차원에서 동의하는 문제여야 한다. 불특정 대다수의 사람들에게 악영향을 미치며 문제를 해결하기 위해 어떤 행동을 요구하며, 사회적인 개입을 통해 해결되어야 한다는 의미가 포함되어 있다.

(2) 상대적인 정의

사회문제는 특정 사회, 국가의 사회적, 정치적, 문화적, 역사적인 배경과 국민의 가치관 등 다양한 요인에 따라 차이가 있다는 것이다. 사회문제에 대한 인식은 그 사회의 가치관과 밀접한 관련이 있으며 문제를 규정하는 기준도 변화한다. 사회문제의 상대성이란 어떤 사회현상에 대하여 바람직하지 못하다고 판단하는 기준과 범주는 그 사회의 가치이며 규범에 따라 달리 적용된다는 것이다. 즉, 사회문제는 절대적인 기준이 아니라 상대적인 것이라는 것이다. 예를 들어, 가정폭력, 아동폭력, 음주문화 등에 대한 인식이 시대에 따라 사회에 따라 각기 다르게 인식되는 것이다.

따라서 무엇을 사회문제로 규정하며 어떤 유형의 행동과 상황을 사회문제로 볼 것인가의 기준을 정하는 것은 한계가 있다. 동일한 사회현상이라도 각 시대, 각 문화, 각 국가의 기준에 따라 사회문제로 규정할 것인지 여부가 달리 결정되기 때문이다(박용순 외, 2014 : 18-19).

3) 사회문제의 특징

사회문제는 사회적으로 나타나는 현상이 사회규범에서 벗어나고 많은 사람들이 부정적인 영향을 받으며 사회적인 개선과 해결책이 요구되는 것을 의미한다. 따라서 그 특징을 정리해 보면 다음과 같다. 첫째, 객관적인 사회현상으로 그 현상을 보편적인 가치나 윤리로 수용할 수 있는 것이어야 한다. 둘째, 개인적인 차원을 넘어 사회적인 문제로 판단할 수 있는 것이어야 한다. 셋째, 사회현상으로 나타난 문제가 불특정 다수에게 직간접적으로 피해를 발생시키며 사회적으로 확산되고 파급되는 문제여야 한다. 문제발생이 사회적인 맥락에서 발생한다는 것이다. 넷째, 집단적 사회행동이 요구되는 문제여야 한다. 개인적인 차원에서 문제 해결이 불가능하고 국가적인 차원에서 해결 방안을 모색할 필요성이 있는 문제라는 것이다. 다섯째, 문제 발생의 원인과 특성이 사회적이어야 한다. 끝으로 사회문제는 한 사회의 지배적인 가치나 규범을 벗어나는 행동이 존재하고 국민적인 관심을 갖는 문제로서 사회적인 개입을 필요로 하는 문제라는 것이다(박용순 외, 2014 : 22-25).

4) 사회문제의 원인

사회문제의 원인은 매우 다양하다. 또한 사회적인 조건과 여러 가지 요인들이 상호 영향을 미치고 있기 때문에 원인을 파악하는 것은 매우 복잡하다고 할 수 있다. 직접적인 원인, 간접적인 원인, 원인 발생의 조건, 배경 등 사회적인 사실과 현상들 간의 인과관계를 파악하는 것은 복잡할 수밖에 없다. 여기서는 간단하게 몇 가지 차원에서 원인과 유형을 살펴보고자 한다.

(1) 사회구조적 문제

자본주의 사회가 구조적으로 가지는 모순으로 발생하는 문제를 말한다. 빈곤문제, 교육문제, 불평등문제, 노인문제, 노동문제, 환경오염문제 등이 해당된다.

(2) 사회해체적 문제

산업화의 발달로 도시집중화 현상이 일어나고 가족제도의 변화를 가져옴으로써 발생하는 문제를 말한다. 청소년문제, 가족문제, 빈민지역문제, 빈곤문제, 인구문제, 도시문제 등이 해당된다.

(3) 사회적 일탈문제

사회의 가치관의 혼란과 변화에 적응하지 못하고 사회적 제 기능을 발휘할 수 없는 여건 등으로 인한 요인으로 개인적인 차원에서 사회 규범, 윤리의 기준을 벗어난 문제를 말한다. 탈선, 범죄, 부적응문제, 약물남용문제, 폭력문제(학교 폭력, 성폭력, 가정폭력 등), 정신질환문제, 성매매문제, 알코올 중독 문제 등이 해당된다.

3. 사회문제와 사회복지의 관계

사회복지는 사회문제 해결을 위한 실천방법으로서 사회문제와는 밀접한 관련을 가지고 있다. 사회복지가 인간의 삶의 질 개선에 관심을 갖고 있기 때문에 인간의 삶의 질을 위협하는 요소에 대한 인식은 매우 중요하다. 사회문제는 궁극적으로 인간의 삶의 질을 저해하는 요인이기 때문에 문제의 원인과 요인을 분석하고 해결방안을 모색하는 과정은 중요한 과정이다. 사회복지의 핵심은 사회문제의 원인을 분석하는 것이 아니라 사회학적 차원에서 사회문제의 원인을 밝혀내며 문제 해결을 위한 제도적인 해결책과 효과적인 대책을 강구하는 실천방안을 모색하는 것이다. 사회문제를 어떻게 규정하는가는 사회문제의 범위와 해결방안에도 영향을 미친다. 사회문제를 바라보는 관점 또한 매우 중요하다. 사회문제의 원인을 개인적인 결함으로 볼 것인가 사회적인 결함으로 볼 것인가의 접근은 해결책을 모색하는 데도 중요한 영향을 미친다.

사회복지는 문제의 원인에 따라 개별적인 프로그램을 적용할 것인지 제도적인 차원에서 대안을 모색하고 해결방안을 모색할 것인지의 방향이 결정된다는 것이다.

따라서 사회복지와 사회문제는 상호연관성을 가지고 있다. 사회의 변화에 따라 사회문제에 대한 시각과 인식이 달라지고, 사회변동의 유형에 따라 사회문제의 유형도 달라지게 됨으로써 해결방안도 달라지게 되는 것이다.

사회복지의 전개과정을 보면 사회문제를 유발시키는 사회변동의 원인을 파악하고 사회문제 해결을 위한 사회복지정책이나 대책을 마련하는 것이다.[1)]

4. 현대사회의 사회문제

1) 사회복지 환경의 변화

복지국가는 제2차 세계대전 이후 1970년대까지 발달해 왔다. 소득재분배, 무상교육, 건강서비스의 기회가 제공되었고 다양한 복지 프로그램과 서비스를 누릴 법적인 권리가 주어졌다. 그러나 탈규제와 자본의 권력이 증가하고 신자유주의, 경제위기, 사회위기 등은 심각한 위협으로 다가오고 있다(남인복, 2005 : 29-30). 빈곤의 증가, 사회적 · 경제적 불평등의 심화, 마약남용과 정신적인 문제의 증가, 폭력의 증가, 높은 자살률 등은 사람들을 절망에 빠뜨리고 있다. 심각한 문제 중 하나는 많은 사람들이 사회에서 배제되고 있다는 것이며, 건강, 교육, 일 등에서 심각한 양극화와 불평등이 심화되고 있다는 것이다(남인복, 2005 : 34).

세계화와 신자유주의는 자본통제의 철폐와 시장규제의 완화, 민영화, 민간위탁, 공공 부문의 시장지향, 근로조건 악화를 부추기는 역할을 했다.

2) 인구고령화와 저출산

우리 사회는 인구의 고령화와 저출산 문제로 모든 분야에서 영향을 받고 있다. 생산인구의 감소는 생산성의 문제를 가져오고 저출산은 사회적 부양부담을 가중시키고 있다. 고령화는 노인부양비의 증가를 초래하며 핵가족화의

---

1) NCS 매뉴얼, 사회문제 설정하기, 34-35.

가속화와 1인가구의 증가, 노인단독가구의 증가는 가족기능의 약화뿐만 아니라 부양체계의 불안으로 이어지고 있다.

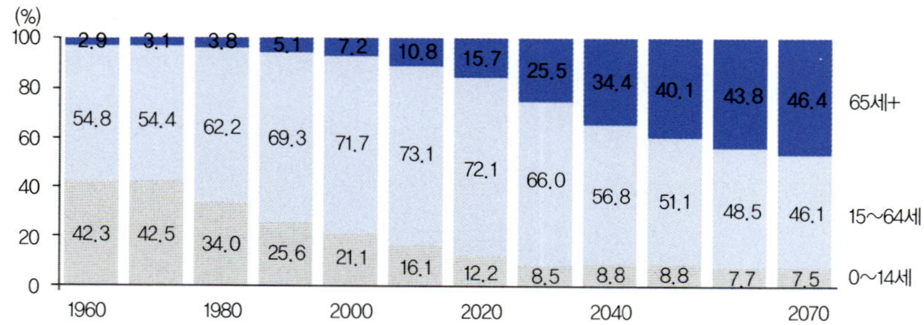

▌그림 2-1▌ 연령계층별 인구 구성비, 1960~2070년(중위)

출처 : 통계청(2021). 장래인구추계(2020~2070년).

2020년 기준 생산연령인구는 총인구의 72.1%, 65세 이상 고령인구는 15.7%, 0~14세 유소년 인구는 12.2%인 것으로 나타나는데 2070년에는 생산연령인구는 46.1%, 고령인구는 46.4%, 유소년인구는 7.5%를 차지할 것으로 예측된다.

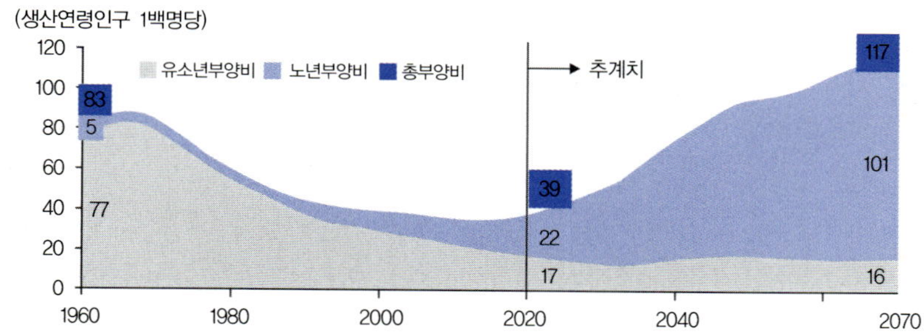

▌그림 2-2▌ 총부양비, 유소년부양비 및 노년부양비, 1960~2070년(중위)

출처 : 통계청(2021). 장래인구추계(2020~2070년).

베이비붐 세대가 생산연령인구에서 고령인구로 이동하는 2020년부터 생산연령인구는 급감하고 고령인구는 급증하는 현상이 나타남에 따라 노년부양비는 2020년 21.8명에서 2070년에는 100.6명 수준으로 2020년 대비 4.6배 증가할 전망이다.

고령화에 따른 노동력 부족은 여성의 노동시장 참여를 촉진시키게 될 것이고 더불어 저출산으로 이어질 수 있다. 혼인이나 출산, 양육 및 가족관계에도 중대한 변화를 가져올 것으로 예측된다(통계청, 2009 : 18-19).

급속하게 변화하는 가치관의 변화는 가족에 대한 개념의 변화, 가족부양에 대한 가치관의 변화로 이어지고 삶의 방식이나 생활패턴에도 많은 변화를 가져왔다.[2)] 2010년 결혼에 대한 가치관을 조사한 결과를 보면, 15세 이상 인구의 60.3%는 '외국인과 결혼'하는 것에 대해 긍정적이고, 20대의 경우 59.3%는 '남녀가 결혼을 하지 않더라도 함께 살 수 있다'고 생각하고 있다. 미혼 여성의 절반(50.0%)은 경우에 따라 이혼을 할 수도 있다고 생각하고 있는 것으로 나타났다(통계청, 2016).

3) 사회적 불평등

빈곤의 문제는 사회복지문제 중 가장 중심적인 사회문제이다. 빈곤문제는 비행, 범죄, 물질 남용, 중독 등의 문제를 일으키는 원인이 되기도 하지만 교육, 건강, 불평등, 기회와 같은 사회적 조건과 자원의 결핍과 밀접한 관련이 있다. 사회가 불평등할수록 폭력이 난무하고 건강에 악영향을 미치는 것으로 나타났다(남인복, 2005 : 175). 소득불평등과 각종 사회문제 혹은 사회적 위험을 나타내는 지표들과의 관계를 이론적, 경험적, 그리고 비교사회적인 관점에서

2) 부모의 노후생계에 대해 가족과 정부, 사회가 공동으로 책임을 져야 한다는 비중이 증가하고 [18.2%(2002) → 47.4%(2010)], 가족이 돌보아야 한다는 견해는 큰 폭으로 감소[70.7%(2002) → 36.0%(2010)]하여 부모부양에 대한 의식이 빠르게 변하고 있음을 시사(통계청, 2016)

연구한 이론들은 소득불평등의 증가는 각종 사회문제와 건강문제를 악화시키고, 개인적인 수준에서 스트레스, 불안, 우울 등을 야기할 뿐만 아니라, 집합적인 수준에서도 높아진 개인 간 이질성과 낮아진 사회통합과 응집성으로 인해 각종 사회해체적 현상(예 낮은 사회적 신뢰 수준, 높은 살인율 등)으로 이어진다고 했다(황선재, 2015 : 5-25).

우리 사회는 사회적 · 심리적인 안녕을 위해 총체적인 삶의 질 문제를 심각하게 고려해야만 하는 시점에 와있다. 우리 사회의 불평등과 양극화 문제를 어떻게 해결해 나아가야 할 것인가 복지적인 차원에서 대안을 모색해야 할 것이다.

03
CHAPTER

사회복지의 기본가치와 윤리

사회복지 이념이나 가치는 사회복지를 어떻게 인식하는가에 대한 관점을 둘러싼 신념체계이다. 즉, 사회복지에 대한 책임을 어떻게 보는가? 복지서비스의 범위를 어떻게 정할 것인가? 또한 사회복지를 실천할 때 중요한 가치는 무엇이며 사회복지가 궁극적으로 추구하는 가치는 무엇인가? 등과 관련된 판단기준이다. 예를 들어, 복지에 대한 국가의 노력은 인간의 의존문화를 조장하므로 사회적으로 악영향을 미친다거나 복지적인 노력은 자유시장 경제의 한계를 조정하며 불평등을 감소시키고 평등 사회를 촉진한다고 보는 관점 등이다. 이러한 복지에 대한 인식의 문제, 이념의 문제는 사회복지 제도나 실천에도 중대한 영향을 미친다.

1. 사회복지의 가치

일반적으로 가치는 사람에 따라 다르게 정의할 수 있다. 가치란 어떤 행동이나 판단을 하는 신념이나 판단기준이라고 할 수 있다. 가치는 행동을 선택하는 기준, 지침이고 올바르고 바람직하게 평가하는 원칙으로서 개인적으로 삶을 살아가는 데 나름대로 정해놓은 기준이라고 할 수 있다.

가치는 사람들이 행동하는 방식에 관한 기준, 확신 또는 신념이며, 행동을 관리하는 원칙(전재일 외, 2000 : 25), 중요함의 정도 혹은 중요함의 비중(현외성, 2001 : 57) 등으로 정의된다. 예를 들어, 존엄사나 호스피스에 대한 선호, 낙태 선택권 등은 개인이나 집단이나 사회에 따라 가치판단이 다르게 나타난다. 역사적으로도 빈곤에 대한 책임을 개인의 책임으로 볼 것인가 국가의 책임으로 볼 것인가에 대한 가치기준에 대한 갈등과 대립이 있었다. 가치는 사회현상이나 문제를 어떤 관점으로 보는가에 따라 대책이나 정책도 달라질 수 있다는 것을 의미한다.

사회복지에서 가치가 중요한 것은 사회복지 현장에서 서비스를 제공하는 과정에서 발생할 수 있는 가치의 충돌이나 문제가 발생할 수 있기 때문에 사회복지 현장에서 공통적으로 적용할 수 있는 가치판단 기준이나 이념을 공유하는 것은 매우 중요하다.

1) 가치의 다양성

사회복지실천에서는 사회복지사의 가치관이나 서비스 이용자들의 개인적인 가치, 그리고 기관의 가치, 사회적인 가치, 전문직으로서의 가치 등이 혼재한다. 개인의 종교적인 신념이나 문화, 교육, 환경의 영향으로 형성된 개인적 가치는 다양하게 각기 다르게 표출된다. 따라서 사회복지사는 이러한 가치의 다양성을 인식하고 대응해 나가는 자세를 가져야 한다.

한편 사회구성원들이 바람직하다고 생각하는 정서적인 판단기준인 사회적 가치는 시대 상황의 변화, 교육이나 문화적, 사회적인 환경에 따라 사회적 합의 기준이 달라진다. 효에 대한 가치판단이나 장례문화에 대한 가치판단, 요양원 입소에 대한 인식의 변화가 하나의 예라고 할 수 있다.

사회복지기관들도 기관의 특성과 대상, 역할, 기능에 따라 고유한 가치체계를 가지고 있고 가치의 우선순위도 다르게 적용될 수 있다. 기관에서 일하는 사회복지사들은 기관의 가치와 전문직으로서 수행해야 할 가치 등과의 불일치를 경험할 수 있다.

2) 사회복지의 가치

사회복지를 실천하는 데 있어서 중요한 가치기준은 학자들에 따라 약간의 차이를 보이고 있다. 사회복지의 가치와 관련하여 프리들랜더(W. Friedlander)는 ① 인간의 존엄성, ② 자기결정권, ③ 기회균등, ④ 사회적 책임성의 네 가지를 제시하였고, 퍼니스(Furniss)와 틸톤(Tilton)은 ① 평등, ② 자유, ③ 민주주의, ④ 사회적 연대, ⑤ 생존권의 보장, ⑥ 경제적 효율 등을 제시하고 있다(남기민, 2001 : 27 재인용). 한편 전재일 등(1999)은 사회복지의 가치로 ① 인간의 존엄성, ② 자기 결정권, ③ 균등한 기회, ④ 사회적 책임성을 제시하였고, 김기태 등(1999)도 ① 인간의 존엄성, ② 자기결정, ③ 연대성, ④ 평등 등을 제시하고 있다.

사회복지 가치는 대부분의 학자들이 제시하는 기준을 종합해 볼 때 인간의 존엄성, 인간의 자기결정권, 기회균등, 사회적 책임성, 사회정의, 사회연대 등으로 정리할 수 있다.

(1) 인간의 존엄성

사회복지에서 가장 기본적으로 추구하는 가치는 인간의 존엄성에 대한 가치이다. 인간이 태어날 때부터 갖게 되는 가치로서 인간 그 자체로서 존중받고 비교할 수 없는 가치를 말한다. 어떤 상황에서도 인간으로서 존중받고 차별받지 않는 가치이다. 헌법에도 명시되어 있듯이 "모든 국민은 인간으로서 존엄과 가치를 가지며 행복을 추구할 가치를 갖는다". 즉, 모든 사회구성원은 인간답게 살 권리가 있고 국가에 생존에 필요한 서비스를 요구할 권리를 갖는다는 것이다. 사회복지에서는 인간의 존엄성을 실현하기 위해 생존권 보장을 중요한 실천 가치로 삼고 있다. 사회적 지위나 빈부격차, 장애 유무 등에 따라 차별받거나 소외되지 않도록 존중해야 하는 가치이다(박지영 외, 2014 : 68-69).

(2) 인간의 자기결정권

자유는 인간이 개인의 욕구와 의지를 강요받지 않고 본인의 의사를 존중받으며 자신의 자유 의사로 선택한 행동을 할 수 있는 권리이다. 자유는 어떤 명분으로도 희생되거나 제한될 수 없는 가치다. 사회복지에서 자기결정권은 중요한 실천원칙 중 하나다. 클라이언트가 자신의 문제를 해결하는 과정에서 자유로운 선택과 결정을 존중하는 것이다.

(3) 기회균등의 가치

평등은 자유와 함께 사회복지의 가치로서 매우 중요한 개념이다. 개인은 자신의 소질과 능력을 자유롭게 계발할 수 있는 권리와 기회를 가지며 그에 따른 평등한 보상을 받을 기회를 갖는다. 기회의 평등은 모든 사람이 차별받지 않을 권리와 동등하게 부여받을 권리를 보장받는 것이다. 기회를 균등하게 보장받기 위해서는 사회적 기회를 평등하게 하는 것이 필요하다. 조건의 평등은 개인의 욕구, 능력, 노력, 기여에 따라 사회적 자원을 배분한다는 것이다. 결과의 평등은 모든 사회구성원들의 능력이나 조건에 관계없이 사회적 자원을 공평하게 배분하는 것을 의미한다. 즉, 경제적인 능력이 없는 사람이라 할지라도 동등한 서비스를 받을 수 있는 기회를 제공함으로써 사회구성원의 생존을 보장하는 것이다.

(4) 사회적 책임성의 가치

사회적 책임의 가치는 사회적 위험이나 사회문제를 공동으로 책임지고 해결하려는 노력을 의미한다. 사회적 연대는 함께 일을 도모하고 함께 책임을 지는 것을 의미하는 것으로 사회구성원 간의 상호의존성과 사회에 대한 책임감을 강조하는 개념이다.

사회복지에서는 사회보험이나 연금제도 등 사회보장제도를 통해 사회연대를 통한 책임성을 중요시하고 있다. 지역사회에서 지역의 문제를 주민들의 자발적인 참여를 통해 해결하고자 하는 시도도 사회연대의 가치다.

(5) 사회정의의 가치

사회복지의 목적 중 하나는 사회정의를 실현하는 것이다. 따라서 사회정의는 사회복지의 핵심가치라고 할 수 있다. 사회의 불평등을 해소하고 기회의 평등과 분배의 평등을 실현하여 모든 국민의 삶의 질을 향상시켜 나가는 것이다. 법률이 정한 절차를 중요시하고 공정한 분배와 불평등을 해소하며 사회의 불의한 현상을 예방하고 치료하는 과정이 사회정의를 실현하는 과정이다. 사회복지에서는 사회적 약자와 취약한 계층의 사람들을 위해 정치, 경제, 사회적인 차원에서 차별과 배제, 불의가 사라지도록 변화 노력을 하여야 한다. 사회정의 실현은 사회통합과 사회구성원들의 삶의 질 향상에 필수 가치이다(박지영 외, 2014 : 70-73).

2. 사회복지의 실천윤리

사회복지 윤리는 가치와 밀접한 관계가 있다. 윤리는 사회복지실천현장에서 사회복지사들이 지켜야 할 원칙이나 서비스를 제공하는 과정에서 내려야 할 판단과 관련이 있기 때문에 가치에 기반을 둔다고 볼 수 있다. 가치가 행위로 나타날 때 윤리가 된다. 윤리는 행위의 옳고 그름의 기준이나 기대로서 개인적 차원보다는 사회적인 차원에서 행동해야 할 의무라고 할 수 있다.

사회복지에서 윤리는 전문직으로서 사회복지를 실천하는 데 도덕적으로 올바른 것인지를 판단하고 올바른 의사결정을 할 수 있는 기준을 의미한다. 사회복지사는 클라이언트와 전문적이고 공식적인 관계를 맺고 있기 때문에 윤리적으로 행동할 의무를 갖는다(박지영 외, 2014 : 74).

1) 사회복지실천 윤리

가치에 기반을 둔 행위로서 윤리는 실천가치를 어떻게 구체적으로 적용할 것인가에 대한 기준이 필요하다. 우리나라는 1998년에 사회복지사 윤리강령을 제정 · 공포하고, 2001년에 개정을 거쳐 전문과 5개의 윤리 기준, 사회복지사 윤리위원회의 구성과 운영, 사회복지사 선서 등이 포함된 윤리강령을 시행하고 있다.

윤리강령은 사회복지사가 어떤 가치와 윤리적 기준에 기초하여 사회복지전문직을 수행할 것인가를 제시해 주는 지침이다.

2) 전문가로서 윤리적 책임

사회복지사가 전문가로서 실천현장에서 지켜야 할 책임은 첫째, 인간에 대한 존중이다. 평등하게 모든 사람을 차별하지 않는 것으로, 국적, 신념, 종교, 문화, 성별, 신체적, 정신적 능력 등과 상관없이 존중해야 한다는 것이다. 둘째, 사회복지사가 가진 능력의 범위 안에서 행동해야 한다는 것이다. 자신의 권한이나 능력을 벗어난 약속이나 시도를 해서는 안 된다는 것이다. 셋째, 사회정의를 추구해야 한다. 스스로 정직하고 서비스 실천과정에서 사적인 이익을 추구하거나 사적인 목적을 달성하기 위한 수단으로 삼아서는 안 된다. 넷째, 클라이언트 중심의 클라이언트를 위한 서비스에 충실해야 한다. 사회복지사 개인의 욕구나 고충, 문제보다 클라이언트의 이익을 우선하고자 하는 책임감이 중요하다. 다섯째, 사회복지의 판단이나 서비스가 클라이언트에게 미칠 영향을 고려하여 책임성을 가져야 한다.

3) 클라이언트에 대한 윤리적 책임

사회복지사는 어떠한 상황에서도 클라이언트의 이익을 최우선으로 생각해야 한다. 또한 클라이언트가 스스로 결정을 할 수 있도록 돕고 존중해야 한다. 클라이언트의 사생활을 보호하여야 한다. 개인적인 정보 유출은 범죄라는 사실을 기억하고 필요한 경우 동의를 얻는 것이 중요하다. 끝으로 사회복지사는 클라이언트의 다양성과 개별성을 인정하고 존중해야 한다. 클라이언트는 그가 처한 환경과 능력에 따라 개별적인 특성이 있다는 사실을 기억하고 개인에게 맞는 서비스 제공을 위해 노력해야 한다.

3. 실천윤리와 윤리적 갈등

사회복지실천 현장에서 사회복지사는 때때로 갈등을 경험할 수 있다. 올바르고 바람직한 것을 선택하는 것보다 둘 중 하나를 선택하는 과정은 갈등을 발생시킨다. 윤리강령이 있다고 해서 윤리적 갈등 문제가 해결되는 것은 아니다. 예를 들어, 전문가로서 윤리적인 가치나 원칙이 충돌할 때 올바른 판단을 하기 어려운 상황에 처하게 된다. 사회복지사 자신의 신념이나 가치관과 다른 결정이나 요구를 받았을 때 사회복지사는 윤리적 갈등을 겪게 된다. 또한 클라이언트의 이익을 최우선으로 제공하고자 할 때 법률이나 제도적 한계로 어려움에 처할 때 갈등을 겪게 된다. 그 밖에도 사회복지기관의 이익과 클라이언트 이익이 충돌할 때도 사회복지사는 윤리적인 갈등을 겪게 된다.

1) 윤리적 갈등해결을 위한 윤리지침

사회복지실천 현장에서 발생하는 윤리적 갈등을 합리적으로 해결할 수 있는 방법은 정답이 없다. 다만 갈등이 발생했을 때 도움이 되는 윤리적인 판단 원칙이나 지침을 통해 도움을 받을 수 있다. 윤리적 우선순위를 결정하는 데 있어서 윤리원칙심사(EPS : Ethical Principles Screen)를 살펴보면 다음과 같다.

- 윤리원칙 1 : 생명보호의 원칙
- 윤리원칙 2 : 평등과 불평등의 원칙
- 윤리원칙 3 : 자율과 자유의 원칙
- 윤리원칙 4 : 최소한 해악의 원칙
- 윤리원칙 5 : 삶의 질 원칙
- 윤리원칙 6 : 사생활보호와 비밀보장의 원칙
- 윤리원칙 7 : 성실의 원칙

이 원칙은 윤리적 심사의 우선순위로서 생명존중을 최우선으로 중요시한다는 것이다(엄기욱 외, 2014 : 48-52).

리머(Reamer)가 제시하는 윤리적 의사결정 과정도 윤리적 갈등해결에 도움이 된다.

첫째, 상충되는 가치와 의무가 무엇인가, 윤리적 쟁점이 무엇인가를 확인한다.

둘째, 윤리적 결정으로 영향을 받을 대상이 누구인가 확인한다.

셋째, 가능한 실천활동이 주는 이익과 위험이 무엇인지 잠정적으로 분명히 한다.

넷째, 각각의 행동에 대한 찬성과 반대를 충분히 검토한다. 윤리이론, 원칙, 윤리강령, 사회복지실천원칙 등을 검토한다.

다섯째, 동료나 전문가, 슈퍼바이저와 상담을 통해 상의한다.

여섯째, 결정된 사항과 관련된 의사결정과정을 기록한다.

일곱째, 결정내용을 지속적으로 모니터링하고 평가하고 기록한다(엄기욱 외, 2014 : 51-53).

04
CHAPTER

사회복지의 발달과정

역사 연구의 장점은 과거의 경험을 통해 현재와 미래의 문제를 예측하고 대안을 모색하는 데 유익하다는 것이다. 사회복지 역사 연구는 사회복지제도가 성립되기까지 어떠한 발전과정을 거쳐왔으며 당시의 시대적 배경과 경제, 사회, 문화, 정치적인 상황을 살펴봄으로써 제도의 성격을 이해하는 데 의의가 있다. 또한 역사적으로 사회복지가 생성, 성숙되어 온 과정과 사회 상황을 그 시대의 특성과 배경을 통해 파악하는 것은 매우 중요하다.

사회복지 역사 연구의 의의는 사회복지의 역사적 사실을 통해 미래의 예측이 가능하다는 것이며 사회복지제도가 성립되는 과정에 당시의 사회문제에 대한 접근방법이나 인식을 파악할 수 있다는 것이다. 또한 역사 연구를 통해 사회복지의 본질에 대한 이해와 앞으로 추구해야 할 미래 비전을 예측해 볼 수 있다는 것이다.

1. 영국의 사회복지 역사

1) 빈민구제와 근대적 사회복지 발달

오늘날 대다수 국가는 자본주의 발전과정에서 사회적 위험이나 사회문제를 해결하기 위해 복지제도를 도입했다고 할 수 있다. 따라서 복지제도의 발달을 이해하기 위해서는 자본주의 발달에 대한 이해가 필요하다고 본다. 자본주의는 기본적으로 이익, 이윤 창출을 목적으로 상품의 교환이 이루어지는 체제라고 할 수 있다. 봉건 시대에는 자원이 토지에 집중되어 토지 소유자가 권력을 갖게 되고 토지가 없는 사람들은 농노로서 생활을 영위했다. 봉건제 사회에서는 영주와 교회의 자선으로 빈곤문제를 완화시켜 나갔다. 당시의 빈곤은 사회문제가 아니었다. 자선활동이나 자조에 의존했던 빈곤문제가 국가의 개입을 요구하게 된 것은 봉건제의 붕괴와 산업혁명, 종교개혁으로 인한 경제사회의 변화 때문이었다(박옥희, 2012 : 47-48).

토지 소유자들은 더 많은 이익을 얻기 위해 농민들을 해고하고 목장을 만들어 양을 치는 엔클로저(encloser) 운동이 일어났다. 많은 농민들은 일자리를 잃고 부랑을 하거나 도시로 일자리를 찾아 나갔다. 그러나 빈곤을 해결하지 못하고 도시빈민으로 전락하게 되었다. 빈민들로 인해 사회가 불안해지자 국가적 차원에서 대책이 필요하게 되었다.

(1) 엘리자베스 구빈법(The Elizabeth Poor Law)

1601년에 성립된 엘리자베스 구빈법은 14세기부터 나타난 빈민구제 관련제 법령을 체계적으로 집대성했다.[1] 빈민법의 주요 특징과 내용을 살펴보면

---

1) 1349년 에드워드 3세의 노동자조례 제정/ 1531년 헨리 8세 걸인에 대한 처벌법(구걸허가증 발급) 제정/ 1572년 구빈재정을 위한 구빈세 도입/ 1597년 모든 교구에 빈민감독관 배치, 빈민구제법 제정

다음과 같다. 첫째, 최초로 구빈을 국가의 책임으로 인정했다는 것이다. 둘째, 조세를 통하여 구빈법의 재원을 마련했다는 것이다. 셋째, 구빈행정을 교구단위로 책임지는 지방행정의 원칙을 수립하였다는 것이다. 넷째, 빈민을 노동력 유무에 따라 구분하여 대처하는 구빈행정의 원칙을 마련하였다는 것이다. 노동능력이 있는 빈민들은 작업장에 수용하여 노동을 하게 하였다. 노동능력이 없는 빈민은 구빈원이나 자선원 등에 수용하여 구제를 하였고 집이 있는 빈민은 원외 구제를 함께 실시하였다. 보호를 필요로 하는 아동의 경우는 도제제도를 활용하여 보호와 교육을 병행하여 실시하거나 고아원에 수용하여 보호하였다. 엘리자베스 구빈법은 교구를 통한 무차별적인 자선과 징벌이 아닌 국가가 공적 구제를 통해 실시했다는 것이다. 그러나 구빈법은 빈민을 보호하는 빈민구호보다는 빈민을 통제하고 관리하는 통제적 성격이 강했다는 것이 특징이다(오정수 외, 2010 : 68-69).

(2) 정주법(The Settlement Act)

정주법은 빈민의 자유로운 이동을 제한하는 이동금지법으로서 법적으로 일정한 교구에 소속시켜 해당 교구에서만 구호를 받을 수 있도록 하는 법이다. 이 법은 노동의 자유로운 이동도 제한하여 도시 임금노동자를 필요로 하는 신흥 자본가들과 농업노동력을 필요로 하는 농업 토지 귀족들 간의 불만을 고조시켰다.

(3) 작업장법(Workhouse Test Act)

작업장법은 1722년에 제정된 법으로서 빈곤의 이유를 엄격하게 조사하여 노동이 가능한 빈민은 국가가 고용하여 국가의 부를 증대시키는 것을 목적을 제정된 법이다. 이 법은 빈민을 작업장에 수용하는 것을 조건으로 구제를 행하면서 작업장의 규칙을 엄격하게 적용하는 비인도주의적인 법이었다.

(4) 길버트법(Gilbert Act)

1782년 작업장법으로 비판을 받아온 빈민법은 인도주의 차원에서 구빈행정의 합리화와 빈민처우를 개선하기 위한 목적으로 길버트법을 제정하였다. 이 법은 노동이 가능한 빈민을 작업장에 보내는 대신 가정과 인근의 작업장에 취업하도록 알선해 주는 원외구제(out door relief)를 허용한 법이다. 또한 노동능력이 있는 빈민을 고용한 지주나 농업경영자, 기타 고용주에게 임금보조수당을 지원하여 고용을 통한 구제를 실시한 근대적인 고용, 실업대책의 시초라고 볼 수 있다.

(5) 스핀햄랜드법(Speenhamland Act of 1795)

1795년에 실시된 스핀햄랜드법은 노동력 이동을 제한하는 정주법의 폐지와 함께 노동의욕이 있는 빈민을 대상으로 최저생활 기준을 정하고 최저생활에 미달하는 임금의 부족분을 보조해 주는 임금보조제도이다. 이 제도는 저임금으로 인한 빈곤문제를 임금보충을 통해 해결하려고 했던 최저생활보장제도의 시초라고 할 수 있다. 생존권적 기본권을 처음으로 도입한 법이었으나 빈민구제 비용의 증대, 교구 내 개인 간의 세금부담 불공평 문제, 노동의욕에 악영향을 미친다는 비난이 제기되면서 빈민법의 개정을 필요로 하게 되었다(박지영 외, 2014 : 97-98; 오정수 외, 2010 : 70-71).

(6) 신구빈법(New Poor Law)

구제활동이 빈민을 양산한다는 주장과 산업혁명 이후 상공업 발달은 영국의 번영을 가져왔지만 노동자의 비참한 생활은 여전히 심각한 사회문제였다. 자유방임주의 사고와 기독교의 근로와 절약의 교훈으로 빈곤의 원인을 개인의 나태함이나 무능력으로 돌리는 개인적 책임이 강조되었다. 스핀햄랜드 제도로 인한 구빈비용의 증가와 빈민의 양적 확산 및 근로의욕 감소 등에 대한 비판이 제기되면서 빈민법 개정을 위한 조사가 실시되었다. 1834년에 개정된 신

빈민법은 새로운 원칙이 아니라 과거 억압정책으로의 회귀였다(박지영 외, 2014 : 99). 신구빈법에서는 구빈의 3대 기본 원칙을 정하고 있다.

첫째, 빈민의 처우를 전국적으로 동일하게 한다는 균일처우의 원칙이다.

둘째, 빈민처우는 국가의 도움을 받지 않는 최하위 노동자보다 낮은 처우를 해야 한다는 열등처우의 원칙이다.

셋째, 원외구제를 금지하고 빈민법에 의해 구제를 받고자 하는 자는 작업장에 수용되어 받도록 하는 작업장 활용의 원칙이다. 다만, 병자, 노인, 무능력자, 모자가족에게만 원외구제를 예외적으로 허용하였다.

빈민에 대한 국가의 처우가 열악해지고 구빈에 대한 국가의 책임이 퇴조하는 가운데 민간 부문의 활동이 활발하게 전개되었다.

2) 민간사회복지의 발달

(1) 자선조직화 협회(Charity Organization Society)

19세기 후반 영국에서는 박애정신에 기반을 둔 다양한 민간, 종교, 사회단체들의 자선활동이 활발하게 전개되었다. 그러나 많은 자선단체들이 활동을 활발하게 하는 만큼 효과와 빈민 타락에 대한 비판이 제기되기 시작했다. 다수의 민간단체들 간의 정보교환이나 협력, 구호에 대한 조정이 제대로 이루어지지 않은 채 재정 낭비와 서비스 중복 조정 요구, 빈곤구제에 대한 적정화가 요구되었다(오정수 외, 2010 : 73). 이러한 움직임 속에서 자선조직협회는 구호활동의 중복을 방지하고 서비스의 효과성을 높이기 위해 빈곤가정을 등록하게 하고 빈민상황을 조사하기 위해 자원봉사자인 우애방문자들을 활용하여 개별 가정방문과 면접을 실시하였다. 훗날 이들의 활동은 미국에서 전문적인 사회복지실천 방법으로 발전하게 되었고 사회복지사 제도로 발전하는 계기가 되었다(박지영 외, 2014 : 99-100).

(2) 인보관 운동(Settlement Movement)

자선조직협회 활동과 더불어 영국의 도시빈곤문제 해결을 위한 중요한 활동은 인보관 운동(settlement movement)이다. 인보관 운동은 1880년 바네트(Barnett) 목사를 중심으로 케임브리지, 옥스퍼드 대학 학생들에 의해 시작된 사회개량 운동이다.

인보관 운동은 지식인들이 빈민들이 거주하는 지역에 직접 들어가 빈민들과 함께 생활하면서 그들이 필요로 하는 서비스를 제공하는 환경 개선과 제도개선운동이라고 할 수 있다. 인보관은 1885년 토인비 홀(Toynbee Hall)이라는 이름으로 문을 열었는데 그것은 빈민운동에 참여했던 옥스퍼드 대학생 토인비가 활동 중 병으로 죽게 되자 그의 이름을 기념하기 위해 세워졌다. 그들은 빈민들의 생활실태를 파악하여 빈곤의 원인이 빈민의 환경과 제도의 결함에 있다는 것을 밝혀내고 문제해결을 위해 빈민들을 교육하고 계몽하여 지역사회환경을 개선하는 동시에 사회의 구조적인 문제를 해결하기 위해 노력했다. 이후 인보관 운동은 미국으로 건너가 지역사회조직, 집단사회사업 등 전문적인 사회복지실천방법으로 발전하였다.

3) 복지국가의 발전

영국은 제2차 세계대전을 전후로 복지국가 시대로 새로운 전환기를 맞이하게 된다. 빈곤의 원인이 개인의 책임이 아니라 사회적인 원인에 의한 사회문제라는 인식으로 전환하면서 국가의 적극적인 개입이 요청되었다. 1905년 빈민법 체제의 검토와 법의 개혁을 위해 왕립구빈법 위원회가 설치되고 빈민법의 문제점이 검토되었다(박옥희, 2012 : 52-53).

제2차 세계대전 이후 사회재건을 위해 '사회보험법과 관련 서비스에 관한 정부부처 간 조사위원회'를 설치하여 종래의 사회보험과 복지 프로그램에 대한 전면 개정을 시행하였으며, 1942년 11월에는 베버리지보고서를 발표하였다.

베버리지보고서는 소득보장, 국민보건서비스, 교육, 주택, 고용 등 사회보장제도를 제시하였으며, 국민 생활의 불안을 조장하는 요인 다섯 가지를 사회악(궁핍, 질병, 무지, 불결, 나태)이라 정의하고 궁핍으로부터의 자유를 보장하는 사회보장 제도의 틀을 제시하였다. 베버리지(Beveridge)는 사회보장의 성공을 위해 완전고용, 포괄적 보건서비스, 가족수당을 강조하였다. 사회보장의 구체적인 방법은 기본적인 욕구의 충족을 위한 사회보험과 특수상황을 위한 국민부조, 기본적 욕구 이상을 성취하기 위한 자발적 보험이다. 1940년대 영국의 사회보장제도의 기초가 되는 가족수당법(1945년), 국민보험법(1946년), 국가부조법(1946년)이 제정되었고, 이외에도 국민보건서비스법, 고용 및 직업훈련법, 심신장애자고용법 등이 마련됨으로써 복지국가의 기틀을 마련하게 되었다(박옥희, 2012 : 54-55).

4) 복지국가 위기와 후퇴

제2차 세계대전 이후 1945년부터 1970년대 초까지는 자본주의 경제성장과 함께 복지국가의 확대 발전이 이루어지는 '복지국가의 황금기'를 맞이하게 된다. 세계적인 경제호황 속에서 안정적인 경제성장을 이루며 복지국가로의 발전이 지속적으로 이어졌다. 그러나 1970년대에 들어서 1973년 중동전쟁으로 인해 석유파동과 경기침체로 경제성장률이 낮아지고 실업률이 크게 증가하는 등 시련을 맞이하게 된다. 이에 영국의 대처(Margaret Thatcher) 수상은 신자유주의 이념에 기초하여 복지국가 개혁을 추진한다. 복지정책의 지나친 확대가 국가의 재정 파탄을 초래했다고 보고 국가개입의 축소, 대인서비스 부문에서 지역사회보호를 강조하고, 공공지출을 삭감하는 등 민영화 추진과 규제완화 정책, 복지에 대한 국가의 책임을 개인의 책임과 자조를 강조하는 개인적인 책임으로 돌림으로써, 보편주의 원칙을 선별주의 원칙으로 전환하는 자유주의적 복지원칙으로 대체하였다(김영순, 1996).

1997년 토니 블레어(Tony Blair) 수상이 단행한 복지개혁은 '일할 능력이 있는 사람들에게는 일자리를 일할 능력이 없는 사람들에게는 사회보장을'이라는 내용이었다. 근로복지연계정책을 통해 장기실업자들을 노동시장에 복귀시켜 복지에 대한 정부부담의 경감과 노동력 확보를 통해 선별주의 방향으로 원칙을 강화했다고 할 수 있다(박옥희, 2012 : 56).

2. 미국의 사회복지 역사

1) 초기 빈민정책과 민간복지

미국의 사회복지는 기본적으로 개인주의적 이념으로 민간사회복지가 발달했고 그 비중도 높다. 그럼에도 불구하고 미국은 1929년부터 시작된 세계대공황으로 인해 국가적인 차원에서 사회보장제도를 제정하게 된다. 민간복지의 전통이 강한 미국은 연방정부 차원이 아니라 각 주정부별로 복지행정체계와 프로그램을 운영하고 있는 특성을 가지고 있다(박지영 외, 2014 : 104). 미국은 다른 서구의 역사에 비해 국가주도의 복지가 아니라 민간주도의 복지가 발달한 나라라고 할 수 있다. 청교도 정신은 자조와 자립을 강조하였고 노동의 가치를 강조하였다. 따라서 빈곤의 책임은 개인에게 있기 때문에 빈곤구제활동도 종교기관이나 민간기관의 자선활동으로 원조하는 것이 당연한 것으로 여겨졌다. 인보관 사업의 성격도 영국에서와는 달리 자선적인 성격을 띠었다(엄기욱 외, 2014 : 156).

1877년 미국 최초의 자선조직화 협회는 사회진화주의라는 사상을 바탕으로 창설되었다. 자선조직화 협회는 빈민을 구호하기 위해 활동하던 수많은 민간단체와 종교단체들 사이의 중복적인 사업으로 인한 자금 낭비와 경쟁적인 업무를 조정하여 효과적인 빈민구제를 하고자 하였다. 또한 모든 자선기관의 상호협력과 빈곤자 등록 의무화, 우애방문자를 통한 구호신청자의 사회적 조건 조사 등을 원칙으로 하였다.

1889년 제인 아담스(Jane Addams)는 시카고에 인보관으로 헐 하우스(Hull House)를 설립하였다. 인보관 활동은 서비스와 개혁을 강조하면서 서비스 활동은 지역주민과 인보관 복지사(worker)와의 대화를 통해 주민들의 욕구와 필요한 서비스를 찾아내는 주민참여를 강조했다. 자선조직화 운동과 인보관 운동은 전문사회사업과 집단사회사업, 지역사회조직사업의 발전을 가져왔다(오정수 외, 2010 : 79-80).

2) 대공황과 사회보장법

1929년 세계대공황을 계기로 빈곤의 책임이 개인의 결함이 아니라 사회구조의 결함으로 발생할 수 있다는 의식이 등장하면서 국가개입의 필요성이 제기되었다. 당시 루즈벨트(Franklin D. Roosevelt) 대통령은 뉴딜정책을 통해 경제위기를 극복하기 위해 실업자의 일자리 제공에 주력하였다. 1935년 미국은 최초의 연방정부 차원의 복지정책인 사회보장제도를 제정하게 된다. 사회보장제도는 연방정부가 빈곤문제 해결의 주체자로서 역할을 감당하면서 미국사회복지 발전의 기틀을 마련하게 되는 계기가 되었다. 1940~1960년대까지 경제적 풍요와 사회안정으로 사회보장법은 연방정부가 보조하는 실업보험제도와 주정부의 공공부조와 사회복지서비스에 대한 재정 보조 등의 역할이 지속되었다. 빈곤관의 변화와 국가개입 증가에도 불구하고 미국은 의료보장제도가 발달하지 않았다. 개인주의 성향이 강한 이익집단의 반대로 공적 의료보장제도는 성립되지 못했다.

1950년대는 흑인민권운동, 반전운동, 복지권운동, 학생운동 등 사회개혁을 요구하는 운동이 활발했다. 1960년대에 들어서면서 풍요 속에 가려진 빈곤이

새로운 미국사회의 문제로 등장하게 되었다. 불안전 고용상태에 있거나 노동시장에 참여하지 못하는 사람들의 빈곤문제가 드러나게 된 것이다. 1962년 존슨(Johnson) 대통령은 '빈곤과의 전쟁'을 선포하면서 다양한 복지 프로그램을 시행하였다. 빈곤한 노인이나 장애인에게 지급되는 현금급여, Food Stamp, 노인을 대상으로 한 의료급여(medicare), 저소득층을 대상으로 하는 의료급여(medicaid), 빈곤퇴치 프로그램 등을 실시하였다. 1970년대까지 사회보장제도가 확대되고 재정지출도 증가하여 사회복지의 양적인 확대가 이루어졌다.

3) 신자유주의 영향과 사회복지

1970년대 후반 들어서 경제불황과 인플레이션과 실업, 사회보장 재정 확대로 인한 국가의 재정 적자 문제 해결을 위한 조치가 필요하게 되었다. 1975년 석유파동을 계기로 미국의 사회보장제도는 위기를 맞이했다. 1980년 레이건(Reagan) 정부는 신자유주의 기조 아래 사회복지 축소, 사회복지 지출에 대한 정부지출 감소, 정부규제 완화, 세금인하 등 사회복지의 민영화, 복지권한 이양으로 민간기관의 역할 확대 등 정부의 복지책임 축소를 강화하였다. 1996년 개인책임 및 근로기회조정법이 제정되어 아동부양가족지원제도 AFDC(Aid to Family with Dependent Children)가 폐지되고 빈곤가구에 대한 한시적인 지원제도 TANF(Temporarily Assistance to Needy Family)로 대체되었다. 수급기간의 제한과 근로의무 규칙을 정하여 수급기간의 제한과 근로의무가 주어졌다(오정수 외, 2010 : 159).

2010년 오바마(Obama) 정부가 오바마케어라 불리는 미국의 의료보험시스템 개혁법안을 통해 민영보험에 의존하는 의료보험제도를 개혁하여 전 국민 건강보험 가입 의무화를 실시하려 했으나 트럼프(Trump) 정권으로 바뀌면서 실현되지 못하였다.

3. 한국의 사회복지 역사

1) 근대 이전의 사회복지

전통적인 우리나라의 사회복지는 민간 차원에서 이루어진 백성들의 구빈활동과 왕의 시혜에 의한 시혜적 민생구휼로 볼 수 있다. 춘궁기 때 곡식을 가난한 백성에게 빌려주고 추수기에 갚을 수 있도록 하는 고구려 시대의 진대법이나 삼국시대의 경우도 국가가 곡식을 비축하였다가 가난한 백성에게 배급하거나 재해를 입은 백성의 세금을 감면해 주는 등의 시혜가 있었다. 그러나 기본적으로 근대 이전의 복지는 집단 공동체의 공동연대 의식에 의한 상호부조가 성행하였다고 할 수 있다.

조선시대에 있어서는 유교 정신을 바탕으로 백성에게 선정을 베풀고 백성의 생활을 책임지는 왕도정치를 통해 구빈을 행하였다. 빈민행정은 지방관이 책임지는 형태를 취하였고 구빈제도로 의창, 상평창, 사창이라는 3창제도[2]를 실시하였다. 그 밖에도 두레, 향약, 품앗이 등을 통해 주민 간의 상호 협동이나 공동노동, 노동력 교환 등을 통해 서로 도움을 주고받는 민간구제 활동이 있다(오정수, 2010 : 85-86).

2) 근대 한국의 사회복지

조선시대 말부터 1960년대 산업화가 시작되기 전까지의 시기로서 일제 강점기에는 우리 민족 말살정책과 감화를 위한 정책으로서 사회통제적인 목적으로 구제가 시행되었다. 대체로 이재민 구호, 궁민 구호, 행려병자 구호 등이

2) 사창은 백성이 공동으로 상부상조하는 민간의 자발적인 구빈기구였다. 의창은 곡식을 빌려주고 추수기에 갚는 제도, 상평창은 백성들의 안정된 생활을 위해 만들어진 기구로 물가조정제도로서 곡가 정책으로 서민들의 생활을 돕고자 하였다.

실시되었으나 구호사업은 식민지 정책의 일환이었다. 1921년 일본에서는 구호법이 만들어지고 시행되었으나 우리나라에서는 1944년에 조선구호령이라는 제도로 시행되었다. 조선구호령은 1961년 생활보호법이 제정되기까지 실시되었다. 일제강점기의 복지사업은 임기응변의 응급조치에 지나지 않았다. 해방 이후 미군정 시대에도 일제강점기의 제도를 그대로 답습하였다. 달라진 점은 미군정의 구호정책은 군정 법령에 의거하여 실시되었다는 것이다. 대체로 피난민, 실직자, 이재민 등에 대한 의료구호, 식량, 주택구호를 실시하였으나 임기응변적인 임시적인 구호에 지나지 않았다.

산업화 이전까지는 미국 등 외국의 원조활동을 통해 민간사회복지활동이 활발하게 이루어졌다. 외국으로부터 많은 구호물자가 도입되고 외국 민간 원조기관의 구호활동이 적극적으로 행해졌다. 시설보호가 필요한 대상자들이 증가하여 육아시설, 양로시설, 모자시설 등의 사회복지시설이 증가하게 되었다. 이들의 활동은 훗날 우리나라 사회복지의 학문적 성향이나 민간사회복지 발달에 지대한 영향을 미쳤다(엄기욱 외, 2014 : 160-161; 오정수 외, 2010 : 85-86).

1961년 박정희 정부가 들어서면서 산업화 정책을 강하게 추진하여 급속하게 도시화, 산업화, 공업화가 진행되었다. 절대빈곤의 감소를 강조하였으나 산업화로 인한 사회문제는 증가했고, 빈부격차 등 불평등은 확대되었다. 형식적이기는 하지만 사회보장에 관한 법률, 군인연금법, 산업재해보상법, 의료보험법, 생활보호법 등의 법 제정이 만들어지는 시기였다.

1970년대는 유신정부가 재벌 중심의 수출지향정책을 추진하여 노동집약적인 수출사업이 진행되었다. 이로 인해 부의 불균형은 심각해지고 산업 간, 계층 간, 지역 간의 구조적인 불균형이 창출되어 사회불안과 욕구불만이 발생하게 되었다. 유신정부는 비상조치, 긴급조치 등의 강경대책을 통해 국민을 통제하려 하였으나 1970년 중반 이후 사회개발도 병행하면서 사회복지에 대한 태도를 바꾸어 나갔다.

1980년에 들어서면서 전두환 정권은 복지사회 구현을 내세우며 등장했다. 산업재해보상법의 개정, 노인복지법, 아동복지법, 심신장애자복지법, 사회복지사업법 개정, 유아교육진흥법, 모자보건법 등이 제정 · 개정되었다. 1986년에는 국민연금법, 최저임금법 등이 제정되었다.

1988년에 노태우 정권이 출범하였다. 1987년 민주항쟁으로 직선제 개헌과 함께 선출된 정부에게 경제 · 사회 각 분야에서 국민적 욕구가 다양하게 표출되었다. 그동안 제도만 있었던 국민연금제도, 최저임금제도가 실시되고 직장 의료보험제도가 확대 적용되었고, 청소년육성법 개정, 모자복지법 제 · 개정, 윤락행위 방지법 개정, 남녀고용평등법 제정 등이 이루어졌다.

1990년 김영삼 정부는 신경제 5개년계획과 국민복지기획단 설치 등을 통해 삶의 질 향상을 위한 국민복지 기본구상을 발표하였다. 1995년에는 사회보장기본법이 제정되었고 1995년 7월부터 농어민 및 농어촌 지역까지 국민연금을 확대 시행하게 되었다. 1995년에 고용보험제도가 시행됨으로써 국민연금, 의료보험, 산재보험, 고용보험의 골격이 갖추어지게 되었다. 또한 1995년에는 정신보건법, 여성발전기본법, 국민의료보험법(1997년), 사회복지공동모금법 제정, 사회복지사업법 개정, 노인복지법 개정 등이 이루어졌다. 그러나 1997년 11월 김영삼 정부는 국가 파산위기에 직면하게 되었고 IMF 구제금융을 신청하여 위기를 모면하고자 하였다. 이로 인해 전 국민은 심각한 경제적 고통과 사회적, 가정적인 고통에 직면하게 되었다.

1998년 금융위기 이후 경제적 위기와 대량실업으로 인한 빈곤문제로 사회적 안전망에 대한 요구가 강하게 제기되었다. 1998년 김대중 정부는 고용보험과 실업 및 빈곤대책을 확대 실시하였다. 1999년 도시 자영업자에게까지 국민연금이 확대 적용되어 전 국민 연금 시대를 맞이하게 되었다. 또한 국민의 기본적 권리를 보장하는 제도로 사회안전망 역할을 할 수 있는 국민기초생활보장제도를 도입하게 된다. 최저생활보장, 근로연계를 통한 생산적 복지를 추구, 복지의 대상도 근로능력에 관계없이 최저생계비 이하 계층의 최저생활보장이라는 복지권 제공을 통해 탈빈곤을 위한 근로와 연계된 자활지원 대책을 강구하였다.

그밖에도 저소득 노인층을 위한 경로연금제 실시, 장애수당 및 장애아동부양수당 신설 등 저소득장애인에 대한 소득보장 정책이 추진되었다. 특히 사회복지사업법이 개정되어 시 · 도 사회복지협의회의 독립법인화가 이루어졌다.

2003년 노무현 정부는 참여복지를 새로운 복지정책 이념으로 제시하면서 사회복지의 국가책임을 기본으로 하면서 국민들의 참여를 통해 '더불어 사는 사회를 만들어 가는 복지국가'를 제시하였다. 복지의 3대 원칙으로 국가책임 강화, 보편적 복지 실현, 민간참여 확대를 제시하였다.

노무현 정부는 사회안전망에서 배제된 복지사각지대를 축소하기 위한 제도 개선과 차상위계층에 대한 보호를 강화하는 사회안전망의 내실화를 추구하는데 초점을 두었다. 또한 복지와 경제의 선순환 구조를 정착시켜 성장과 분배의 동반성장을 통한 양극화 해소를 위해 노력했다. 장애인들의 이동편의시설 설치를 확대하였고 2007년 중증장애인 활동보조인제도를 도입하여 생활지원 서비스를 제공받을 수 있게 하였으며, 2004년 아동복지법을 개정하여 지역아동센터를 아동복지시설로 규정하고 운영비를 지원하도록 하였다. 또한 지역사회복지계획수립을 통해 지역사회복지협의체 구성을 법제화하였다. 복지사업의 지방이양으로 주민생활서비스 체계를 구축, 바우처 방식에 의한 사회서비스 확충, 지역사회서비스 혁신사업 실시 등을 통한 지역 중심의 복지체계를 강화하였다. 2007년에는 노인 장기요양보험 제도를 도입하여 2008년 7월부터 시행하였다.

2008년에 등장한 이명박 정부는 능동적 복지를 국정지표로 제시하였다. 평생복지 안전망 확충, 경제성장과 함께하는 보건 · 복지, 미래에 대비하는 가족복지정책, 국민 건강과 안전보장을 4대 전략으로 채택하였다. 능동적 복지는 중앙정부 중심에서 수용자 현장 요구 중심으로, 정부주도에서 민관협력 방식으로, 양적 확대에서 질적 성과를 추구하는 방향으로 설정하였다.

'New Start 2008 대책'[3]과 그 일환으로 '희망디딤돌 복지대책'을 발표하여 수요자 중심의 보육서비스 제공, 중증장애인의 일자리 확대, 예방적 건강검진 서비스 강화, 기초노령연금 지급 확대, 노인 일자리 보급 등을 실시하였다. 그러나 기본적으로 이명박 정부는 복지에 대한 국가의 책임보다 민간과 시장에 책임을 전가하는 정책을 통해 소극적인 복지정책을 실시하였으며 경제성장을 강조하고, 친기업 정책을 지향하는 시장주의를 강조했다고 볼 수 있다. 복지재정의 효율화, 민간재원 활용, 경쟁과 효율을 강조하는 정책기조를 강화하였다(오정수 외, 2010 : 91-92).

2013년 박근혜 정부는 맞춤형 복지, 일하는 복지, 저출산 고령화 극복이라는 청사진을 제시하였다. 2013년 3월부터 어린이집 이용 만 0~5세 아동에 대하여 소득에 관계없이 보육료를 지원하였으며, 2014년에는 시간제 보육 도입 및 시간연장 보육서비스를 확대하고 입소대기 관리시스템을 구축하는 등 맞춤형 보육지원을 강화하였다. 2014년 7월부터 어르신들에게 10~20만 원의 연금을 지급하는 '기초연금제도'를 시행하였으며 2015년 7월 국민기초생활보장제도를 통합급여체계에서 개별급여체계로 개편하여 수요자 특성과 욕구에 따라 생계, 의료, 주거, 교육급여를 맞춤형으로 지원하였다.

2017년 출범한 문재인 정부는 포용적 복지국가 실현을 목표로 사회안전망과 복지강화를 추진하였다. 기초생활보장 수급자의 부양의무자 기준을 단계적으로 폐지하는 계획을 수립하였고, 65세 이상 노인의 기초연금과 장애인연금을 인상하였다. 또한 '치매국가책임제'를 선언하고 치매환자와 그 가족의 부담을 국가와 지역사회가 분담하도록 전국 256개 보건소에 치매안심센터를 설치하여 종합적 치매지원체계를 구축하였다. 2018년에는 저소득 청년의 자립

3) 신용불량자, 영세자영업자 등에 대한 대출, 비정규직 등에게 직업훈련기간 중 생계비 지원을 제공하는 대책.

지원을 위해 '청년희망키움통장'을 도입하는 등 취약가구 지원을 확대하였고, 지역사회 통합 돌봄 기본계획을 수립하였으며, 복지사각지대 해소를 위해 전국 모든 읍 · 면 · 동 주민센터에서 찾아가는 보건 · 복지서비스를 제공하였다.

저출산에 대응하여 임산부 · 난임부부를 지원하고 신생아의 선천성대사이상 및 난청 선별검사에 건강보험을 적용하였으며, 2018년 9월부터 만 0~5세 아동에 월 10만 원의 아동수당을 지급을 시작으로 단계적으로 확대하였다.

2019년 이후에는 복지를 확대하고 사회안전망을 강화하는 한편 코로나19의 위기를 극복하기 위하여 역량을 집중하였다.

PART 02

사회복지의 실제

05
CHAPTER

사회복지 조직

사회복지에 대한 책임은 기본적으로 국가와 지방자치단체에게 있다. 그러나 국가의 힘만으로는 한계가 있고 민간 차원에서의 협력 없이는 원만한 서비스 제공이 어려운 것이 사실이다. 대상자에게 필요한 사회복지서비스를 제공하는 공급주체는 공적 부문과 민간 부문으로 구분해 볼 수 있다. 공적 부문은 국가와 지방자치단체가 중심이 되어 제공하는 것이며 민간 부문은 민간단체를 중심으로 제공되는 것이다. 민간 부문은 공식적인 조직은 아니지만 비공식조직으로 가족, 이웃, 친구 등이 포함된다.

1. 국가와 지방자치단체

공공 부문의 대표적인 주체는 국가와 지방자치단체이다. 공공 부문은 사회복지 재원이 공공성을 가지는 조세로 공급되며 법률이 정한 범위 내에서 제공되는 사회복지서비스를 말한다. 공공 부문의 사회복지는 정부의 통치와 행정을 통해 이루어지는 것으로 국가 수준에서 사회복지업무는 보건복지부, 노동부, 여성가족부 등의 행정조직을 중심으로 수행된다. 보건복지부는 국민기초생활보장제도를 기본으로 하여 국민연금, 국민건강보험, 사회보장 관련 제도 등을 관장하며, 노동부는 산업재해보상보험, 고용보험 업무를, 여성가족부는 여성과 가족을 둘러싼 각종제도를 관장한다. 그 밖에도 사회보장과 관련된 법률, 사회복지사업법, 사회복지서비스 관련법에 의한 사회복지의 행정책임을 지며 권한을 갖는다. 지방자치단체의 사회복지업무는 중앙정부의 업무를 각 지방자치단체가 실행하는 업무 외에 지방자치단체의 고유업무, 지방조례에 의해 운영되는 복지업무 등이 있다. 지방 사회복지행정 조직의 기능은 주민복지 증진에 관한 사무인 주민복지에 관한 사업, 사회복지 시설 설치운영 및 관리, 저소득층 보호 및 지원 등이다(오정수 외, 2010 : 94-95).

읍 · 면 · 동 주민 센터에서 복지공무원 · 방문간호사가 서비스 대상자를 직접 찾아가는 서비스를 실시한다[보건복지상담센터(129), 가까운 읍 · 면 · 동 주민센터, 그리고 인터넷을 통해 서비스를 신청할 수 있다. 복지로(www.bokjiro.go.kr)]. 찾아가는 보건 · 복지서비스 전담팀 및 복지차량 지원을 단계적으로 하고 복지전담팀으로 팀장 포함 3명 이상 복지공무원 배치를 원칙으로 하여, 방문간호전담공무원은 단계적 추가 배치를 하는 등 지방자치단체 여건에 따라 민간 전문인력 추가배치를 계획하고 있다. 과거 공공 부문 사회복지전달체계 추진경과를 참고로 살펴보면 다음과 같다.

- **1987년, 사회복지전담공무원제 도입**, 전문적 사회복지서비스 제공 추진
- **1995년 7월~1999년 12월, 보건복지사무소 시범 운영**, 보건과 복지의 연계 시도
- **2004년 7월~2006년 6월, 사회복지사무소 시범 운영**, 복지전담기구에 복지인력 집중화를 통해 복지 영역 간 연계, 복지 기획 능력 제고 시도
  - 지역 주민의 접근성 부족, 통합서비스 및 사례 관리를 위한 인력 부족(인력 증원 없이 재배치), 민관 협력체계 미흡 등의 한계
- **2006년 7월~2007년 7월**, 행정자치부 주관으로 전국 시 · 군 · 구를 주민생활지원서비스 전달 체계로 개편

- 보건복지뿐만 아니라 고용 · 교육 · 문화 등 8대 서비스 연계 및 민관 협력 강화 추진

• **2009년 6월**, 관계부처 합동 "사회복지전달체계 개선 종합 대책" 수립 · 추진
 - 급증하는 복지 수요에 대응하고자 지자체 조직과 기능을 조정, 일선 공무원의 과중한 업무 부담을 완화하기 위한 인력 보강 추진

• **2009년 10월**, 「시 · 군 · 구 복지전달체계 개선 대책」 시행
 - 복지 대상자 조사 · 급여 관리 업무를 시 · 군 · 구로 일원화, 읍 · 면 · 동을 통한 대상자의 신속한 발굴, 찾아가는 서비스 지원 체계 구축

• **2010년 1월**, 사회복지통합관리망(행복e음) 개통
 - 복지지원 대상자 정보를 전국적으로 통합 · 관리하게 됨으로써, 부정 · 중복 급여 방지 및 지원 대상자 누락 방지 등 찾아가는 복지서비스의 기반 구축

• **2011년~2014년**, 사회복지담당공무원 7천 명 단계적 확충

• **2012년 4월**, 시 · 군 · 구 「희망복지지원단」 설치
 - 지역 단위 수요자 중심의 복지서비스전달체계 개편, 복지종합상담 및 통합사례관리 실시

• **2013년 1월**, 「희망복지지원단 중앙지원센터」 위탁 운영

• **2013년 9월**, 「국민 중심의 맞춤형 복지전달체계 개편 방안」 확정(제4차 사보위)

• **2013년 11월~2014년 4월**, 동 주민센터 복지기능 보강 지침 시달 및 시행
 - 사무 · 기능 조정, 조직 · 인력 개편, 업무 효율화 등을 통한 동(洞) 복지허브화 추진

• **2014년 10월**, 사회복지공무원 6천 명 확충(2014.~2017.) 방안 최종 확정(제9차 사보위)

• **2014년 7월~2015년 12월**, 읍 · 면 · 동 복지 허브화 시범사업 실시(15개소)

• **2016년 2월**, 「읍 · 면 · 동 복지허브화 추진 계획」 확정(제12차 사보위)

• **2016년 3월**, 읍 · 면 · 동 복지허브화 선도 지역 33개소 선정

• **2016년 12월**, 1,092개 읍 · 면 · 동에서 복지허브화 추진

• **2017년 8월**, '찾아가는 보건 · 복지서비스' 국정과제 확정

• **2017년 10월**, 일자리정책 5년 로드맵 발표(복지공무원 1.2만 명, 방문간호공무원 3.5천 명 충원)

• **2021년 12월**, 전국 읍 · 면 · 동 중 3,312개소에 찾아가는 보건복지전담팀 설치 완료
 - 2017년 1,816개소 → 2018년 2,583개소 → 2019년 2,911개소 → 2020년 3,197개소 → 2021년 3,312개소

출처 : 보건복지부(2022). 2021 보건복지백서.

2. 민간기관 및 단체

사회복지실천의 대부분의 역할은 민간이 중심축을 이루고 있다고 할 수 있다. 민간 사회복지 조직은 원래 종교, 자선단체 등의 기부금이나 위탁 · 후원 등과 같은 자발적인 자원에 의해 운영되며 영리를 목적으로 하지 않는 조직이다. 민간 부문은 국가 역할의 한계와 공공 부문 사회복지가 감당하지 못하는 서비스를 민간기관을 통해 역할을 분담하는 상호보완 운영이 중요하게 되었다. 민간 부문 중에 국가로부터 국고보조금을 지원받아 운영하는 사회복지법인은 순수민간조직으로 보기 어려운 측면을 가지고 있다고 볼 수 있다. 대부분의 사회복지조직은 재정적인 불안정으로 운영의 어려움을 겪고 있는 상황이다. 그 밖에도 민간 부문에는 영리를 추구하는 민간영리 부문도 있다. 다양한 복지욕구를 충족시키기 위해서는 영리조직이 불가피한 측면도 있다.

민간사회복지조직은 다양하게 분류할 수 있는데 사회복지방법론에 따른 분류, 서비스 제공의 직접성, 간접성에 따른 분류, 서비스 제공 장소의 성격에 따른 분류, 문제 대상에 따른 분류, 설립 주체에 따른 분류로 구분할 수 있다.

분류 기준	사업 내용
사회복지방법론	개별사회복지조직/ 집단사회복지조직/ 종합사회복지조직
서비스 제공(직접, 간접)	직접서비스 제공/ 간접서비스 제공(협의회, 협회)
서비스 제공 성격	이용시설/ 생활시설
대상집단 (문제별, 욕구별, 대상별)	가정복지, 아동복지, 노인복지, 장애인복지, 정신건강, 여성복지, 청소년복지, 산업복지, 자원봉사자 양성조직, 자활복지, 보건의료 등
설립 주체	사회복지법인, 재단법인, 사단법인, 종교단체, 사회단체, 개인 등

출처 : 고광신 외(2010). 사회복지행정론. 나눔의 집, p. 167 재구성.

〈표 5-1〉 사회복지시설의 종류

<table>
<tr><th rowspan="2">소관부처</th><th rowspan="2">시설종류</th><th colspan="2">세부종류</th><th rowspan="2">관련법</th></tr>
<tr><th>생활시설</th><th>이용시설</th></tr>
<tr><td rowspan="9">보건
복지부</td><td>노인복지시설</td><td>○ 노인주거복지시설
○ 노인의료복지시설
○ 학대피해노인전용쉼터</td><td>○ 재가노인복지시설
○ 노인여가복지시설
○ 노인보호전문기관
○ 노인일자리지원기관</td><td>노인복지법</td></tr>
<tr><td>복합노인복지시설</td><td colspan="2">○ 농어촌에 지역에 한해 노인복지법 제31조 노인복지시설을 종합적으로 배치한 복합노인복지시설을 설치 · 운영 가능</td><td>농어촌주민의
보건복지증진을
위한 특별법</td></tr>
<tr><td>아동복지시설</td><td>○ 아동양육시설
○ 아동일시보호시설
○ 아동보호치료시설
○ 자립지원시설
○ 공동생활가정</td><td>○ 아동상담소
○ 아동전용시설
○ 지역아동센터
○ 아동보호전문기관
○ 가정위탁지원센터</td><td>아동복지법</td></tr>
<tr><td>장애인복지시설</td><td>○ 장애유형별 거주시설
○ 중증장애인 거주시설
○ 장애영유아 거주시설
○ 장애인단기 거주시설
○ 장애인공동생활가정</td><td>○ 장애인지역사회재활시설
○ 장애인직업재활시설
○ 장애인의료재활시설
○ 장애인생산품판매시설</td><td>장애인복지법</td></tr>
<tr><td>어린이집</td><td></td><td>○ 어린이집</td><td>영유아보육법</td></tr>
<tr><td>정신건강증진시설</td><td>○ 정신요양시설
○ 정신재활시설 중 생활시설</td><td>○ 정신재활시설 중 이용시설</td><td>정신건강증진 및
정신질환자 복지서비스
지원에 관한 법률</td></tr>
<tr><td>노숙인시설</td><td>○ 노숙인자활시설
○ 노숙인재활시설
○ 노숙인요양시설</td><td>○ 노숙인종합지원센터
○ 노숙인일시보호시설
○ 노숙인급식시설
○ 노숙인진료시설
○ 쪽방상담소</td><td>노숙인 등의 복지 및
자립지원에 관한 법률</td></tr>
<tr><td>사회복지관
결핵 · 한센시설</td><td>○ 결핵 · 한센시설</td><td>○ 사회복지관</td><td>사회복지사업법</td></tr>
<tr><td>지역자활센터</td><td></td><td>○ 지역자활센터</td><td>국민기초생활보장법</td></tr>
<tr><td rowspan="6">여성
가족부</td><td>성매매피해지원시설</td><td>○ 일반지원시설
○ 청소년지원시설
○ 외국인지원시설
○ 자립지원공동생활시설</td><td>○ 자활지원센터
○ 성매매피해상담소</td><td>성매매방지 및 피해자
보호 등에 관한 법률</td></tr>
<tr><td>성폭력피해보호시설</td><td>○ 성폭력피해자보호시설</td><td>○ 성폭력피해상담소</td><td>성폭력방지 및 피해자
보호 등에 관한 법률</td></tr>
<tr><td>가정폭력보호시설</td><td>○ 가정폭력피해자보호시설</td><td>○ 가정폭력상담소
○ 긴급전화센터</td><td></td></tr>
<tr><td>한부모가족복지시설</td><td>○ 모자가족복지시설
(기본, 공동, 자립)
○ 부자가족복지시설
(기본, 공동, 자립)
○ 미혼모자가족복지시설
(기본, 공동)
○ 일시지원복지시설</td><td>○ 한부모가족복지상담소</td><td>한부모가족지원법</td></tr>
<tr><td>다문화가족지원센터</td><td></td><td>○ 다문화가족지원센터</td><td>다문화가족지원법</td></tr>
<tr><td>청소년복지시설</td><td>○ 청소년쉼터
○ 청소년자립지원관
○ 청소년치료재활센터
○ 청소년회복지원시설</td><td></td><td>청소년복지 지원법</td></tr>
</table>

〈표 5-2〉 보건복지부 소관 사회복지시설의 세부 분류

대상자별	형태	시설 종류		소관부서	관련법령
노인	생활	○ 주거	• 양로시설, 노인 공동생활가정	요양보험 운영과	노인복지법 제31조
			• 노인복지주택		
		○ 의료	• 노인요양시설		
			• 노인요양공동생활가정		
		○ 학대피해노인전용쉼터		노인정책과	
	이용	○ 재가	• 재가노인복지시설(방문요양, 주·야간보호, 단기보호, 방문목욕, 재가노인지원, 방문간호)	요양보험 운영과	
		○ 여가	• 노인복지관	노인정책과	
			• 경로당, 노인교실		
		○ 노인보호전문기관			
		○ 노인일자리지원기관		노인지원과	
아동	생활	○ 아동양육시설, 공동생활가정		아동복지 정책과	아동복지법 제52조
		○ 아동일시보호시설			
		○ 아동보호치료시설			
		○ 자립지원시설			
		○ 공동생활가정(학대피해아동쉼터로 지정된 곳에 한함)		아동권리과	
	이용	○ 아동상담소, 아동전용시설, 가정취탁지원센터		아동복지 정책과	
		○ 지역아동센터, 아동보호전문기관		아동권리과	
장애인	생활	○ 생활시설	• 장애유형별 거주시설	장애인권익 지원과	장애인복지법 제58조
			• 중증장애인 거주시설		
			• 장애영유아 거주시설		
			• 장애인단기 거주시설		
			• 장애인공동생활가정		
	이용	○ 지역사회 재활시설	• 장애인복지관		
			• 장애인주간보호시설		
			• 장애인체육시설, 장애인수련시설, 장애인생활아동지원센터		
			• 수화통역센터, 점자도서관, 점서 및 녹음서 출판시설		
		○ 장애인의료재활시설			
		○ 직업재활 시설	• 장애인보호작업장, 장애인근로사업장, 장애인직업적응훈련시설	장애인자립 기반과	
		○ 장애인생산품판매시설			
영유아	이용	○ 어린이집	국공립, 법인, 직장, 가정, 보모협동, 민간	보육기반과	영유아보육법 제10조
정신 질환자	생활	○ 정신요양시설, 정신재활시설 중 생활시설		정신건강 정책과	정신건강증진 및 정신질환자 복지서비스 지원에 관한 법률 제22조 및 제26조
	이용	○ 정신재활시설 중 이용시설			
노숙인 등	생활	○ 노숙인자활시설 ○ 노숙인재활시설 ○ 노숙인요양시설		자립지원과	노숙인 등의 복지 및 자립지원에 관한 법률
	이용	○ 노숙인종합지원센터 ○ 노숙인일시보호시설 ○ 노숙인급식시설 ○ 노숙인진료시설 ○ 쪽방상담소			
지역주민	이용	○ 사회복지관		사회서비스 자원과	사회복지사업법
기타시설	복합	○ 결핵 · 한센시설		질병관리본부 (결핵 · 에이즈관리과)	사회복지사업법
	이용	○ 지역자활센터		자립지원과	국민기초생활 보장법

출처 : 보건복지부(2018). 2018년 사회복지시설 관리안내. 사회복지시설 종류, 11-12.

3. 민관협력 조직

1) 지역사회보장협의체

지역사회보장협의체는 민관 복지관계자 및 학계전문가, 주민대표, 공무원 등이 참여하여 지역의 사회보장 관련 사안 등을 심의 · 자문하는 민관협의기구이다(사회보장급여법 제41조).

설립목적은 지역사회보장을 증진하고 사회보장과 관련된 서비스를 제공하는 관계기관 · 법인 · 단체 · 시설과의 연계협력 강화를 구축하는 것이다.

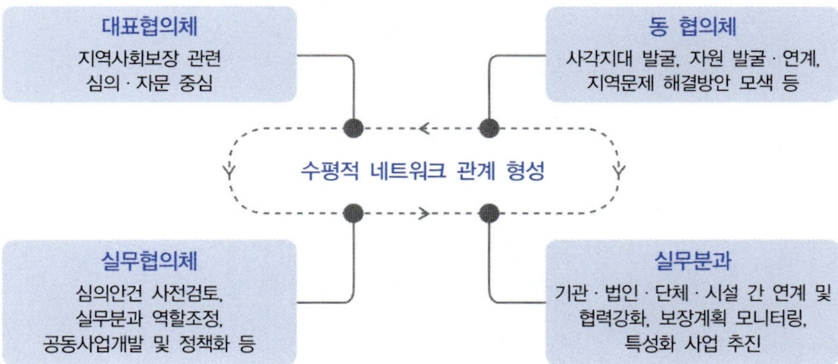

|그림 5-1| 지역사회보장협의체 구성도

출처 : 보건복지부(2021). 2021년 지역사회보장협의체 운영안내.

〈표 5-3〉 **지역사회보장협의체 구성(2020년 6월 30일 기준)** (단위 : 개소, 명)

구 분		대표 협의체		실무 협의체		실무 분과		읍 · 면 · 동 단위	
		구성	참여인원	구성	참여인원	구성	참여인원	구성	참여인원
계	97,200	229	5,799	228	6,146	1,634	19,844	3,483	65,529

* 시 · 군 · 구 100% 구성, 읍 · 면 · 동 99% 구성

지역사회보장협의체(대표협의체)는 심의, 자문기능을 중심으로 운영되며, 실무협의체는 실무협의체, 실무분과와 읍 · 면 · 동 지역사회보장협의체 등과 수평적 네트워크 관계를 유지하면서 심의안건 사전 검토, 실무분과 간 연계 · 조정, 사회보장사업 추진 및 개선 건의 등을 실시한다. 실무분과는 지역사회보장사업 개선 건의, 사회보장급여 연계 · 협력 등을 실시한다(예 노인 · 장애인 · 아동분과, 보건의료분과 등). 읍 · 면 · 동 지역사회보장협의체는 복지 사각지대 발굴, 지역자원 발굴 · 연계, 지역사회보호체계 구축 및 운영 등을 실시한다.

이들 조직의 기능은 협치, 연계, 통합서비스 지원기능을 통해 수요자 중심의 통합적 서비스를 제공하는 것이다.

읍 · 면 · 동 지역사회보장협의체 운영은 읍 · 면 · 동 단위로 도움이 필요한 이웃을 찾아내고, 알리고, 보살피는 지역복지 공동체 조성을 위해 지역주민의 다양한 복지욕구와 문제를 해결하는 민관협력 네트워크이다.

주요 기능	내 용
협치(governance) 기능	지역사회보장계획의 수립 · 과정 · 평가 등 지역사회보장의 주요 사항에 대하여 민간과 공공이 협력하여 심의 · 자문
연계(network) 기능	사회보장과 관련된 서비스 제공하는 관계 기관 · 법인 · 단체 · 시설과 연계 · 협력 강화
통합서비스 기능	협의체 내 각 분과 간 통합 및 조정역할을 수행하고 지역주민의 욕구를 반영한 통합적 서비스 제공체계 지원 통합서비스 제공을 위해 기존의 보건복지뿐만 아니라 고용 · 주거 · 교육 · 문화 · 환경 등 다양한 영역과 연계

통합사례관리는 지역사회의 공공복지를 담당하는 지방자치단체에서 수행해야 하는 핵심적인 업무로서 통합사례관리라는 용어로 통칭하여 사용하게 되었다. 통합사례관리의 목표는 지역주민의 다양한 욕구에 통합서비스를 연계 · 제공함으로써 지역주민의 삶을 안정적으로 지원 · 지지하고, 복지제도의 효과성 · 효율성 향상을 꾀하며 일반적으로 지역주민을 대상으로 하나, 복지욕

구 및 경제적 여건을 고려하여 빈곤계층의 탈빈곤 · 빈곤예방을 중점 목표로 설정(고용-복지 연계에 중점)하여 실시하고 있다.

기존 방식은 대상자에게 공공부조(기초생활수급) 형태의 지원이 유일하였으나 통합사례관리 이후에는 다양한 서비스를 민관협력으로 서비스를 제공할 수 있게 되었다.[1)]

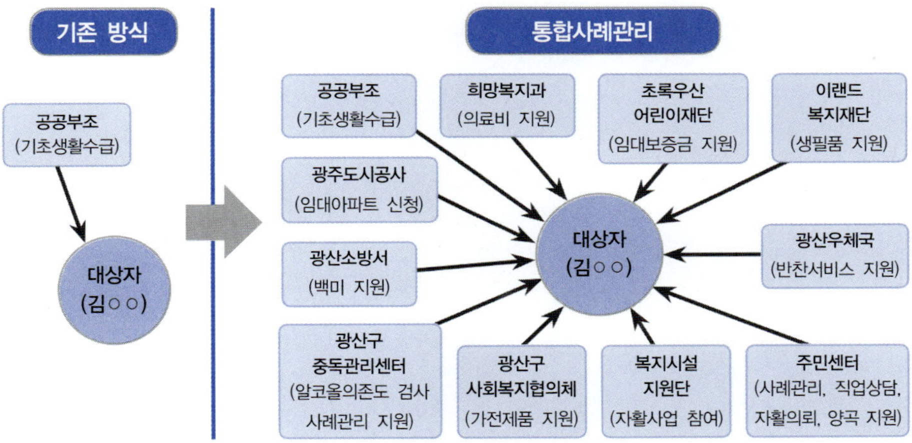

출처 : 보건복지부 홈페이지(www.mohw.go.kr) 인용

1) 예 대상자에게 공공부조(기초생활수급)를 비롯하여 희망복지과(의료비 지원), 초록우산 어린이재단(임대보증금 지원), 이랜드 복지재단(생필품 지원), 광산우체국(반찬서비스 지원), 주민센터(사례관리, 직업상담, 자활의뢰, 양육 지원), 복지시설 지원단(자활사업 참여), 광산구 사회복지 협의체(가전제품 지원), 광산구 중독관리센터(알코올의존도 검사 사례관리 지원), 광산소방서(백미 지원), 광주도시공사(임대아파트 신청)로 지원의 형태가 다양화됨.(보건복지부 홈페이지 자료 인용)

06
CHAPTER

사회복지 입법체계

사회복지법의 근원이 되는 법은 헌법이다. 헌법에는 국민의 기본권으로서 생존권과 자유권을 규정하고 있다. 생존권적 기본권은 사회권, 생활권, 복지권이라 할 수 있는데 이것은 국민이 인간다운 생활을 영위하는 데 필요한 책임을 국가에 요구할 수 있는 권리이다. 헌법 제10조는 국민의 행복추구권을 명시하였고, 제34조는 '모든 국민은 인간다운 생활을 할 권리를 가지며, 국가는 사회보장 사회복지의 증진에 의무를 지며, 노력하여야 한다' 등을 명시함으로써 사회복지법의 근거가 되었다.[1] 우리나라 사회복지법률관계를 살펴보면 헌법 아래 사회보장기본법을 기본법으로 하여 공공부조법, 사회보험법, 사회복지서비스법, 기타 관련 복지법률로 이루어져 있다. 각 법률은 구체적인 실행을 위해 시행령과 시행규칙을 정한다. 법률의 하위개념으로 조례와 규칙이 있다. 조례와 규칙은 지방자치단체가 정하는 규범으로서 법률의 범위 안에서 정해진다.

---

1) 제34조 제1항 국민의 인간답게 살 권리, 제2항 국가의 의무, 제3~4항 여자, 노인, 청소년에 대한 별도 규정, 제5항 국가보호의 대상, 제6항 재해예방과 보호(생각의 마을 기획, 사회복지법제론 2019년 사회복지 1급 수험서, 공동체, 31)

1. 사회보장기본법

1) 기본 이념과 목적

사회보장기본법은 1995년에 제정된 법으로서 1963년 형식으로 정해놓은 사회보장에 관한 법률이 제 역할을 못하는 문제를 해결하기 위해 제정된 법이다. "이 법은 사회보장에 관한 국민의 권리와 국가 및 지방자치단체의 책임을 정하고 사회보장정책의 수립 · 추진과 관련 제도에 관한 기본적인 사항을 규정함으로써 국민의 복지증진에 이바지하는 것을 목적으로 한다"라고 규정하고 있다(사회보장기본법 제1조). 즉, 법의 목적은 사회보장에 관한 국민의 권리와 국가와 지방자치단체의 책임을 정하여 사회복지법의 상위개념으로서 사회보장제도의 기본적인 사항을 규정함으로써 국민의 복지증진을 목적으로 한다. 사회보장법 제2조에 명시하고 있는 기본 이념에서는 "사회보장은 모든 국민이 다양한 사회적 위험으로부터 벗어나 행복하고 인간다운 생활을 향유할 수 있도록 자립을 지원하며, 사회참여 · 자아실현에 필요한 제도와 여건을 조성하여 사회통합과 행복한 복지사회를 실현하는 것"이라고 제시하고 있다.

2) 사회보장기본법의 내용

사회보장정책의 기본 방향은 세 가지로 볼 수 있다.

첫째, 제22조(평생사회안전망의 구축 · 운영) ① 국가와 지방자치단체는 모든 국민이 생애 동안 삶의 질을 유지 · 증진할 수 있도록 평생사회안전망을 구축하여야 한다. ② 국가와 지방자치단체는 평생사회안전망을 구축 · 운영함에 있어 사회적 취약계층을 위한 공공부조를 마련하여 최저생활을 보장하여야 한다.

둘째, 제23조(사회서비스 보장) ① 국가와 지방자치단체는 모든 국민의 인간다운 생활과 자립, 사회참여, 자아실현 등을 지원하여 삶의 질이 향상될 수 있도록 사회서비스에 관한 시책을 마련하여야 한다. ② 국가와 지방자치단체는 사회서비스 보장과 제24조에 따른 소득 보장이 효과적이고 균형적으로 연계되도록 하여야 한다.

셋째, 제24조(소득 보장) ① 국가와 지방자치단체는 다양한 사회적 위험하에서도 모든 국민들이 인간다운 생활을 할 수 있도록 소득을 보장하는 제도를 마련하여야 한다. ② 국가와 지방자치단체는 공공 부문과 민간 부문의 소득보장제도가 효과적으로 연계되도록 하여야 한다.

3) 사회보장제도의 운영원칙

사회보장제도의 운영에 있어서 기본적인 원칙은 보편성, 형평성, 민주성, 연계성, 전문성을 규정하고 있는데(법 제25조) 국가와 지방자치단체는 사회보장제도를 운영할 때 모든 국민에게 적용하고 급여 수준과 비용부담에 있어서 형평성을 유지하여야 한다는 것이다. 또한 제도의 정책 결정과정 및 시행에 있어서는 이해당사자나 공익 대표 등을 참여시켜 민주적으로 결정하고 시행해야 한다는 것이다. 사회보장제도를 운영할 때 국민의 다양한 복지욕구를 효율적으로 충족시킬 수 있도록 연계성과 전문성이 담보되어야 한다. 비용부담에 있어서는 관계법령이 정하는 범위 내에서 국가와 지방자치단체가 일부 비용을 부담할 수 있도록 규정하고 있다. 국민의 경우도 ① 모든 국민은 자신의 능력을 최대한 발휘하여 자립 · 자활(自活)할 수 있도록 노력하여야 한다. ② 모든 국민은 경제적 · 사회적 · 문화적 · 정신적 · 신체적으로 보호가 필요하다고 인정되는 사람에게 지속적인 관심을 가지고 이들이 보다 나은 삶을 누릴 수 있는 사회환경 조성에 서로 협력하고 노력하여야 한다. ③ 모든 국민은 관계 법령에서 정하는 바에 따라 사회보장급여에 필요한 비용의 부담, 정보의 제공 등 국가의 사회보장정책에 협력하여야 한다.

2. 공공부조법

공공부조는 국가가 경제적으로 생활유지가 어려운 국민들의 최저생활을 보장하고 이를 통해 자립을 지원하는 제도이다. 공공부조에는 국민기초생활보장, 의료급여, 긴급복지지원 등이 있다.

1) 국민기초생활보장법

과거 생활보호법에서는 보호를 필요로 하는 사람들을 보호를 받을 권리자로 인정한 것이 아니라 국가가 일방적으로 혜택을 주면 받는 차원에서 이루어졌다. 그러나 1997년 국가 경제위기를 겪으면서 저소득 빈곤층이 대량으로 발생하게 되었고 갑작스러운 빈곤에 국가적인 차원에서의 안전망이 없었던 우리나라는 안전망으로서의 복지대책이 필요하게 되었다. 국가가 모든 국민의 기본적인 생활을 제도적으로 보장하기 위해 사회적 안전망으로서 등장한 것이 국민기초생활보장제도이다.

(1) 목적 및 급여의 원칙

이 법은 생활이 어려운 사람에게 필요한 급여를 실시하여 이들의 최저생활을 보장하고 자활을 돕는 것을 목적으로 한다(제1조). 이 법을 운용할 때 적용하는 기본 원칙은 ① 자활자립의 원칙으로 이 법에 따른 급여는 수급자가 자신의 생활의 유지 · 향상을 위하여 그의 소득, 재산, 근로능력 등을 활용하여 최대한 노력하는 것을 전제로 이를 보충 · 발전시키는 것, ② 타법우선의 원칙으로서 부양의무자의 부양과 다른 법령에 따른 보호는 이 법에 따른 급여에 우선하여 행하여지는 것으로 한다는 것, ③ 가족부양 우선의 법칙으로 기본적으로 국가부양에 앞서 부양의무자의 부양을 우선시한다는 것, ④ 보충성의 원칙은 다른 법령에 따른 보호의 수준이 이 법에서 정하는 수준에 이르지 아니하는 경우에는 나머지 부분에 관하여 이 법에 따른 급여를 받을 권리를 잃지 아니한다는 것이다.

(2) 급여내용

급여의 종류는 생계급여, 주거급여, 의료급여, 교육급여, 해산급여, 장제급여, 자활급여이다(제7조). 급여는 수급자가 자신의 생활의 유지 · 향상을 위하여 그의 소득, 재산, 근로능력 등을 활용하여 최대한 노력하는 것을 전제로 이를 보충 · 발전시키는 것을 기본원칙으로 한다(제3조 제1항).

2) 의료급여법

의료급여법은 생활이 어려운 사람에게 의료급여를 제공함으로써 국민보건의 향상과 사회복지 증진에 이바지하는 것을 목적으로 한다(의료급여법 제1조). 수급권자는 국민기초생활보장법에 의한 수급권자, 재해구호법에 의한 이재민, 의사상자법에 의한 의상자 및 의사자 유족, 「독립유공자 예우에 관한 법률」 및 「국가유공자 예우에 관한 법률」의 적용을 받고 있는 자와 그 가족으로서 보건복지부장관이 의료급여가 필요하다고 인정한 자, 무형문화재법에 의하여 지정된 무형문화재의 보유자 및 그 가족으로서 문화재청장이 의료보호가 필요하다고 요청한 자 중 보건복지부 장관이 의료급여가 필요하다고 인정한 자, 「북한이탈주민의 보호 및 정착지원에 관한 법률」의 적용을 받고 있는 사람과 그 가족, 「5 · 18 민주화 운동 관련 보상 등에 관한 법률」 제8조에 따라 보상금을 받은 자와 그 가족, 「노숙인 등의 복지 및 자립지원에 관한 법률」에 따른 노숙인 등으로 보건복지부 장관이 의료급여가 필요하다고 인정한 자 등이다. 급여내용은 진찰, 검사, 약제, 치료재료의 지급, 처치, 수술 그 밖의 예방, 재활, 입원, 간호 이송과 그 밖의 의료목적 달성을 위한 조치이다.

3) 긴급복지지원법

긴급복지지원법은 위기상황에 놓인 국민의 생계를 지원함으로써 위기상황에서 벗어나 건강하고 아름다운 생활을 회복할 수 있도록 하는 것을 목적으로 한다(제1조). 이 법에서 위기상황이란 본인 또는 본인과 생계 및 주거를 같이 하고 있는 가구구성원으로서 다음 사유로 생계유지가 어렵게 된 것을 말한다. ① 주 소득자가 사망, 가출, 행방불명, 구금시설에 수용되는 등의 사유로 소득을 상실한 경우, ② 중한 질병 또는 부상을 당한 경우, ③ 가구구성원으로부터 방임 또는 유기되거나 학대 등을 당한 경우, ④ 가정폭력으로 인하여 가구구성원과 함께 원만한 가정생활을 유지하기 곤란하거나 가구구성원으로부터 성폭력을 당한 경우, ⑤ 화재 등으로 인하여 거주하는 주택 또는 건물에서 생활하기 곤란하게 된 경우, ⑥ 주소득자 또는 부소득자의 휴업, 폐업 또는 사업장의 화재 등으로 인하여 실질적인 영업이 곤란하게 된 경우, ⑦ 주소득자 또는 부소득자의 실직으로 소득을 상실한 경우, ⑧ 보건복지부령으로 정하는 기준에 따라 지방자치단체의 조례로 정한 사유가 발생한 경우, ⑨ 기타 보건복지부장관이 정하여 고시하는 사유가 발생한 경우 등이다.

(1) 긴급지원 급여내용

긴급지원은 금전 또는 현물 등의 직접지원과 민간기관, 단체와 연계 등의 간접지원으로 나누어 볼 수 있다.

직접지원으로는 ① 생계지원으로 식료품비, 의복비 등 생계유지에 필요한 비용 또는 현물 지원, ② 의료지원으로는 각종 검사 및 치료 등 의료서비스 지원, ③ 주거지원은 임시거주지 제공 또는 이에 해당하는 비용 지원, ④ 사회복지시설이용지원은 사회복지사업법에 따른 사회복지시설입소 또는 이용서비스 제공이나 이에 필요한 비용지원, ⑤ 교육지원으로는 초 · 중 · 고등학생의 수업료, 입학금, 학교운영지원비 및 학용품비 등 필요한 비용 지원, ⑥ 그 밖에 연료비나 그 밖에 위기상황의 극복에 필요한 비용 또는 현물지원이 해당된다.

민간기관, 단체와 연계 등의 지원에는 대한적십자사 조직법에 따른 대한적십자사, 사회복지공동모금회법에 따른 사회복지공동모금회 등의 사회복지기관, 단체와의 연계 지원, 상담 · 정보제공 그 밖의 지원 등이다(제9조).

(2) 긴급지원기관

긴급지원은 거주지를 관할하는 시장, 군수, 구청장이 담당한다. 긴급지원대상자의 거주지가 불분명한 경우 지원요청 또는 신고를 받은 시장, 군수, 구청장이 한다. 시장, 군수, 구청장은 긴급지원담당공무원을 지정하여 긴급지원사업을 수행하게 해야 한다(제6조).

3. 사회보험법

사회보험은 국민의 경제적인 소득보장을 보장하는 제도이다. 사회보험은 국민에게 발생하는 사회적 위험을 보험을 통해 대처하는 것으로 연금보험, 건강보험, 고용보험, 산재보험 등이 있다. 국민연금법은 1986년 제정되어 1988부터 시행되고 있으며, 2007년에는 저소득 노인의 소득보장을 위한 기초노령연금법이 제정되었다. 건강보험에 관한 법률은 1963년 의료보험법이 제정되었고 1976년에 개정, 1997년에 국민의료보험법이 제정되어 지역의료보험과 공 · 교 의료보험이 통합되었다. 1999년에는 국민건강보험법이 제정되어 2000년 이후 직장의료보험까지 통합하여 건강보험의 일원화로 통합이 이루어졌다. 고용보험에 관한 법률은 1993년에 고용보험법이 제정되어 1995년부터 시행되었다. 산재보험에 관한 법률은 1963년에 산업재해보상법이 제정되어 1964년부터 시행되고 있다.

1) 국민연금법

이 법은 국민의 노령, 장애 또는 사망에 대하여 연금급여를 실시함으로써 국민의 생활 안정과 복지 증진에 이바지하는 것을 목적으로 한다. 가입 대상은 국내에 거주하는 국민으로서 18세 이상 60세 미만인 자는 국민연금 가입 대상이 된다. 다만, 공무원연금법, 군인연금법, 사립학교교직원 연금법 및 별정우체국법을 적용받는 공무원, 군인, 교직원 및 별정우체국 직원, 그 밖에 대통령령으로 정하는 자는 제외한다(제6조, 개정 2016. 5. 29). 급여체계 및 종류는 노령연금, 장애연금, 유족연금, 반환일시금 등이 있다.

(1) 가입대상

가입대상은 국내에 거주하는 만 18세 이상 60세 미만의 국민 및 국내거주 외국인으로서 가입종별 가입자는 다음과 같이 구분한다.

사업장가입자
가입대상자로서 1인 이상 사업장의 근로자와 사용자
지역가입자
가입대상자로서 사업장가입자가 아닌 자
* 적용제외자 : 공적연금(국민연금, 공무원연금, 군인연금, 사립학교교직원연금, 별정우체국연금) 가입자 및 수급자의 무소득배우자, 18세 이상 27세 미만의 학생과 군인, 기초생활수급자, 1년 이상 행방불명자 등
임의가입자
적용제외자 중 본인이 희망하여 가입한 자
임의계속가입자
60세 이후부터 65세까지 본인이 희망하여 가입한 자
* 보험료 납부이력이 없는 자, 노령연금 및 반환일시금 수급자는 제외

2) 국민건강보험법

이 법은 국민의 질병 · 부상에 대한 예방 · 진단 · 치료 · 재활과 출산 · 사망 및 건강증진에 대하여 보험급여를 실시함으로써 국민보건 향상과 사회보장 증진에 이바지함을 목적으로 한다(제1조). 적용 대상은 다음과 같다.

> ① 국내에 거주하는 국민은 건강보험의 가입자(이하 "가입자"라 한다) 또는 피부양자가 된다. 다만, 다음 각 호의 어느 하나에 해당하는 사람은 제외한다.
>
> 1. 의료급여법에 따라 의료급여를 받는 사람(이하 "수급권자"라 한다)
> 2. 「독립유공자예우에 관한 법률」 및 「국가유공자 등 예우 및 지원에 관한 법률」에 따라 의료보호를 받는 사람(이하 "유공자 등 의료보호대상자"라 한다). 다만, 다음 각 목의 어느 하나에 해당하는 사람은 가입자 또는 피부양자가 된다.
>   가. 유공자 등 의료보호대상자 중 건강보험의 적용을 보험자에게 신청한 사람
>   나. 건강보험을 적용받고 있던 사람이 유공자 등 의료보호대상자로 되었으나 건강보험의 적용배제신청을 보험자에게 하지 아니한 사람
>
> ② 제1항의 피부양자는 다음 각 호의 어느 하나에 해당하는 사람 중 직장가입자에게 주로 생계를 의존하는 사람으로서 소득 및 재산이 보건복지부령으로 정하는 기준 이하에 해당하는 사람을 말한다. 〈개정 2017. 4. 18.〉
>
> 1. 직장가입자의 배우자
> 2. 직장가입자의 직계존속(배우자의 직계존속을 포함한다)
> 3. 직장가입자의 직계비속(배우자의 직계비속을 포함한다)과 그 배우자
> 4. 직장가입자의 형제 · 자매
>
> ③ 제2항에 따른 피부양자 자격의 인정 기준, 취득 · 상실시기 및 그 밖에 필요한 사항은 보건복지부령으로 정한다. (제5조)

보험급여의 종류는 〈표 6-1〉과 같다.

〈표 6-1〉 급여의 종류

구 분	급여 내용	법조문
요양비	가입자나 피부양자가 보건복지부령으로 정하는 긴급하거나 그 밖의 부득이한 사유로 요양기관과 비슷한 기능을 하는 기관으로서 보건복지부령으로 정하는 기관(제98조 제1항에 따라 업무정지기간 중인 요양기관을 포함한다)에서 질병 · 부상 · 출산 등에 대하여 요양을 받거나 요양기관이 아닌 장소에서 출산한 경우에는 그 요양급여에 상당하는 금액을 보건복지부령으로 정하는 바에 따라 가입자나 피부양자에게 요양비로 지급한다.	제49조
건강검진	건강검진(이하 "건강검진"이라 한다)은 2년마다 1회 이상 실시하되, 사무직에 종사하지 않는 직장가입자에 대해서는 1년에 1회 실시한다. 다만, 암 검진은 암관리법 시행령에서 정한 바에 따르며, 영유아건강검진은 영유아의 나이 등을 고려하여 보건복지부장관이 정하여 고시하는 바에 따라 검진주기와 검진횟수를 다르게 할 수 있다.	제52조
부가급여	공단은 이 법에서 정한 요양급여 외에 대통령령으로 정하는 바에 따라 임신 · 출산 진료비, 장제비, 상병수당, 그 밖의 급여를 실시할 수 있다.	제50조
요양급여	가입자와 피부양자의 질병, 부상, 출산 등에 대하여 다음 각 호의 요양급여를 실시한다. 1. 진찰 · 검사 2. 약제(藥劑) · 치료재료의 지급 3. 처치 · 수술 및 그 밖의 치료 4. 예방 · 재활 5. 입원 6. 간호 7. 이송(移送)	제41조

3) 고용보험법

이 법은 고용보험의 시행을 통하여 실업의 예방, 고용의 촉진 및 근로자의 직업능력의 개발과 향상을 꾀하고, 국가의 직업지도와 직업소개 기능을 강화하며, 근로자가 실업한 경우에 생활에 필요한 급여를 실시하여 근로자의 생활안정과 구직 활동을 촉진함으로써 경제 · 사회 발전에 이바지하는 것을 목적으로 한다(제1조). 고용보험은 제1조의 목적을 이루기 위하여 고용보험사업(이하 "보험사업"이라 한다)으로 고용안정 · 직업능력개발 사업, 실업급여, 육아휴직

급여 및 출산전후휴가 급여 등을 실시한다(제4조). 적용범위는 근로자를 사용하는 모든 사업 또는 사업장(이하 "사업"이라 한다)에 적용한다. 다만, 산업별 특성 및 규모 등을 고려하여 대통령령으로 정하는 사업에 대하여는 적용하지 아니한다(제8조). 고용노동부장관은 보험사업에 필요한 재원에 충당하기 위하여 고용보험기금(이하 "기금"이라 한다)을 설치한다. 기금은 보험료와 이 법에 따른 징수금 · 적립금 · 기금운용 수익금과 그 밖의 수입으로 조성한다(제78조).

(1) 실업급여의 종류(제37조)

실업급여는 구직급여와 취업촉진 수당으로 구분하며 취업촉진 수당의 종류는 조기(早期)재취업 수당, 직업능력개발 수당, 광역 구직활동비, 이주비 등이다(표 6-2).

〈표 6-2〉 실업수당의 종류

구 분	내 용	법 규
조기재취업 수당	조기재취업 수당은 수급자격자(「외국인근로자의 고용 등에 관한 법률」 제2조에 따른 외국인 근로자는 제외한다)가 안정된 직업에 재취직하거나 스스로 영리를 목적으로 하는 사업을 영위하는 경우로서 대통령령으로 정하는 기준에 해당하면 지급한다.	제64조
직업능력개발 수당	직업능력개발 수당은 수급자격자가 직업안정기관의 장이 지시한 직업능력개발 훈련 등을 받는 경우에 그 직업능력개발 훈련 등을 받는 기간에 대하여 지급한다.	제65조
광역 구직활동비	광역 구직활동비는 수급자격자가 직업안정기관의 소개에 따라 광범위한 지역에 걸쳐 구직 활동을 하는 경우로서 대통령령으로 정하는 기준에 따라 직업안정기관의 장이 필요하다고 인정하면 지급할 수 있다. 광역 구직활동비의 금액은 제1항의 구직 활동에 통상 드는 비용으로 하되, 그 금액의 산정은 고용노동부령으로 정하는 바에 따른다.	제66조

이주비	이주비는 수급자격자가 취업하거나 직업안정기관의 장이 지시한 직업능력개발 훈련 등을 받기 위하여 그 주거를 이전하는 경우로서 대통령령으로 정하는 기준에 따라 직업안정기관의 장이 필요하다고 인정하면 지급할 수 있다.	제67조
육아휴직 급여	고용노동부장관은 「남녀고용평등과 일 · 가정 양립 지원에 관한 법률」 제19조에 따른 육아휴직을 30일(근로기준법 제74조에 따른 출산전후휴가기간과 중복되는 기간은 제외한다) 이상 부여받은 피보험자 중 육아휴직을 시작한 날 이전에 제41조에 따른 피보험 단위기간이 합산하여 180일 이상인 피보험자에게 육아휴직 급여를 지급한다.	제70조
출산전후 휴가 급여 등	고용노동부장관은 「남녀고용평등과 일 · 가정 양립 지원에 관한 법률」 제18조에 따라 피보험자가 근로기준법 제74조에 따른 출산전후휴가 또는 유산 · 사산휴가를 받은 경우와 「남녀고용평등과 일 · 가정 양립 지원에 관한 법률」 제18조의2에 따른 배우자 출산휴가를 받은 경우로서 다음 각 호의 요건을 모두 갖춘 경우에 출산전후휴가 급여 등(이하 "출산전후휴가 급여 등"이라 한다)을 지급한다.	제75조

4) 산업재해보상법

이 법의 목적은 산업재해보상보험 사업을 시행하여 근로자의 업무상의 재해를 신속하고 공정하게 보상하며, 재해근로자의 재활 및 사회 복귀를 촉진하기 위하여 이에 필요한 보험시설을 설치 · 운영하고, 재해 예방과 그 밖에 근로자의 복지 증진을 위한 사업을 시행하여 근로자 보호에 이바지하는 것이다(제1조). 산업재해보상에 필요한 비용을 위해 국가는 회계연도마다 예산의 범위에서 보험사업의 사무 집행에 드는 비용을 일반회계에서 부담하여야 하며, 국가는 회계연도마다 예산의 범위에서 보험사업에 드는 비용의 일부를 지원할 수 있다(제4조). 이 법은 근로자를 사용하는 모든 사업 또는 사업장(이하 "사업"이라 한다)에 적용한다. 산업재해보상보험을 수행하는 기구로서 고용노동부장관의 위탁을 받아 제1조의 목적을 달성하기 위한 사업을 효율적으로 수행하기 위하여 근로복지공단(이하 "공단"이라 한다)을 설립한다(제10조).

(1) 보험급여의 종류

보험급여의 종류는 요양급여, 휴업급여, 장해급여, 간병급여, 유족급여, 상병(傷病)보상연금, 장례비(葬儀費), 직업재활급여이다(표 6-3).

〈표 6-3〉 보험급여의 종류

급 여	급여 내용	법 규
요양급여	요양급여는 근로자가 업무상의 사유로 부상을 당하거나 질병에 걸린 경우에 그 근로자에게 지급한다. 제1항에 따른 요양급여는 제43조 제1항에 따른 산재보험 의료기관에서 요양을 하게 한다. 다만, 부득이한 경우에는 요양을 갈음하여 요양비를 지급할 수 있다.	제40조
휴업급여	휴업급여는 업무상 사유로 부상을 당하거나 질병에 걸린 근로자에게 요양으로 취업하지 못한 기간에 대하여 지급하되, 1일당 지급액은 평균임금의 100분의 70에 상당하는 금액으로 한다. 다만, 취업하지 못한 기간이 3일 이내이면 지급하지 아니한다.	제52조
장해급여	① 장해급여는 근로자가 업무상의 사유로 부상을 당하거나 질병에 걸려 치유된 후 신체 등에 장해가 있는 경우에 그 근로자에게 지급한다. ② 장해급여는 장해등급에 따라 별표 2에 따른 장해보상연금 또는 장해보상일시금으로 하되, 그 장해등급의 기준은 대통령령으로 정한다.	제57조
간병급여	① 간병급여는 제40조에 따른 요양급여를 받은 자 중 치유 후 의학적으로 상시 또는 수시로 간병이 필요하여 실제로 간병을 받는 자에게 지급한다. ② 제1항에 따른 간병급여의 지급 기준과 지급 방법 등에 관하여 필요한 사항은 대통령령으로 정한다.	제61조
유족급여	유족급여는 근로자가 업무상의 사유로 사망한 경우에 유족에게 지급한다.	제62조
상병보상연금	요양급여를 받는 근로자가 요양을 시작한 지 2년이 지난 날 이후에 다음 각 호의 요건 모두에 해당하는 상태가 계속되면 휴업급여 대신 상병보상연금을 그 근로자에게 지급한다.	제66조

장례비	장례비는 근로자가 업무상의 사유로 사망한 경우에 지급하되, 평균임금의 120일분에 상당하는 금액을 그 장제(葬祭)를 지낸 유족에게 지급한다. 다만, 장례를 지낼 유족이 없거나 그 밖에 부득이 한 사유로 유족이 아닌 자가 장례를 지낸 경우에는 평균임금의 120일분에 상당하는 금액의 범위에서 실제 드는 비용을 그 장제를 지낸 자에게 지급한다.	제71조
직업재활급여	장해급여 또는 진폐보상연금을 받은 자나 장해급여를 받을 것이 명백한 자로서 대통령령으로 정하는 자(이하 "장해급여자"라 한다) 중 취업을 위하여 직업훈련이 필요한 자(이하 "훈련대상자"라 한다)에 대하여 실시하는 직업훈련에 드는 비용 및 직업훈련수당. 업무상의 재해가 발생할 당시의 사업에 복귀한 장해급여자에 대하여 사업주가 고용을 유지하거나 직장적응훈련 또는 재활운동을 실시하는 경우(직장적응훈련의 경우에는 직장 복귀 전에 실시한 경우도 포함한다)에 각각 지급하는 직장복귀지원금, 직장적응훈련비 및 재활운동비	제72조

5) 노인장기요양보호법

고령이나 노인성 질병 등으로 일상생활을 혼자서 수행하기 어려운 이들에게 신체활동 및 일상생활 지원 등의 서비스를 제공하여 노후 생활의 안정과 그 가족의 부담을 경감시켜 주기 위한 사회보험제도이다. 고령이나 노인성 질병 등의 사유로 일상생활을 혼자서 수행하기 어려운 노인 등에게 제공하는 신체활동 또는 가사활동 지원 등의 장기요양급여에 관한 사항과 노후의 건강증진 및 생활안정을 도모하고 그 가족의 부담을 덜어줌으로써 국민의 삶의 질을 향상하도록 함을 목적으로 한다(제1조).

(1) 장기요양급여 제공의 기본 원칙

① 장기요양급여는 노인 등이 자신의 의사와 능력에 따라 최대한 자립적으로 일상생활을 수행할 수 있도록 제공하여야 한다.

② 장기요양급여는 노인 등의 심신상태 · 생활환경과 노인 등 및 그 가족의 욕구 · 선택을 종합적으로 고려하여 필요한 범위 안에서 이를 적정하게 제공하여야 한다.

③ 장기요양급여는 노인 등이 가족과 함께 생활하면서 가정에서 장기요양을 받는 재가급여를 우선적으로 제공하여야 한다.

④ 장기요양급여는 노인 등의 심신 상태나 건강 등이 악화되지 아니하도록 의료서비스와 연계하여 이를 제공하여야 한다(제3조).

(2) 급여 내용

장기요양급여 신청대상은 소득 수준과 상관없이 노인장기요양보험 가입자(국민건강보험 가입자와 동일)와 그 피부양자 그리고 의료급여수급권자로서 65세 이상 노인과 65세 미만의 노인성 질병이 있는 자이다. 급여대상은 65세 이상 노인 또는 치매, 중풍, 파킨슨병 등 노인성 질병을 앓고 있는 65세 미만인 자 중 6개월 이상의 기간 동안 일상생활을 수행하기 어려워 장기요양서비스가 필요하다고 인정되는 자에게 실시한다(표 6-4).[2)]

장기요양인정 및 서비스 이용절차는

① (공단 각 지사별 장기요양센터) 신청 → ② (공단직원) 방문조사 → ③ (등급판정위원회) 장기요양 인정 및 등급판정 → ④ (장기요양센터) 장기요양인정서 및 표준장기요양이용계획서 통보 → ⑤ (장기요양기관) 서비스 이용으로 이루어진다.

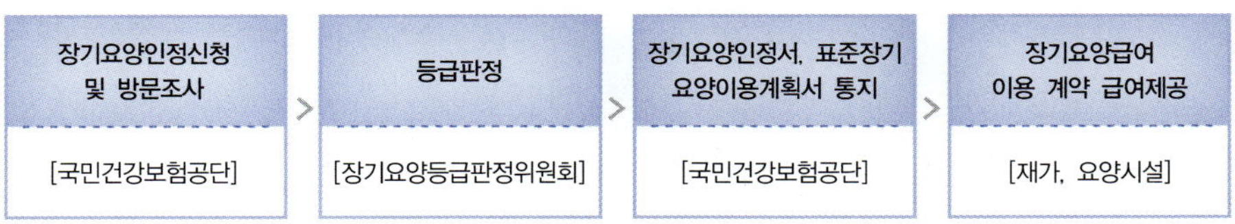

2) 보건복지부 홈페이지 참고(www.mohw.go.kr).

〈표 6-4〉 장기요양급여의 종류

구 분	서비스	서비스 내용
재가급여	방문요양	장기요양요원이 수급자의 가정 등을 방문하여 신체활동 및 가사활동 등을 지원하는 장기요양급여
	방문목욕	장기요양요원이 목욕설비를 갖춘 장비를 이용하여 수급자의 가정 등을 방문하여 목욕을 제공하는 장기요양급여
	방문간호	장기요양요원인 간호사 등이 의사, 한의사 또는 치과의사의 지시서(이하 "방문간호지시서"라 한다)에 따라 수급자의 가정 등을 방문하여 간호, 진료의 보조, 요양에 관한 상담 또는 구강위생 등을 제공하는 장기요양급여
	주 · 야간보호	수급자를 하루 중 일정한 시간 동안 장기요양기관에 보호하여 신체활동 지원 및 심신기능의 유지 · 향상을 위한 교육 · 훈련 등을 제공하는 장기요양급여
	단기보호	수급자를 보건복지부령으로 정하는 범위 안에서 일정 기간 동안 장기요양기관에 보호하여 신체활동 지원 및 심신기능의 유지 · 향상을 위한 교육 · 훈련 등을 제공하는 장기요양급여
	기타재가급여	수급자의 일상생활 · 신체활동 지원 및 인지기능의 유지 · 향상에 필요한 용구를 제공하거나 가정을 방문하여 재활에 관한 지원 등을 제공하는 장기요양급여로서 대통령령으로 정하는 것
시설급여		장기요양기관에 장기간 입소한 수급자에게 신체활동 지원 및 심신기능의 유지 · 향상을 위한 교육 · 훈련 등을 제공하는 장기요양급여
특별현금급여	가족요양비	① 공단은 다음 각 호의 어느 하나에 해당하는 수급자가 가족 등으로부터 제23조 제1항 제1호 가목에 따른 방문요양에 상당한 장기요양급여를 받은 때 대통령령으로 정하는 기준에 따라 해당 수급자에게 가족요양비를 지급할 수 있다. 〈개정 2019. 1. 15.〉 1. 도서 · 벽지 등 장기요양기관이 현저히 부족한 지역으로서 보건복지부장관이 정하여 고시하는 지역에 거주하는 자 2. 천재지변이나 그 밖에 이와 유사한 사유로 인하여 장기요양기관이 제공하는 장기요양급여를 이용하기가 어렵다고 보건복지부장관이 인정하는 자 3. 신체 · 정신 또는 성격 등 대통령령으로 정하는 사유로 인하여 가족 등으로부터 장기요양을 받아야 하는 자

특례요양비	① 공단은 수급자가 장기요양기관이 아닌 노인요양시설 등의 기관 또는 시설에서 재가급여 또는 시설급여에 상당한 장기요양급여를 받은 경우 대통령령으로 정하는 기준에 따라 해당 장기요양급여비용의 일부를 해당 수급자에게 특례요양비로 지급할 수 있다. 〈개정 2019. 1. 15.〉 ② 제1항에 따라 장기요양급여가 인정되는 기관 또는 시설의 범위, 특례요양비의 지급절차, 그 밖에 필요한 사항은 보건복지부령으로 정한다.
요양병원 간병비	① 공단은 수급자가 의료법 제3조 제2항 제3호 라목에 따른 요양병원에 입원한 때 대통령령으로 정하는 기준에 따라 장기요양에 사용되는 비용의 일부를 요양병원간병비로 지급할 수 있다. 〈개정 2009. 1. 30., 2011. 6. 7.〉 ② 제1항에 따른 요양병원간병비의 지급절차와 그 밖에 필요한 사항은 보건복지부령으로 정한다.

출처 : 노인장기요양보험법 제23~26조 정리.

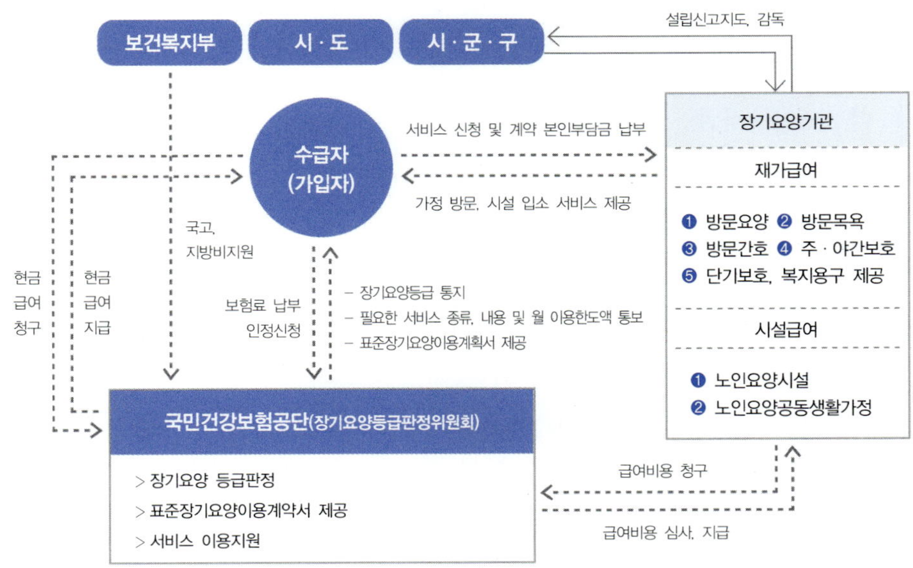

| 그림 6–1 | 장기요양보험 관리운영체계

출처 : 보건복지부 홈페이지(www.mohw.go.kr).

4. 사회복지사업법

사회복지사업법은 사회복지사업에 관한 기본적 사항을 규정하여 사회복지를 필요로 하는 사람에 대하여 인간의 존엄성과 인간다운 생활을 할 권리를 보장하고 사회복지의 전문성을 높이며, 사회복지사업의 공정 · 투명 · 적정을 도모하고, 지역사회복지의 체계를 구축하고 사회복지서비스의 질을 높여 사회복지의 증진에 이바지함을 목적으로 한다(제1조). 사회복지사업법에 규정된 사회복지사업이란 아래 각 법률에 따른 보호 · 선도(善導) 또는 복지에 관한 사업과 사회복지상담, 직업지원, 무료 숙박, 지역사회복지, 의료복지, 재가복지(在家福祉), 사회복지관 운영, 정신질환자 및 한센병력자의 사회복귀에 관한 사업 등 각종 복지사업과 이와 관련된 자원봉사활동 및 복지시설의 운영 또는 지원을 목적으로 하는 사업을 말한다(제2조).

가. 국민기초생활 보장법
나. 아동복지법
다. 노인복지법
라. 장애인복지법
마. 한부모가족지원법
바. 영유아보육법
사. 성매매방지 및 피해자보호 등에 관한 법률
아. 정신건강증진 및 정신질환자 복지서비스 지원에 관한 법률
자. 성폭력방지 및 피해자보호 등에 관한 법률
차. 입양특례법
카. 일제하 일본군위안부 피해자에 대한 생활안정지원 및 기념사업 등에 관한 법률
타. 사회복지공동모금회법

파. 장애인 · 노인 · 임산부 등의 편의증진 보장에 관한 법률
하. 가정폭력방지 및 피해자보호 등에 관한 법률
거. 농어촌주민의 보건복지증진을 위한 특별법
너. 식품등 기부 활성화에 관한 법률
더. 의료급여법
러. 기초연금법
머. 긴급복지지원법
버. 다문화가족지원법
서. 장애인연금법
어. 장애인활동 지원에 관한 법률
저. 노숙인 등의 복지 및 자립지원에 관한 법률
처. 보호관찰 등에 관한 법률
커. 장애아동 복지지원법
터. 발달장애인 권리보장 및 지원에 관한 법률
퍼. 청소년복지 지원법
허. 그 밖에 대통령령으로 정하는 법률

사회복지사업법에서 규정하고 있는 기본이념은 ① 사회복지를 필요로 하는 사람은 누구든지 자신의 의사에 따라 서비스를 신청하고 제공받을 수 있다(신청주의). ② 사회복지법인 및 사회복지시설은 공공성을 가지며 사회복지사업을 시행하는 데 있어서 공공성을 확보하여야 한다(공공성). ③ 사회복지사업을 시행하는 데 있어서 사회복지를 제공하는 자는 사회복지를 필요로 하는 사람의 인권을 보장하여야 한다(인권보장). ④ 사회복지서비스를 제공하는 자는 필요한 정보를 제공하는 등 사회복지서비스를 이용하는 사람의 선택권을 보장하여야 한다(자기결정권 보장)(제1조의2).

1) 사회복지실천 원칙

(1) 복지와 인권증진의 책임(제4조)

① 국가와 지방자치단체는 사회복지서비스를 증진하고, 서비스를 이용하는 사람에 대하여 인권침해를 예방하고 차별을 금지하며 인권을 옹호할 책임을 진다.

② 국가와 지방자치단체는 사회복지서비스와 보건의료서비스를 함께 필요로 하는 사람에게 이들 서비스가 연계되어 제공되도록 노력하여야 한다.

③ 국가와 지방자치단체, 그 밖에 사회복지사업을 하는 자는 사회복지를 필요로 하는 사람에 대하여 그 사업과 관련한 상담, 작업치료(作業治療), 직업훈련 등을 실시하고 필요한 경우에는 주민의 복지 욕구를 조사할 수 있다.

④ 국가와 지방자치단체는 도움을 필요로 하는 국민이 본인의 선호와 필요에 따라 적절한 사회복지서비스를 제공받을 수 있도록 사회복지서비스 수요자 등을 고려하여 사회복지시설이 균형 있게 설치되도록 노력하여야 한다.

⑤ 국가와 지방자치단체는 민간 부문의 사회복지 증진활동이 활성화되고 국가 및 지방자치단체의 사회복지사업과 민간 부문의 사회복지 증진활동이 원활하게 연계될 수 있도록 노력하여야 한다.

⑥ 국가와 지방자치단체는 사회복지를 필요로 하는 사람의 인권이 충분히 존중되는 방식으로 사회복지서비스를 제공하고 사회복지와 관련된 인권교육을 강화하여야 한다.

⑦ 국가와 지방자치단체는 사회복지서비스를 이용하는 사람이 긴급한 인권침해 상황에 놓인 경우 신속히 대응할 체계를 갖추어야 한다.

⑧ 국가와 지방자치단체는 시설 거주자의 희망을 반영하여 지역사회보호체계에서 서비스가 제공될 수 있도록 노력하여야 한다.

⑨ 국가와 지방자치단체는 사회복지서비스를 필요로 하는 사람들에게 사회복지서비스의 실시에 대한 정보를 제공하여야 한다.

⑩ 국가와 지방자치단체는 사회복지서비스를 제공하는 자로부터 위법 또는 부당한 처분을 받아 권리나 이익을 침해당한 사람을 위하여 간이하고 신속한 구제조치를 마련하여야 한다.

(2) 인권존중 및 최대봉사의 원칙(제5조)

① 복지업무에 종사하는 사람은 그 업무를 수행할 때에 사회복지를 필요로 하는 사람을 위하여 인권을 존중하고 차별 없이 최대로 봉사하여야 한다.

② 국가와 지방자치단체는 복지업무에 종사하는 사람이 그 업무를 수행할 때에 사회복지를 필요로 하는 사람의 인권을 침해하는 행위를 한 경우에는 제2조 제1호 각 목의 법률이 정하는 바에 따라 처분하고 그 사실을 공표하는 등의 조치를 하여야 한다.

(3) 사회복지서비스 제공의 원칙(제5조의2)

① 사회복지서비스를 필요로 하는 사람에 대한 사회복지서비스 제공은 현물(現物)로 제공하는 것을 원칙으로 한다.

② 시장(「제주특별자치도 설치 및 국제자유도시 조성을 위한 특별법」 제11조 제2항에 따른 행정시장을 포함한다. 이하 같다) · 군수 · 구청장을 말한다. 이하 같다)은 국가 또는 지방자치단체 외의 자로 하여금 제1항의 서비스 제공을 실시하게 하는 경우에는 보호대상자에게 사회복지서비스 이용권을 지급하여 국가 또는 지방자치단체 외의 자로부터 그 이용권으로 서비스 제공을 받게 할 수 있다.

③ 국가와 지방자치단체는 사회복지서비스의 품질향상과 원활한 제공을 위하여 필요한 시책을 마련하여야 한다.

④ 국가와 지방자치단체는 사회복지서비스의 품질을 관리하기 위하여 사회복지서비스를 제공하는 기관 · 법인 · 시설 · 단체의 서비스 환경, 서비스 제공 인력의 전문성 등을 평가할 수 있다.

⑤ 보건복지부장관은 제4항에 따른 평가를 위하여 평가기관을 설치 · 운영하거나, 평가의 전부 또는 일부를 관계 기관 또는 단체에 위탁할 수 있다.

⑥ 보건복지부장관은 제5항에 따라 평가를 위탁한 기관 또는 단체에 대하여 그 운영에 필요한 비용을 지원할 수 있다.

(4) 시설 설치의 방해 금지(제6조)

① 누구든지 정당한 이유 없이 사회복지시설의 설치를 방해하여서는 아니 된다.

② 시장 · 군수 · 구청장은 정당한 이유 없이 사회복지시설의 설치를 지연시키거나 제한하는 조치를 하여서는 아니 된다.

(5) 사회복지 자원봉사활동의 지원 · 육성(제9조)

① 국가와 지방자치단체는 사회복지 자원봉사활동을 지원 · 육성하기 위하여 다음 각 호의 사항을 실시하여야 한다.

1. 자원봉사활동의 홍보 및 교육
2. 자원봉사활동 프로그램의 개발 · 보급
3. 자원봉사활동 중의 재해에 대비한 시책의 개발
4. 그 밖에 자원봉사활동의 지원에 필요한 사항

② 국가와 지방자치단체는 제1항 각 호의 사항을 효율적으로 수행하기 위하여 사회복지법인이나 그 밖의 비영리법인 · 단체에 이를 위탁할 수 있다.

07
CHAPTER

사회복지실천 방법

사회복지실천은 전통적으로 구분되어 실시해 오던 개별사회사업, 집단사회사업, 지역사회조직사업이라는 각각의 실천방법들을 통합한 것이다. 1970년대 이후 시대의 변화에 따라 문제도 다양해지고 문제해결을 위한 방법에 대한 통합적 사고가 요구되면서 공통의 원리나 개념을 제공할 수 있는 실천방법이 중요시되었다. 통합적 접근방법은 일반체계이론과 생태학적 체계이론을 바탕으로 사회문제와 인간의 욕구에 초점을 두며 인간과 환경 간의 상호작용과 균형, 조화를 중시한다. 우리나라에서도 1990년대에 들어서면서 사회복지실천이라는 용어가 등장하게 되었다.

1. 사회복지실천

1) 사회복지실천의 개념과 특징

사회복지실천은 사회복지를 현장에서 제공하는 데 필요한 구체적인 서비스 체계라고 할 수 있다. 사회복지실천은 새로운 개념이 아니라 개별적으로 실천되어 오던 전통의 방법들을 하나로 통합해 놓은 방법이다. 따라서 실천에 대한 개념은 사회복지에 대한 개념을 이해함으로써 무엇을 대상으로 어떻게 제공해야 하는지를 알 수 있다. 사회복지실천은 개인, 집단, 지역사회가 사회적인 기능을 회복하고 문제해결 대처능력을 강화할 수 있도록 돕는 전문적인 활동이다. 사회복지실천은 내용상으로 볼 때 협의의 사회복지를 대상으로 실천하는 전문적인 서비스라고 할 수 있다.

사회복지실천은 개인, 집단, 지역사회가 원래 가지고 있던 정상적인 기능을 회복하고 문제를 스스로 해결해 나갈 수 있는 대처능력을 확보할 수 있도록 돕는 활동이다. 즉, 사회복지실천은 문제의 치료와 예방뿐만 아니라 대상자가 가지고 있는 잠재적인 능력을 최대한 발휘할 수 있도록 돕는 전문적인 활동이라고 할 수 있다.

핀커스와 미나한(A. Pincus & A. Minahan)은 사회복지실천을 다음과 같이 제시하고 있다(박용순, 2017 : 111).

- 사회복지실천은 클라이언트에게 문제해결과 대처능력을 향상시킨다.
- 사회복지실천은 자원과 서비스, 기회를 제공하는 체계와 연결시킨다.
- 사회복지실천은 서비스 제공을 위해 필요한 다양한 체계를 활용한다.
- 사회복지실천은 문제해결을 통해 정책 개발과 개선에 기여한다.

사회복지실천 활동은 사회복지사가 제공하는 직접적인 서비스와 대상자의 주변자원이나 환경에 개입하여 문제를 해결하는 데 도움이 되는 사회적 지지체계를 연결해 주는 간접적인 활동을 모두 포함한다. 따라서 사회복지실천의 궁극적인 목적과 특성은 몇 가지로 정리할 수 있다.

① 사회복지실천의 궁극적인 목적은 삶의 질 향상이다.
② 사회복지실천은 문제를 치료하고 예방하며 기능을 회복하여 문제를 제거하거나 감소시키는 것이다.

③ 사회복지실천은 환경과의 관계 속에서 문제를 해결하는 데 초점을 둔다. 클라이언트의 역기능은 환경에 적응하지 못하거나 대응하지 못하는 데서 기인하는 경우가 많다. 따라서 환경적인 요소를 파악하고 지지체계를 연결시키거나 개발하여 문제를 해결할 수 있도록 돕는다.

④ 사회복지실천은 사회정의 실현을 추구하는 것이다. 사회 불평등 요소를 해결할 수 있도록 정책을 요청하거나 개선을 위해 노력하는 등 클라이언트의 권리를 옹호하는 것이다.

⑤ 지역사회 자원을 활용할 수 있도록 도움으로써 환경과의 상호작용을 향상시킨다(정민숙 외, 2017 : 79-80).

2) 사회복지실천의 개입방법

사회복지실천은 사회복지사와 클라이언트의 상호작용이라고 할 수 있다. 사회복지사는 클라이언트의 문제를 해결하기 위해 어떻게 접근하며 어떠한 관계형성을 통해 서비스를 실천해 나갈 것인가? 사회복지사가 클라이언트와 좋은 관계를 형성했을 때 문제해결의 실마리를 찾을 수 있다. 따라서 관계형성은 매우 중요하며 문제를 이끌어 내고 해결하기 위해 가장 기본적으로 사용하는 기술인 면접과정 또한 중요하다.

(1) 전문적인 원조관계

사회복지실천에 있어서 사회복지사와 클라이언트의 관계는 서비스 제공과정에 있어서 매우 중요하다. 사회복지사는 클라이언트에게 친밀감과 신뢰감을 제공하여 마음을 열고 다가올 수 있도록 좋은 첫인상을 제공하는 것이 필요하다. 전문적인 원조관계에서는 감정상의 강한 유대와 상호신뢰가 확립된 상태에서만 개입과 치료가 가능하기 때문에 신뢰로운 유대관계가 선행되어야 한다(라포 형성, rapport).

사회복지사는 클라이언트를 대할 때 진심으로 관심을 가지고 수용하는 자세가 중요하다. 클라이언트는 잠재적인 능력을 가진 존재로서 스스로 문제를 해결해 나갈 수 있는 존재라는 인식을 하는 것이 중요하다. 사회복지사는 클라이언트를 돕는 전문가로서 지식과 능력을 갖춘 존재라는 인식을 갖는 것도 중요하다. 또한 사회복지사는 클라이언트 문제를 해결해 주는 해결사가 아니라 클라이언트 입장에서 최선을 다해 돕는 사람이라는 점을 명심하고 관계를 형성하는 것이 필요하다.

(2) 전문적인 원조관계의 지침

사회복지사가 클라이언트를 효과적으로 원조하기 위해 고려해야 할 지침을 살펴보면 다음과 같다.

첫째, 전문적인 원조관계는 목적성이 있는 관계라는 것을 인식해야 한다.

둘째, 전문적인 원조관계는 시간제한적인 특성이 있다.

셋째, 전문적인 원조관계는 클라이언트 이익을 최우선으로 한다.

넷째, 전문적인 원조관계는 종결 시 더 세심한 주의가 필요하다.

다섯째, 전문적인 원조관계는 특별한 사유가 없는 한 클라이언트의 비밀이 보장되어야 한다.

여섯째, 전문적인 원조관계는 중립적인 태도를 가져야 한다.

일곱째, 전문적인 원조관계는 클라이언트가 지역사회자원을 활용할 수 있도록 도와야 한다.

(3) 전문적인 원조관계의 원칙

전문적인 원조관계의 원칙은 사회복지사가 클라이언트와의 원만한 상호작용을 통해서 성공적인 원조를 하는 데 필요한 기본적인 요소를 말한다. 비에스텍(Biestek)은 일곱 가지로 기본적인 원칙을 제시하고 있다.

첫째, 개별화의 원칙이다. 클라이언트는 개성을 가진 존재이며 개개인의 독특한 자질과 환경, 경험을 가진 존재로서 개인의 특성에 맞는 방법을 적용해야 하며 선입견이나 차별 없이 존중해야 한다는 것이다.

둘째, 의도적인 감정표현이다. 상담과정에서 클라이언트가 자신의 욕구, 부정적인 감정 등을 자유롭게 표현하고 이야기할 수 있도록 지지하고 격려하는 것이 필요하다는 것이다.

셋째, 수용이다. 수용이란 클라이언트를 있는 그대로의 상태와 모습으로 받아들이는 것이다. 어떤 문제를 가지고 있든 어떤 상황이건 관계없이 온화함과 정중함으로 인정하고 관심을 가져주는 것이 필요하다는 것이다.

넷째, 통제된 정서적 관여이다. 사회복지사는 전문가로서 클라이언트의 감정이나 표정, 행동에 대하여 이해하고 적절하게 반응하는 데 있어서 자신의 감정과 반응을 자각하고 통제할 수 있어야 한다.

다섯째, 비심판적인 태도이다. 클라이언트의 문제에 대하여 클라이언트를 비난하거나 책임을 추궁하는 듯한 반응을 보여서는 안 된다. 클라이언트가 사회복지사의 말이나 표정, 행동을 통해 비난받는 듯한 느낌을 받지 않도록 주의해야 한다.

여섯째, 클라이언트의 자기결정 존중이다. 사회복지실천 과정에 클라이언트가 적극적으로 참여해서 자신의 문제 해결 방법을 스스로 결정할 수 있도록 돕는 것이다. 사회복지사는 클라이언트가 최선의 선택을 할 수 있도록 다양한 정보를 제공하여 클라이언트가 가장 유익한 최선의 방법을 결정할 수 있도록 도와야 한다는 것이다.

일곱째, 비밀보장이다. 사회복지실천을 통해 클라이언트로부터 알게 된 정보는 신중하게 다루어야 하며 개인정보 유출이나 비밀 유출이 발생하지 않도록 해야 한다. 특별히 개인의 신변이나 타인의 신변에 해가 되는 내용이나 범죄와 연루된 내용 등의 경우를 제외하고 반드시 비밀보장이 되어야 한다.

3) 사회복지면담(면접)

사회복지사가 실천현장에서 가장 기본적으로 사용하는 방법이 면접이다. 면접은 목적을 가지고 만나는 의도된 만남으로서 사회복지사들에게 매우 중요한 도구이다. 면접은 대상자들의 문제를 이해하고 해결하기 위해 필요한 정보를 수집하는 전문적인 수단이다. 사회복지사는 클라이언트의 문제를 해결하기 위해 가능한 한 정확하고 의미 있는 정보를 수집하기 위해 최선의 노력을 해야 한다. 면접은 정보수집이 목적이기도 하지만 원조를 위한 개입이기도 하다.

(1) 면접의 의미

면접(interview)은 목적 있는 의사소통이다. 언어나 행동, 표현을 통해 대화를 주고받는 행위로서 사회복지실천에서는 매우 중요한 기법이다. 면접은 서로 바라본다는 의미로 동등한 수평적인 관계에서 바라보는 것을 의미한다. 사회복지사는 클라이언트가 자신의 정보를 솔직하고 풍부하게 제공할 수 있도록 관계형성을 잘해야 한다. 사회복지면접은 전문가와 클라이언트 간의 대화이므로 전문가로서의 지식과 기술을 갖추어야 하는 것은 물론이고 인간에 대한 선입견이나 편견 없이 동등하게 대하는 인격적인 만남이 되어야 한다.

(2) 면접의 목적과 특성

면접은 목표지향적인 활동으로서 다음과 같은 특성을 갖는다. 첫째, 면접은 특정한 장소에서 이루어진다. 클라이언트의 문제를 해결하기 위해서는 사회복지 기관의 상담실 등과 같은 공간에서 이루어진다는 것이다. 둘째, 면접은 구체적인 목표를 달성하기 위해 의도된 만남이다. 면접은 구체적인 목적을 가지고 진행된다는 것이다. 셋째, 사회복지면접은 클라이언트와의 계약으로 이루어진다. 따라서 시간의 제약이 있고 정해진 기간이 있으며 합의된 내용을 중심으로 이루어지는 계약성을 포함한다. 넷째, 사회복지면접은 사회복지사와 클라이언트의 상호작용으로 이루어진다. 클라이언트의 적극적인 참여 없이는 이루어질 수 없으며 각자의 역할이 있는 만남이다. 다섯째, 사회복지면접은 특히 라포 형성의 기술을 필요로 하는 만남이다. 클라이언트와의 관계를 원활하고 친밀하고 신뢰롭게 형성하기 위해서는 사전에 라포 형성이 매우 중요하다(박지영 외, 2014 : 235).

면접의 목적은 클라이언트의 문제해결을 위해 클라이언트 입장에서 충분히 공감하고 이해함으로써 문제를 효과적으로 해결하는 것이다. 브라운(Brown)은 면접의 목적을 자료수집, 치료관계 형성과 유지, 클라이언트에게 유용한 정보제공, 원조과정에서 장애요소를 파악하고 제거하는 것, 목표달성을 위한 활동을 수행하는 것, 원조과정을 촉진하는 것 등으로 제시하였다(정민숙 외, 2017 재인용).

결과적으로 면접의 목적은 클라이언트의 문제를 해결하기 위해 필요한 정보를 수집하는 것이며 그것을 통해 클라이언트를 정확하게 이해하고, 핵심문제를 파악하여 문제를 효과적으로 해결할 수 있도록 돕는 것이라고 할 수 있다.

(3) 면접 종류와 방법

면접을 하기 위해서는 기본적으로 요구되는 요건이 있다. 클라이언트가 편안하게 이야기할 수 있는 장소, 시간, 환경적인 여건 등이 필요하다.

면접은 목적을 무엇으로 하는가에 따라 종류를 나눌 수 있다. 정보수집면접, 사정면접, 치료면접 등으로 구분된다. 첫째, 정보수집면접은 클라이언트의 인구학적인 정보와 생활력, 사회력, 경제력, 병력, 문제와 관련된 배경 등의 정보를 얻는 데 목적을 두는 면접이다. 둘째, 사정면접은 클라이언트가 진술한 정보를 정확하게 확인하고 구체적인 서비스 방향을 결정하는 데 필요한 면접이다. 정확한 정보와 다양한 정보를 수집해야만 정확한 목표설정이 이루어지고 치료 방향이 결정될 수 있다. 셋째, 치료면접은 클라이언트를 돕기 위해 필요한 정보제공과 환경변화, 사회적 기능 수행에 필요한 기술을 통해 클라이언트의 긍정적인 변화에 초점을 두는 면접이다(정민숙 외, 2017 : 94).

4) 사회복지실천과정

사회복지실천과정은 전문적인 개입과정으로서 클라이언트의 문제를 해결하기 위해 필요한 원조과정이다. 실천과정은 학자들마다 약간의 차이를 가지고 있으나 기본적인 개입과정을 살펴보면 크게 초기단계, 중간단계, 종결단계로 구분한다. 그리고 각 단계를 세분화하여 5단계에서 6단계로 구조화하고 있다.

(1) 초기단계

① 접수(intake)단계

접수는 문제를 가진 대상자가 사회복지기관에 도움을 요청하러 찾아왔을 때 문제를 확인하고 문제해결을 위해 도움을 줄 수 있는지 여부를 판단하는 단계이다. 이 단계에서는 클라이언트의 문제를 명확하게 파악하고 그 상황, 문제의 원인 등을 분석하는 것이 필요하다. 또한 대상자의 욕구와 기대가 무엇인지를 파악하고, 어떠한 서비스가 가능하고 불가능한지에 대한 정보를 제공하고, 서비스를 받을 수 있는지 여부를 결정한다. 서비스 제공이 결정되면 앞으로 진행될 원조과정에 대한 설명과 기관에 대한 소개, 그리고 필요한 서류를 작성하는 것을 주된 활동으로 한다. 접수는 단시간에 이루어지는 것이기 때문에 클라이언트와의 관계형성이 매우 중요하다.

② 사정(assessment)단계

접수를 통해 서비스 제공이 가능하게 되면 클라이언트에 대한 자료를 수집한다. 클라이언트에 대한 객관적인 자료, 정확한 자료수집을 위해 자료의 출처를 확인하고 진위 여부를 파악하며, 다양한 방법으로 정보를 수집하는 것이 필요하다. 클라이언트의 진술, 비언어적인 행동, 객관적인 기록, 가족, 친구, 심리검사 등을 통해 정확한 정보를 수집한다. 자료출처나 정보이용에 대해서는 클라이언트의 동의를 얻어야 한다.

자료수집을 통한 분석이 끝나면 수집된 정보를 바탕으로 사정을 실시한다. 사정은 자료를 분석하고 문제를 규명하여 문제의 심각성에 따라 우선순위를 정하고 문제해결의 방향과 개입계획을 수립하는 과정을 말한다. 사정단계는 전체 서비스 제공의 핵심과정으로서 클라이언트의 문제뿐만 아니라 강점, 약점, 변화를 필요로 하는 부분, 이용 가능한 자원, 지역사회의 자원활용 여부, 가족에 대한 사정, 개입방법, 목표설정, 클라이언트의 동의 등을 다루는 매우 복잡하고 중요한 내용을 다룬다(정민숙 외, 2017 : 96-97).

(2) 중간단계

① 계획단계

계획단계는 사정을 통해 정해진 개입 방향과 결과에 따라 문제해결을 실천해 가는 과정으로서 개입행동에 대한 구체적인 기술과 목표설정, 목표달성 방법을 구체적으로 선택하고 설정하는 단계이다. 계획의 핵심과정인 목표설정 방법을 살펴보면 다음과 같다. 첫째, 목표는 클라이언트가 원하는 방향에서 가장 시급하고 중요한 문제를 우선적으로 선정하는 것이 필요하다. 둘째, 표적문제가 결정되면 개입목표를 정한다. 개입목표는 구체적으로 측정가능하고 명확하게 진술되어야 한다. 개입목표의 성과는 상담이 종결되는 시점에서 상담결과의 성과를 평가하는 데 중요하기 때문이다. 개입목표는 육하원칙에 따라 구체적으로 제시되어야 한다. 셋째, 개입목표는 클라이언트의 수준을 고려하여 실현가능한 것으로 정해야 한다. 넷째, 목표설정은 사회복지사의 지식과 기술에 적합한 것이어야 한다. 다섯째, 목표는 긍정적으로 성장지향적으로 진술되어야 한다. 여섯째, 목적은 기관의 기능과 일치해야 한다.

② 개입단계

개입은 목표달성을 위해 필요한 활동을 제공하는 과정이다. 개입단계는 문제해결을 위한 구체적인 변화전략을 세우고 개입을 통해 변화를 이끌어 내는 것이다. 사회복지사의 개입전략은 클라이언트의 변화노력을 지지하고 지원하기 위한 구체적인 변화전략으로 상담이나 지역사회연계, 새로운 자원개발, 사회적 지지체계 등을 활용한다.[1)] 사회복지사는 개입활동이 개입목표에 부합한지를 점검하면서 진행하는 것이 필요하다. 점검은 개입과정에서 문제가 발생할 경우 계획을 수정하거나 개입전략의 효과성과 효율성을 평가하고 개입과정에서 발생할 수 있는 방해요소를 발견하며 대처해 나갈 수 있는 계기가 된다.

(3) 종결 및 평가단계

사회복지사의 개입으로 개입목적이 달성되면 개입활동을 마무리하는 단계에 이르게 된다. 종결단계는 접수단계나 사정단계만큼 중요하다. 이 단계는 사회복지사의 개입활동 결과를 정리하는 과정으로서 클라이언트와의 관계를 잘 마무리하는 것이 중요하다. 종결은 개입목표가 달성되어 클라이언트가 스스로 문제를 해결해 나갈 수 있는 대처능력을 갖추게 된 시점이기도 하다. 그러나 클라이언트는 종결로 인한 불안이나 긴장, 두려움, 희망, 기쁨과 같은 감정들이 혼재되어 정서적으로 어려움을 겪을 수도 있다. 따라서 사회복지사는 만족스러운 종결을 마무리하기 위해 클라이언트의 정서적인 반응에 잘 대처해 나가는 것이 필요하다. 종결단계에서 사회복지사는 몇 가지 점검하고 해야 할 일이 있다. 첫째, 개입활동 전반에 걸친 평가를 하고 종결시기를 정하는 것이다. 둘째, 목적달성 정도를 점검하는 것이다. 계약서에 명시된 내용들이 적절하게 진행되고 해결되었는지, 진행과정, 추진결과, 결과의 지속 여부 등을 평가하고 점검해야 한다. 셋째, 클라이언트가 정서적으로 안정을 유지하고 획

1) 박옥희 저, 91

득한 성과를 계속적으로 유지할 수 있도록 도와주어야 한다. 넷째, 클라이언트의 문제가 개입기간 동안 해결되지 않은 경우에는 다른 기관에 의뢰하거나 다른 외부자원을 연결시키는 일을 해야 한다.[2)]

평가는 클라이언트의 변화과정과 그 결과의 효과성과 효율성을 측정하는 것이다. 평가에서는 개입의 목표가 달성되었는지, 사회복지사의 개입은 효과가 있었는지 과학적인 방법을 적용한다. 평가의 기능은 ① 개입목표 달성 정도를 객관적으로 판단하는 것, ② 사회복지실천의 효과성을 입증하는 것, ③ 자원사용에 대한 책임성을 입증하는 것, ④ 실천과정에 대한 모니터링, ⑤ 사회복지사의 능력향상 및 실천개입기술의 개선에 기여한다는 것이다. 사회복지가 전문적인 영역으로 평가받고 인정받기 위해서는 평가를 통해 객관적으로 성과를 입증할 수 있어야 한다. 과학적으로 검증이 가능한 평가가 이루어질 때 사회복지실천의 전문성과 독자성을 인정받을 수 있게 될 것이다.

2. 사회복지실천기술

사회복지실천기술에서 중요한 것 중 하나는 인간관계에 대한 이해라고 할 수 있다. 사회복지실천현장에서 사회복지사들이 만나는 문제의 대부분은 인간관계로 인해 일어나는 문제이기 때문이다. 가족관계, 부부관계, 부모와 자녀관계, 친구관계, 고부관계 등은 모두 관계에서 발생하는 문제다. 인간은 사회적 동물이기 때문에 사회관계 속에 살아갈 수밖에 없다. 따라서 사회복지실천기술에서는 인간관계에 대한 이해가 매우 중요하다. 사회복지실천 현장에서 사회복지사가 전문적인 활동을 할 때 필요한 능력은 전문적인 지식과 전문적인 기술 그리고 전문가로서의 자질이다.

2) 박옥희 저, 93-94

1) 사회복지실천기술의 개념

사회복지실천기술은 대인관계 원조기술로서 대상자들의 관심과 욕구에 맞추어 실천지식과 가치를 행동으로 전환하는 능력이다. 사회복지사가 클라이언트의 문제를 사회복지의 가치와 지식을 활용하여 정상적인 사회적 기능을 회복할 수 있도록 돕는 기술이라고 할 수 있다. 기술이란 사회복지사가 프로그램이나 서비스의 목적을 달성하는 데 필요한 방법을 적용하고 활용할 수 있는 능력을 말한다(윤정숙, 2017 : 27).

사회복지사는 시대의 변화와 욕구의 다양성, 환경의 변화 등을 감안하여 클라이언트에게 적합한 프로그램과 기법을 적용할 수 있는 능력을 갖추는 것이 필요하다.

2) 사회복지실천기술과 전문적인 원조기술

사회복지실천 현장에서 사회복지사가 활용하는 기술은 기본적으로 클라이언트와 사회복지사의 상호작용에 필요한 기술로서 경청기술, 의사소통기술, 관찰기술, 대인관계기술, 원조기술, 개입기술, 사정기술, 라포형성기술, 협상기술, 정보제공기술 등이다.

또한 사회복지실천기술들은 클라이언트를 처음 만나는 과정에서부터 상담을 종결하는 과정까지 단계별로 요구되는 초기면접기술, 면접기술, 상담기술, 문제해결기술, 과정기술, 평가기술, 종결기술, 사례관리기술 등이다. 이러한 기술들에 대한 상세한 내용은 실천기술론 과목에서 자세히 배우게 된다.

여기서는 전문적인 원조관계에서 사회복지사에게 요구되는 필수요소를 다루어 보려고 한다.

(1) 전문적인 원조기술

① 감정이입(공감)

감정이입은 상대방의 주관적인 경험이나 감정을 정확하게 인지하기 위해 상대방의 입장에서 느끼고 생각하고 공감하는 것을 말한다. 감정이입은 클라이언트에 대해 의도적이고 의식적으로 집중하는 것이다. 사회복지사가 클라이언트의 감정이나 생각에 공감하고 있다는 것을 정확하게 전달할 수 있도록 하는 것이 중요하다.

② 존중

존중은 사람을 어떤 조건이나 여건 등과 관계없이 사람을 있는 그대로 인정해 주고 수용해 주는 것을 말한다. 인간 그 자체만으로 존엄성을 가진 존재로 존중하는 것이다.

사회복지사는 겸손하고 평등하게 편견 없이 비판하지 않는 자세를 갖는 것이 필요하다.

③ 온화함

온화함은 따뜻함이라고 할 수 있다. 클라이언트를 편안하게 무조건적으로 수용하고 존중하는 태도라고 할 수 있다. 클라이언트가 존중받는다는 느낌을 받을 수 있도록 다정하고 부드러운 말씨와 상냥한 태도를 전달하는 것이다.

④ 진솔성

사회복지사와 클라이언트는 서로 신뢰하는 진솔한 관계를 유지해야 한다. 사회복지사는 성실하고, 정직하며, 솔직하고, 열린 마음으로 다가가는 모습으로 클라이언트를 대해야 한다. 가식이 아니라 진실하게, 형식적이 아니라 진실하게 다가가는 태도를 전달하는 것이다.

⑤ 전문성

사회복지사는 상담전문가로서 전문성을 갖추는 것이 필요하다. 전문적인 지식과 능력을 갖추어야 자신감 있게 클라이언트에게 다가갈 수 있다. 클라이언트에게 신뢰감을 주고 전문가로서의 능력을 인정받기 위해서는 자격증뿐만 아니라 외모, 분위기, 지식, 인격 등을 겸비하는 것이 필요하다(윤정숙, 2017 : 41-43).

(2) 사회복지실천의 기초기술

① 의사소통기술

사회복지사가 사용하는 기술 중 가장 기초적인 기술은 의사소통기술이다. 의사소통은 말하는 사람과 듣는 사람 사이에서 일어나는 생각과 감정의 교류가 이루어지는 과정이다. 의사소통에서는 상대방에 대한 배려와 관심을 집중하는 것이 필요하다. 상대방의 이야기를 정확하게 듣고 전달하는 것이 의사소통의 핵심이다. 의사소통은 언어로 전달하는 것과 표정이나 행동으로 전달하는 방법을 모두 포함한다.

② 질문기술

사회복지사가 면담과정에서 클라이언트의 문제를 해결하는 수단으로 가장 많이 사용하는 기술 중 하나가 질문이다. 질문기술의 핵심은 문제와 관련된 상대방의 감정이나 정보 등을 정확하면서 솔직하게 진술할 수 있도록 할 것인가이다. 많은 정보와 정확한 정보를 수집해야 정확한 진단을 내릴 수 있고 정확한 해결 방안을 모색할 수 있기 때문이다. 따라서 질문을 할 때는 상대방을 추궁하거나 심문하는 듯한 느낌을 주지 않도록 주의해야 한다.

③ 관계형성기술

상담은 목적이 있는 만남이다. 사회복지사는 목적을 달성하기 위해 클라이언트와 친밀하면서도 신뢰로운 관계를 맺는 것이 필요하다. 이러한 관계를 형성하는 기술이 라포형성기술이라고 할 수 있다. 라포 형성에 있어서는 좋은 첫인상을 줄 수 있는 태도가 중요하며 클라이언트의 입장에서 기분과 감정을 이해하고 진심으로 수용해 주고 관심을 갖는 것이 중요하다.

④ 경청기술

경청은 문자 그대로 듣는 것을 의미하지 않는다. 경청은 다른 사람의 말과 행동을 보고 느끼면서 듣는 오감활용 듣기를 말한다. 즉, 상대방의 말에 깊이 공감하며 가슴으로 듣는 것이다. 경청을 잘하기 위해서는 클라이언트 입장에서 진심으로 들어주고 이해해 주며 지지와 격려를 전달해야 한다. 경청기술은 사회복지사에게 매우 중요한 기술이다.

⑤ 요약기술

요약이란 상담과정에서 이루어진 내용과 감정들을 간략하게 정리해서 말하는 것이다. 상담을 하는 과정에서도 클라이언트의 진술내용이 혼동될 때, 두서가 없을 때, 클라이언트의 말을 요약 정리하여 진술한 내용을 확인시킬 때 사용한다. 또한 상담을 마무리할 때 상담과정을 정리해서 간략하게 전달하면 클라이언트의 만족도를 높일 수 있다. 요약은 사회복지사가 클라이언트의 이야기를 정확하게 들었다는 것을 확인시키는 방법이기도 하다.

⑥ 침묵탐색

면접을 하다 보면 갑자기 클라이언트가 말을 멈추고 침묵을 지킬 때가 있다. 이때 사회복지사는 당황하게 되는데 침묵에 대한 올바른 이해를 하는 것이 필요하다.

침묵은 의외로 많은 의미를 내포하고 있다. 사회복지사는 어떤 상황에서 침묵이 발생했는지 클라이언트의 표정과 감정을 살피는 것이 필요하다. 침묵의 원인과 이유를 명확하게 파악하고 대응하는 것이 필요하다.

⑦ 환언기술

환언기술은 클라이언트로 하여금 자신이 진술한 내용을 깊이 생각하고 이해할 수 있도록 돕기 위한 것이다. 환언기술은 클라이언트가 말한 내용과 의미를 명확하게 하고 클라이언트로 하여금 문제의 본질을 탐색하고 명확하게 하기 위한 기회를 제공한다.

⑧ 관찰기술

관찰기술은 클라이언트의 말과 행동, 표정, 말투, 옷차림 등에 대하여 의미 있게 이해하고 해석하는 것이다. 관찰은 클라이언트의 감정과 태도, 상태를 정확하게 이해하는 데 도움이 된다. 관찰은 경청하는 과정이나 의사소통하는 과정에서 관심을 가지고 집중할 때 확보할 수 있는 중요한 정보이다(윤정숙, 2017 : 54-72).

3) 사회복지실천대상과 개입방법

사회복지실천은 문제나 욕구를 가진 개인, 가족, 집단, 지역사회를 대상으로 서비스를 제공하고 문제를 해결해 나가는 활동으로서 한 개인의 문제를 대상으로 한다고 하더라도 개인은 가족에 속해있고 집단에 속해있으며 지역사회에 속해있기 때문에 전통적인 방법으로는 해결이 어려운 것이 현실이다. 여기서 등장한 것이 사회복지 통합 방법론인 실천론이다. 사회복지실천방법은 초기과정부터 종결과정까지 그 과정이나 형태는 같으나 대상에 따라 접근하는 방법이나 개입기법은 다르게 적용된다.

(1) 개인을 대상으로 한 실천기술

개인을 대상으로 한 실천기술은 문자 그대로 개인적인 문제를 가지고 찾아온 대상자의 개인적인 욕구나 사회적 역기능을 해결해 나갈 수 있는 능력을 향상시킬 수 있도록 전문적인 원조를 제공하는 방법이다. 클라이언트를 둘러싼 환경을 파악하고 클라이언트의 문제를 해결하는 데 필요한 가족이나 환경개선, 자원연결 등을 지원하는 활동을 제공한다. 사회복지실천기술에서 사용하는 기술을 활용하면서 설명이나 지지, 인정, 환기기술 등을 사용한다. 클라이언트가 자신의 문제에 대하여 올바로 인정하고 인식하지 못할 때 도전기술이나 직면기술을 사용하여 클라이언트 스스로가 문제를 정확하게 인식할 수 있도록 돕기도 한다. 때로는 당사자 간의 합의가 필요한 경우 합의를 이끌어내거나 중재를 하는 경우도 있다. 클라이언트가 변화될 필요가 있는 경우 모델링을 통해 다른 사람들의 행동을 관찰하고 모방하게 하는 기술을 사용하기도 한다. 무엇보다 개인을 대상으로 한 기술은 클라이언트 개인의 잠재적인 능력을 인정하고 스스로 해결방안을 선택할 수 있는 권한을 부여하며, 스스로 문제 해결을 하기 어려운 문제가 있는 경우 권익옹호를 위해 활동하기도 한다 (윤정숙, 2017 : 121-129).

(2) 집단을 대상으로 한 실천기술

집단을 대상으로 한 실천은 독특한 특성을 가진다. 집단을 대상으로 한 실천은 상담을 받기를 원하는 사람들을 대상으로 하기보다 문제의 유형이나 유사한 목표를 가진 대상자들을 의도적으로 모집하여 집단으로 구성하여 집단에 참여한 구성원 개개인의 목표와 집단의 목표가 해결될 수 있도록 실천하는 방법이다. 주로 개인의 사회적 관계 회복, 사회화, 문제해결 방법 교환, 학교에서 적응문제, 비행문제를 대상으로 하는 치료집단이나 과업집단이 대상에 포함되며 그밖에 민주시민으로서의 역량강화, 자기주장 훈련, 사회기술 훈련향상, 취미집단 등도 집단의 대상에 포함된다.

집단을 대상으로 한 기술에서는 사회복지사의 리더십이 매우 중요한 영향을 미친다. 사회복지사는 집단활동의 경험이 있어야 하며, 집단의 영향력을 활용하여 문제 해결에 필요한 개입기술을 습득해야 한다. 전문적인 원조를 제공할 때 집단구성원들이 자신의 과제를 스스로 해결해 나갈 수 있도록 기회를 제공해 주는 주도적인 역할을 감당해야 한다. 집단을 대상으로 한 실천은 목적지향적인 활동으로서 집단 구성원과 전체 집단, 집단이 속한 환경 등을 고려해야 한다는 특징을 갖는다. 집단실천기술은 크게 세 가지 모델로 구분하는데 사회적인 의식이나 사회적 책임성을 목표로 인간관계 훈련이나 지도력, 시민참여, 민주 시민으로서의 역량강화 등을 수행하는 사회적 목표모델과 개인적인 역기능이나 행동변화 추구, 개인의 치료, 우울증 치료 집단, 성폭력 피해자 집단 등과 같은 치료모델이 있다. 또한 집단구성원들의 상호작용, 상호지지, 대인관계 향상을 목표로 하는 상호작용모델이 있다.[3)]

(3) 가족을 대상으로 한 실천기술

가족의 문제를 가족 구성원 개개인의 문제로 보지 않고 가족을 단위로 인식하고 접근하는 개입방법이다. 가족문제를 다루기 위해서는 가족에 대한 이해와 가족치료에 대한 전문적인 지식과 기술을 갖추는 것이 필요하다. 각 가족이 가지고 있는 기능이나 역할, 속성, 특성, 문화 등에 대한 올바른 파악이 문제해결에 도움이 된다. 가족문제의 원인 파악을 통해 세대 간의 문제인지, 가족의 일탈로 인한 문제인지, 가족 간의 관계로 인한 문제인지 확인한다. 갈등의 원인에 따라 해결방안도 달라질 수 있다. 기본적으로 가족에 대한 정확한 정보를 수집하는 것이 필요하다. 정보수집에 많이 사용하는 도구는 가계도, 생태도, 동적 가족화 등이다. 가족문제의 원인이 밝혀지면 원인에 따라 개입방법이 달라진다. 가족을 대상으로 한 기술에서는 가족이 놓인 환경을 중시하며 가족 전체의 협력과 참여가 중요하다. 가족의 장점을 중요하게 고려하며 가족 구성원 개개인의 특성을 존중하며 개별화된 서비스를 제공한다는 것이다.[4)]

---

3) 박옥희 저, 100-101

(4) 지역사회를 대상으로 한 실천기술

지역사회를 대상으로 한 실천기술은 지역사회 주민들의 욕구를 대상으로 개입하는 방법이다. 주민들의 욕구 해결, 지역사회문제 해결 등을 해결하기 위해 자원을 발굴하거나 동원하고 연계하는 활동이다. 지역사회를 대상으로 접근하기 위해서는 그 지역의 특성, 문화, 습관, 유대감 등을 이해하는 것이 필요하다. 사회복지사는 문제 해결을 위해 지역사회 자원을 파악하고, 분석하는 것이 필요하다. 활용 가능한 자원과 필요한 자원, 인적 자원, 물적 자원 등에 대한 분석을 해야 한다. 그리고 지역사회의 수준을 고려하여 문제해결을 위해 주민들이 할 수 있는 역할과 주민조직, 협의체 구성, 정부관료 접촉 등에 필요한 지식과 기술이 필요하다. 지역사회를 대상으로 한 실천에서 주로 사용하는 기술은 옹호기술, 조직화 기술, 임파워먼트 기술, 자원개발과 동원기술, 연계기술 등이다(윤정숙, 2017 : 195-202).

3. 지역사회복지

1) 지역사회복지의 정의

로스(M. G. Ross)는 지역사회가 지역의 욕구나 목적을 달성하기 위하여 내적·외적 자원을 발견하고 활용하여 지역사회가 협동적, 공동적인 노력으로 실천하는 과정(M. Ross, 1967 : 39)이라고 했다.

셰라드(Sherrard)는 지역사회복지는 자본주의 사회의 사회문제를 일차적으로 해결하기 위해 고안된 사회조직이며, 사회의 불균형을 시정하고 새로운 서비스를 개발하고 급격한 사회 경제적 변화로 곤경에 빠진 사람들의 문제를 해결하기 위한 시도라고 보았다.

---

4) 박옥희, 102

즉, 지역사회복지의 목적은 지역사회의 사회적 욕구와 주민들의 욕구를 해결하기 위한 전문적인 개입방법으로서 지역사회의 내적, 외적 자원, 인적, 물적 자원을 동원하여 조직적으로 문제해결을 할 수 있도록 돕는 활동이라고 할 수 있다.

2) 지역사회복지의 이념

지역사회복지는 지역사회문제를 예방하고 해결하는 노력으로서 지역사회의 바람직한 변화와 이상적인 사회를 만들어 갈 수 있도록 하는 복지적인 개입방법이다. 이러한 복지적인 개입은 궁극적으로 달성하고자 하는 목표가 있다. 지역사회복지를 통해 이룩하고자 하는 것이 지역사회복지의 이념이기도 하다.

(1) 정상화(normalization)

모든 사람들(장애자, 노인, 요보호자 등)이 생애를 통하여 가능한 한 가족생활을 기반으로 인간으로서의 욕구와 필요를 충족시키기 위해 이웃과의 교류, 교육, 직업, 문화 등을 포함한 모든 사회적인 교류 기회를 정상적으로 향유할 수 있도록 하는 것이다. 탈시설화, 완전 참가, 지역사회로의 복귀 등을 통해 지역사회체계를 만들어 갈 수 있다.

(2) 통합화(integration)

정상화의 복지이념을 달성하기 위한 주요 원칙으로서 모든 요보호자들이 일반 시민들과 함께 생활하며, 배우고, 일하며, 휴식할 수 있는 생활환경을 확보하는 것이다. 정상화를 위해 필요한 전문적인 시설 확충, 설비 등을 정비, 고용보장, 재가복지서비스, 방문간호, 주거환경 정비 등이 통합화의 목표이다(시민들의 의식개혁, 태도, 가치관, 연대의식, 생활태도의 변화가 중요하다).

(3) 주민참가(citizen participation)

주민참가는 현대 민주주의에 있어서 불가결한 요건이다. 일반적으로 주민참가는 지역 · 자치단체의 정치, 행정에 지역주민이 직접 참여하여 민의를 반영시키고 정책이나 시책 결정에 참여함으로써 민주적인 통제를 해나가는 것이다.

3) 지역사회조직의 원리와 원칙

(1) 지역사회조직의 원리

① 사회복지기관과 서비스는 조직 및 실천에 있어서 민주적이어야 한다.
② 사회복지 프로그램의 지지와 통제는 지리적으로 전체를 대표해야 한다.
③ 사회복지 프로그램에는 모든 집단의 참여가 중요하다.
④ 모든 사회복지 프로그램은 시민들의 참된 이해와 도덕적 · 재정적 지지에 기초해야 한다.
⑤ 모든 복지 프로그램은 적극적인 시민의 참여와 지도력이 필요하며, 자조를 육성 · 강화해야 한다.
⑥ 자발적인 협동은 가장 효과적인 지역사회조직의 열쇠가 된다.
⑦ 개별적인 노력보다는 조정계획과 협동이 중요하다.
⑧ 갈등의 표현은 민주주의 사회가 존재하는 한 존재해야 한다.
⑨ 모든 프로그램은 욕구에 기초하여 해결하여야 한다.
⑩ 새로운 자원의 발굴보다 기존의 자원을 충분히 활용해야 한다.
⑪ 효과적인 서비스를 제공할 수 있는 범위를 한정시켜야 한다.
⑫ 사회복지서비스는 그 지역주민 전체에게 공평하게 분배되어야 한다.
⑬ 사회복지 프로그램은 예방에 관심을 두어야 한다. 지역사회조직의 지도력은 가장 효과적으로 욕구를 해결할 수 있는 자원의 동원과 발전을 위한 의식적인 노력이다.

⑭ 지역사회조직의 목적은 사회복지자원과 욕구 간을 효과적으로 연결하고 성취하는 것이다.

(2) 지역사회조직의 원칙

① 맥닐(McNeil)의 견해

가. 지역사회조직은 사람들과 그들의 욕구에 관심을 갖는 것이다.

나. 지역사회조직에 있어서 일차적인 클라이언트는 지역사회다.

다. 지역사회는 있는 그대로 이해되고 수용되어야 하는 것이 철칙이다(환경과 성격을 이해하는 것이 중요).

라. 각계각층의 이익이 대표되고, 이들의 적극적인 참여는 지역사회조직에 있어서 주요한 목표가 되는 것이다.

마. 인간의 욕구가 계속 변한다는 사실과 사람과 집단 간의 관계도 계속 변한다는 현실을 인식하여야 한다.

바. 모든 사회복지기관과 단체는 상호의존적이어야 한다.

사. 과정으로서 지역사회조직은 일반적인 사회복지의 한 분야이다.

② 존스와 디마치(Johns & Demarche)의 견해

가. 지역사회조직은 수단이며 목적이 아니다. 개인을 둘러싼 자원들은 수단에 불과, 인간의 복지와 성장이 목적이다.

나. 지역사회는 독자성과 개별성을 갖는다. 지역사회는 자기결정의 권리를 갖는다. 지역사회 스스로의 결정을 존중한다.

다. 지역사회복지가 사업선정에 있어서 먼저 고려되어야 한다.

라. 조정은 성장을 위한 과정으로서 공동의 이익과 목표에 대한 인식에서 이루어져야 한다.

마. 문제해결의 접근방법에 있어서 다양성이 존중되어야 한다(욕구가 결정요소).

바. 각 집단들은 자기들의 이익을 개진할 수 있는 기회를 가져야 한다.
사. 지역사회 내에 존재하는 집단들 간의 의사소통을 가로막는 장애는 제거되어야 한다(새롭고 광범한 문제를 접할 수 있는 기회, 참여할 수 있는 기회).
아. 전문가의 역할은 지역사회가 사회복지 욕구를 발견하고 규명하여 충족할 수 있도록 돕는 것이다.
자. 지역사회조직의 성공은 사회사업가 공통의 목표달성에 주민들을 자발적으로 참여시킬 수 있는가에 달려있다(박용순, 2017 : 156-157).

결국 지역사회조직은 지역사회주민의 욕구 충족을 위한 한 과정으로서 문제해결을 위해 주민의 광범한 참여가 중요하다고 할 수 있다. 또한 지역사회를 있는 그대로 수용하고 그 특성을 개별화하는 것도 중요하다.

4) 지역사회복지의 전개과정

(1) 접근 방향

지역사회에서 사회복지의 목적을 달성하기 위해서 어떤 방법과 방향으로 접근할 것인가가 중요하다. 지역사회복지서비스 제공의 원칙을 중심으로 전개한다.

(2) 단계별 전개과정

지역사회복지를 실천하는 방법은 여러 가지를 고려할 수 있으나 실천에 앞서 파악해야 할 내용이 있다. 그것은 우선적으로 지역사회의 배경을 살피고 목표를 설정하는 것이다.

① 욕구의 파악

지역사회가 안고 있는 욕구가 무엇인가를 파악해야 한다.

가. 사회적 원조를 필요로 하는 대상자와 가족의 욕구

나. 지역주민 전체의 욕구

다. 인적, 물적 지역사회자원

라. 지역사회의 특성과 상황

욕구파악에서 조사할 내용은 지역 주민들의 자립의식, 협력관계, 사회자원에 관한 이해 그리고 개인적 · 전체적인 욕구파악을 하는 것이며 지역사회 시설이나 인력, 기관 등의 가용자원을 파악하는 것이다.

② 욕구의 공유화

파악된 욕구를 지역주민에게 알리고 지역주민들이 자신들의 문제로 인식할 수 있도록 한다. 경우에 따라서는 주민을 대상으로 교육이나 홍보를 실시하는 것이 필요하다.

③ 조직구성

활동을 구체적으로 전개하기 위해서는 조직구성이 중요하다. 조직의 구성을 통해 활동과제를 정하고, 계획을 세우고, 주민들의 참가와 역할분담, 자원조달, 광고 홍보, 서비스 전달, 효과측정 등에 관한 중요한 운영과 방법을 모색한다.

④ 복지계획의 수립

이 단계는 구체적으로 파악된 욕구와 문제를 누가, 언제, 어떠한 방법으로, 어떻게 자원을 동원하여 조정하고 해결할 것인가를 결정하는 것이다. 주민의 합의와 지역사회의 역할, 단체의 역할 등을 고려하여 계획을 수립한다.

⑤ 주민참가와 협동화

주민들의 적극적인 참여와 지역사회자원의 적극 활용을 촉진하기 위한 방안으로서 교육과 홍보활동을 실시한다.

⑥ 사회자원의 동원, 개발, 조정

지역복지 욕구를 해결하기 위해서는 지역의 가용 사회자원을 적극 활용하는 것이 중요하다. 우선 자원의 양과 질, 새롭게 요구되는 자원, 활용 가능성 등을 분석한다.

가. 자원의 동원 : 지역사회의 가용자원을 유효하게 활용하기 위해서는 광범위한 정보의 수집과 주민의 적극적인 참여, 기존 사회복지 시설이나 단체, 기타 민간단체나 시민단체, 기업 등도 중요한 가용자원으로서 동원할 수 있어야 한다.

나. 자원의 조성과 개발 : 지역복지를 활성화하기 위한 노력이 각종 시민단체나 복지기관에서 개발되고 있는 추세이다. 예를 들면, 환경단체, 참여연대, 복지단체, 대학들이 지역주민을 위한 프로그램을 개발하여 함께 실천해 나가는 노력 등이 있다.

다. 자원의 조정과 관계구조 조성 : 동원되고 개발된 자원들을 유용하게 활용할 수 있도록 자원의 성격이나 기능 등을 이해하고 조정, 보완해 준다.

⑦ 사회행동

지역사회의 욕구와 문제를 해결하기 위해 주민과 복지관계자들의 노력이 결실을 얻기 위해서는 국가나 지방자치단체의 이해와 협력이 무엇보다 중요하다. 예산상의 문제나 견해 차이 등이 있을 때 여론을 조직화하고 목적을 달성하기 위한 조직적인 행동을 필요로 한다. 집단행동이나 사회운동을 위한 문제의식에 대한 공유와 학습, 구체적인 방법 확인, 지지 확산 등이다.

⑧ 복지서비스의 실시

복지서비스를 구체적으로 실시하는 단계로서 전문적인 케어, 재가복지서비스, 예방서비스, 복지증진서비스, 환경정비 개선활동 등을 하는 것이다.

가. 실시계획과 예산입안을 한다. 지역사회복지계획을 구체적으로 실시하기 위해서는 예산의 계획이 무엇보다 중요하며 반드시 필요하다. 계획에 따른 필요 예산을 잘 계획하는 것이 필요하다.

나. 서비스 공급체계를 구성한다. 서비스 공급에 필요한 자원을 동원하여 복지서비스의 내용이나 성격에 적합한 체계를 구성한다(유상 · 무상 또는 공적 · 사적).

다. 교육과 훈련을 실시한다. 서비스를 직접 전달하는 사람들이 보다 효율적이고 효과적으로 역할을 수행할 수 있도록 사전에 필요한 기술이나 지식, 지역주민에 대한 이해 등을 습득해야 한다.

라. 전문가에 의한 조정작업이다. 서비스가 실제로 효과를 거두고 있는지 전문가의 역할이 필요한 단계이다. 정보수집과 관련된 확인 작업, 계획과 서비스 간의 조정 등을 커뮤니티 워커에게 의뢰한다.

마. 서비스의 구체적인 제공을 한다. 서비스 제공의 궁극적인 목적인 자립과 협력이 실현될 수 있도록 원조를 한다.

바. 서비스의 개선과 새로운 욕구의 발견을 한다. 이 단계는 평가단계로서 서비스 제공의 마지막 단계이다. 서비스의 개선과 보완, 새로운 욕구를 파악하는 것이다. 즉, 예측하지 못한 문제의 발생이나 효과성의 문제, 시간이 경과함에 따른 새로운 변화 등에 관심을 가져야 한다.

⑨ 서비스 이용자와 가족의 조직화

복지서비스의 이용자와 가족의 조직화 과정을 통해 이용자의 자립의지 향상과 가족과 함께 문제를 공유하여 대상자의 자립에 도움이 되도록 원조한다. 서비스 실시상의 개선점이나 새로운 욕구의 출현이 있는 경우 새로운 자원의 필요성 등을 자각하고 욕구에 대한 가족 간의 이해와 정보교환 서비스의 효과성에 유의해야 한다.

⑩ **효과의 측정과 측정의 평가**

모든 사회복지 서비스 실시나 프로그램은 최종적으로 실시 결과에 대한 평가와 효과에 대한 측정이 반드시 필요하다. 평가는 처음 계획했던 목적과 목표가 어느 정도 달성되었는가를 확인하고 계획상의 문제점이나 보완해야 할 점 등을 살펴 계획을 변경하거나 수정한다. 또한 새로운 자원을 동원하여 욕구에 적합한 보다 질 높은 서비스를 조정하고, 중요한 교훈과 자료수집 등을 분석하는 것이다.

4. 사회복지행정

1) 사회복지행정의 개념 및 정의

사회복지행정은 사회정책을 서비스로 전환하는 과정에서 일어나는 활동 전체를 의미한다. 행정이란 공공정책을 기획하고 전달하는 과정에서 이루어지는 조직적인 활동으로서 협의의 관점과 광의의 관점에서 이해할 수 있다.

협의의 관점에서 사회복지행정은 사회복지서비스를 실천하는 기관에서 이루어지는 행정으로서 사회복지사업을 계획하고 전달하는 과정에 필요한 조직의 운영과 관리, 기능을 통해 사회복지실천활동을 증진시키는 방법이다.

광의의 관점에서 사회복지행정은 사회문제의 예방과 복지증진 목적을 달성하기 위해 필요한 사회적 시책이나 제도, 정책을 수립하여 조직적인 체계를 통해 관리하고 구체화하는 과정을 말한다.

사회복지행정의 개념에 포함된 내용을 살펴보면 다음과 같다. 첫째, 사회복지정책을 서비스로 전환하는 과정의 일련의 활동을 의미한다. 이 과정에서 조직을 관리하고 정책을 효과적으로 전환하는 역할은 사회복지행정의 중요한 요소다. 둘째, 사회복지조직의 목표를 달성하기 위해 인적, 물적 자원을 관리하는 과정이다. 셋째, 사회복지 목표달성은 조직 구성원들의 협력과정을 통해 이루어진다. 넷째, 사회복지행정은 사회적 시책이나 제도를 서비스로 전환하는 과정으로서 조직의 관리, 목표달성을 위한 체계적인 관리 활동이다(박지영 외, 2014 : 204-205).

사회복지행정은 사회문제를 해결하기 위해 공공기관과 민간기관에서 전 국민의 복지증진을 위해 인적, 물적 자원을 확보하여 최대의 효과를 이끌어 내는 데 필요한 모든 활동이다. 사회복지조직의 총체적인 관리활동으로서 전문적인 지식과 기술을 필요로 하는 영역이기도 하다.

사회복지행정은 조직적인 차원에서 관리자의 활동과 관련이 있다. 문제가 정책의제로 등장하고 필요한 제도가 만들어지면 그 정책을 실천하기 위해 목표를 설정하고, 프로그램을 기획하며, 필요한 자원을 동원하고, 실행을 통해 결과를 평가하는 일련의 활동은 사회복지조직의 목적과 기능에 따라 달리 나타날 수 있다.

2) 사회복지행정의 특징

사회복지행정은 조직의 특성상 지역사회 내의 클라이언트를 대상으로 욕구를 충족시키기 위해 서비스를 제공하거나, 역기능적인 사회적 기능을 회복하는 데 필요한 자원과 서비스를 제공한다는 것이다.

사회복지조직은 서비스를 제공하기 때문에 산출된 결과가 무형의 즉시성과 비축 불가능성이 있다. 사회복지행정은 전문사회복지사의 역할이 매우 중요하다. 행정과정에 모든 구성원들이 참여하며 이것이 조직의 목표달성에 영향을 미친다. 사회복지조직은 외부환경의 영향에 매우 민감하다. 사회복지행정은 인간을 대상으로 하는 조직으로서 인간의 존엄성, 기회균등, 민주성을 중요한 가치로 여긴다.

3) 사회복지행정의 이념

사회복지행정 이념은 사회복지행정이 추구하는 기본적인 가치이며 궁극적인 표준적 행동 규범이라고 할 수 있다. 사회복지행정에서 중요시하는 이념은 다음과 같다. 첫째, 공익성의 이념이다. 공익성은 사회복지조직의 존립목적이기도 하다. 사회복지조직은 클라이언트의 이익을 최우선으로 하며 공공선을 가장 기초적인 규범으로 생각한다. 둘째, 합법성의 이념이다. 사회복지행정은 법률에 위배되지 않는 범위 내에서 자율성이 보장된다. 사회복지행정의 절차는 법에 근거하고 절차상의 정당성을 통해 클라이언트의 권리를 보장해야 한다는 것이다. 셋째, 효율성의 이념이다. 행정은 최소의 비용으로 최대의 효과를 얻으려고 하는 것이 중요한 과제다. 최소한의 자원을 활용하여 최대의 효과를 거둘 수 있도록 운영해야 한다는 것이다. 넷째, 효과성의 이념이다. 효과성은 사회복지 프로그램의 목표달성 정도를 의미한다. 클라이언트에게 제공한 프로그램이 원래 목표한 대로 성과를 거두었는가, 클라이언트는 목표한 대로 상당한 변화를 이루었는가를 중요시한다는 것이다. 다섯째, 공평성의 이념이다. 공정성은 정해진 사회적 지원을 어떠한 편견도 없이 공정하게 배분하고 공정한 기회를 제공해야 한다는 것이다. 여섯째, 접근성의 이념이다. 사회복지조직은 사람들이 이용하기에 편리한 장소와 접근성이 좋은 곳에서 이루어져야 한다는 것이다. 마지막으로 책임성의 이념이다. 사회복지조직은 조직의 노력과 결과, 활동에 대해 책임성을 가지고 임해야 한다는 것이다(엄기욱 외, 2014 : 218-219).

4) 사회복지행정의 과정

사회복지조직에서 행정은 몇 가지 단계를 통해 이루어진다. 굴릭과 어윅(Gulick & Urwick)은 사회복지행정의 과정을 여덟 가지 요소로 요약하고 있다.

① **기획**(Planning) : 기획은 문제해결을 위해 초기단계에서 이루어지는 목표 설정, 목표달성을 위한 과업, 활동, 방법 등을 결정하는 것이다.

② **조직**(Organization) : 조직은 업무를 수행하는 과정에서 역할과 책임을 분명하게 구분하여 작업을 할당하고 업무분담을 규정하는 공식적인 구조를 설정하는 것이다. 정관규정, 운영지침 결정 등이 여기에 해당된다.

③ **인사**(Staffing) : 인사는 조직활동에 필요한 직원의 채용, 해고, 교육, 훈련 등을 관리하는 것이다. 행정관리자는 직원의 임명에 책임을 지며 교육, 훈련, 분위기 조성, 구성원 간의 개방적인 의사소통 조성 등이 유지되도록 관리해야 한다.

④ **지시**(Directing) : 행정책임자는 조직을 효과적으로 운영하기 위해 합리적인 결정능력과 효과적인 업무부과를 하는 능력, 창의성을 고취시키는 능력이 있어야 한다는 것이다.

⑤ **조정**(Coordinating) : 사회복지조직에서 다양한 부분들의 상호작용과 구성원들 간의 원만하고 효과적인 의사소통의 통로를 만들어 나가는 것이다.

⑥ **보고**(Reporting) : 조직의 활동과 상황을 이사회나 지역사회, 관련기관에 제공하기 위해서는 주요활동 보고서를 작성하는 것이 필요하다. 기록유지, 조사연구, 정기적인 감사 등을 통해 활동내용을 보고한다.

⑦ **재정**(Budgeting) : 건전한 조직유지를 위한 재정상의 계획, 재정 운영 통제, 복지 등의 활동을 말한다. 건전한 재정 운영을 위한 재정 절감, 구체적인 재정계획을 통한 예산 정책수립 등과 같은 활동은 중요한 요소다.

⑧ **평가**(Evaluation) : 사회복지조직의 목표와 관련하여 전반적인 활동 결과를 진단하는 과정이다. 목표달성을 위한 활동이 효과가 있었는지에 대한 효과성 측정과 기관의 가용자원과 서비스 수행과정의 비용효과를 살펴보는 효율성 측정이다. 평가를 객관적으로 수행하기 위해서는 측정가능한 척도의 개발이나 활용이 중요하다.[5)]

---

5) 사회복지행정 교재

5. 사회복지정책

1) 사회복지정책의 개념

사회복지정책은 사회복지실현과 사회문제 해결을 위해 정부와 공공기관이 정한 지침, 활동방침, 활동계획이라고 할 수 있다. 정책은 합법적인 방법으로 공식적인 절차를 통해 이루어지는 법, 제도를 말한다. 사회복지 실현과 사회문제 해결의 주체는 국가이다. 정책은 정치권력적이고, 목표지향적이며, 미래지향적이고, 국민의 이해관계에 영향을 미치는 특성을 가지고 있다.

사회복지정책은 평등, 자유, 사회통합, 사회연대 등을 중요한 가치와 이념으로 지향한다. 사회복지정책의 개념은 사회복지정책의 범위와 대상을 어떻게 규정하는가에 따라 협의와 광의로 구분할 수 있다. 협의의 사회복지정책은 사회복지서비스 정책을 중심으로 소득보장정책, 의료보장정책, 대인사회서비스, 교육정책, 주택정책 등을 말하며 광의의 개념은 협의의 개념에 조세정책, 노동시장 정책 등을 포함하는 개념이다.[6)]

사회복지정책은 국가나 사회적 가치에 따라 방향이나 내용이 달라질 수 있다. 그 사회의 지배적인 가치는 정책결정에 영향을 미치며 또한 정치적인 지향성도 중요하게 작용한다. 또한 사회문제에 대한 인식이나 대응방안도 사회적 가치와 밀접하게 연결되어 있다. 사회복지정책의 일반적인 목표는 최저생활수준 보장, 사회정의 실현, 불평등 해소, 소득 재분배, 사회통합 등이다.

6) 박옥희, 146

2) 사회복지정책의 형성과정

사회복지정책이 형성되기까지는 몇 가지 단계를 거쳐 이루어진다. 형성과정은 사회문제에 대한 인식, 정책의제로 선택, 정책 대안선정, 정책 결정 및 실행, 정책평가로 볼 수 있다.

(1) 사회문제의 이슈화

사회문제는 불특정 다수가 문제로 인식하고 사회적인 해결을 요구하는 것으로 사회복지정책의 원동력이 된다. 우리 사회에 존재하는 모든 사회문제가 정책의 대상이 되는 것이 아니라 사회구성원들과 정책결정자가 문제해결의 시급성, 필요성을 인식함으로써 정책의 대상이 될 수 있다. 청원, 공청회, 시위, 정치쟁점화 등을 통해 이슈화될 수 있다.

(2) 정책의제

사회적으로 이슈화가 된 문제는 문제해결의 필요성에 대한 논의의 대상이 된다. 이것이 정책 의제화이다. 문제 해결의 시급성, 중요성, 공적인 해결방안의 모색, 문제해결의 방안, 우선순위 등이 논의된다.

(3) 정책대안

정책의제를 둘러싸고 해결방안에 대한 다양한 방안들이 논의된다. 정책대안은 사회문제 해결에 가장 합리적이고 효과적이며 효율적인 방안과 형평성 그리고 제시된 해결방안의 장단점 등에 대한 비교분석, 경제적인 비용, 국민들의 선호, 실현가능성, 정치적인 상황 등이 고려된다.

(4) 정책결정

정책대안들을 심사숙고하여 가장 합리적이고 바람직한 정책을 결정한다. 정책결정은 다른 정책과의 관련성이나 사회적인 요소, 환경적인 요소, 상황적인 요소 등을 감안하여 거시적인 관점에서 결정하는 것이 필요하다.

(5) 정책실행과 평가

정책으로 결정된 대안은 목표를 달성하기 위해 실행으로 옮겨진다. 정책실행은 정책을 구체적으로 실행하기 위한 제도나 프로그램을 구체화하고 대상자에게 전달하는 것이다. 목표달성을 위해 정책실행에 필요한 인적 자원이나 물적 자원을 확보하고 정책이 효과적이고 효율적으로 집행될 수 있도록 규칙이나 법, 제도를 관리하고 통제하는 시스템이 필요하다.

정책집행 이후 정책목표의 달성 정도를 분석하는 평가가 이루어진다. 일반적으로 평가에서는 정책의 적절성, 효과성, 효율성, 형평성, 편의성, 민주성, 실현 가능성 등을 대상으로 한다.[7)]

3) 사회복지정책 시행요소

사회복지정책은 구체적인 프로그램이나 제도 등을 통해 이루어진다. 정책이 집행되는 과정에서 정책설계 방향, 정책내용 등을 구성하고 있는 기본적인 요소를 파악하는 것은 중요하다. 정책실행의 대상자 선정에서부터 서비스 내용, 형태, 전달과정, 재원 등에 대한 것이다(박지영 외, 2014 : 189).

(1) 서비스 대상자 선정

사회복지재원은 제한되어 있고 제한된 재원을 공평하게 분배하기 위해서

7) 사회복지정책 교재

서비스 대상자 선정 기준과 우선순위를 결정하는 것은 매우 중요하다. 우선 대상자 선정을 보편적으로 할 것인가 선별적으로 할 것인가, 서비스대상의 우선순위의 기준을 무엇으로 정할 것인가, 내용은 현물로 할 것인가 현금으로 할 것인가, 수급자격 요건을 어떻게 정할 것인가 등의 기준을 마련하는 것이다. 예를 들면, 소득 수준, 인구학적인 조건, 기여 여부, 근로능력, 거주 여부 등으로 대상자를 선정하는 것이다.

(2) 서비스 제공 형태

서비스 대상자가 정해지고 범위가 정해지면 서비스 내용과 방법에 대한 논의가 이루어진다. 정책목표를 달성하는 데 효과적이고 효율적인 형태는 무엇인가를 결정하는 것이다. 현금, 현물, 서비스 제공, 바우처, 기회를 제공하는 것 등이다.

(3) 서비스 전달체계

전달체계는 사회복지정책을 어떠한 경로를 통해 전달하는 것이 합리적인가를 판단하여 결정하는 과정이다. 전달체계는 공공 부문, 민간 부문, 민관협력 등의 방식을 적용할 것인가를 결정하는 것이다. 일반적인 전달방식은 정부가 대상자 선정, 자격, 서비스 형태, 방법 등을 결정하고 지방정부나 민간 부문을 통해 전달하는 방식이다. 서비스 전달방식은 정책의 목표와 내용에 따라 효과적인 방식이 결정된다고 볼 수 있다.

(4) 재정조달

정책이 아무리 좋고 필요한 것이라도 재원이 없으면 실천은 불가능하다. 사회복지정책을 실행하기 위해서는 재원을 어떻게 마련할 것인가에 대한 논의가 중요하다. 재원은 일반적으로 공공 부문과 민간 부문으로 구분할 수 있다. 공공 부문 재원은 조세, 사회보장조세, 사회보험료 등이 있으며 민간 부문 재원은 서비스 이용료, 기부금, 후원금, 기업복지 비용, 공동모금 등이 있다. 재원조달 방식은 서비스의 내용에 따라 정책의 목표와 방향에 따라 달라질 수 있다. 사회보장과 관련된 제도의 재원은 준조세방식의 강제적 조세를 통해 이루어지고 개별적인 사회적 서비스 제도는 지역사회 민간 자원이나 본인 부담금을 통해 이루어지는 것이다. 따라서 재원의 성격에 따라 급여의 자격, 조건, 수준, 방법 등이 달라진다고 할 수 있다.

4) 사회복지정책 제도

사회복지정책의 구체적인 제도는 사회보장제도라고 할 수 있다. 사회보장제도는 기본적으로 소득보장을 목적으로 하는 정책이다. 사회보장은 전 국민을 대상으로 인간다운 삶을 유지하고 삶의 질을 향상시키기 위해 필요한 질병, 빈곤, 노령, 실업 등 사회적인 위험을 예방하고 보호하는 제도로서 경제적인 위협에 대처하기 위해 마련된 소득생활보장제도이다. 우리나라에서는 사회보장제도로 사회보험과 공공부조를 시행하고 있다.

(1) 사회보험

사회보험은 국가가 운영주체가 되어 국민들의 생활을 보장하는 제도로서 소득에 비례하여 보험료를 납부하는 강제기여방식을 채택하고 있다. 사회보험은 소득에 비례하여 보험료를 부담하는 방식이라 소득재분배를 통한 소득 불평등을 해소할 수 있다. 대표적인 사회보험제도는 산업재해, 노령, 실업, 의료, 장기요양 등의 제도가 있다(표 7-1).

〈표 7-1〉 우리나라 사회보험제도

사회보험	제도명	가입대상	급여내용	관리운영
산업재해 보상보험	산업재해 보상보험	상시 근로자 1인 이상 모든 사업장	요양, 휴업, 상병, 유족, 간병급여 등	근로복지공단
의료보험	국민건강보험	국내 거주 모든 국민	요양급여, 본인부담액 보상금 등	국민건강보험 공단
연금보험	국민연금	18세 이상 60세 미만 국민	노령, 장애, 유족연금 등	국민연금공단
실업보험	고용보험	상시근로자 1인 이상 모든 사업장	실업급여, 직업능력 개발 사업 등	근로복지공단
요양보험	노인장기 요양보험	국민건강보험 가입자	요양급여 (재가, 시설) 특별현금급여	국민건강보험 공단

출처 : 보건복지부 홈페이지(www.mohw.go.kr).

산업재해보상보험은 재해의 과실원인과 상관없이(무과실책임의 원칙) 근로자에게 치료와 재활에 필요한 급여를 제공하여 소득을 보장함으로써 근로자와 가족의 복지를 보장하는 보험이다. 현물, 현금 급여를 제공하며 장해의 정도에 따라 장해급여, 유족급여, 상병보상연금, 간병급여, 장의비 등이 제공된다. 보험료는 사업자가 전액부담하며 정부가 운영비의 일부를 부담한다.

국민건강보험은 국민의 질병 · 부상에 대한 예방 · 진단 · 치료 · 재활과 출산 · 사망 및 건강증진에 대하여 보험급여를 실시함으로써 국민보건 향상과 사회보장 증진에 이바지함을 목적으로 한다(국민건강보험법 제1조). 가입자는 직장가입자와 지역가입자로 구분하여 운영하고 있다. 피부양자는 가입자의 배우자나 직계존비속으로서 소득이 없는 자를 말한다. 건강보험료의 재원은 보험료로 운영되며 직장가입자는 사용자와 근로자가 반씩 부담한다. 지역가입자는 경제활동, 소득, 재산 등을 고려하여 세대당 통합보험료가 부과된다.

국민연금은 노후 생계보호를 위해 마련된 소득보장제도이다. 국민연금은 공무원연금, 사립학교교직원 연금, 군인연금, 국민연금으로 구분하여 운영하고 있다. 국민연금은 물가슬라이드방식을 적용하여 물가가 오르는 만큼 연금액도 증가하는 방식을 채택하고 있다. 연금을 받기 위해서는 최소 10년 이상 보험료를 납부하여야 하며 노령연금, 장애연금, 유족연금, 사망일시금 등이 있다.

고용보험은 실업으로 인한 소득 중단의 위험을 대비하고 근로자의 직업능력개발을 통해 실업을 예방하는 것을 목적으로 하는 제도이다. 고용안정사업, 직업능력개발 사업, 실업급여로 구분되는데 실업급여는 사용자와 근로자가 반씩 부담을 하는 방식을 취하지만 나머지 사업은 사용자의 부담으로 운영된다.

노인장기요양보험은 2008년부터 시행된 제도로서 고령화 사회를 대비하여 질병으로 인한 노인의 부양문제를 국가가 주체적으로 책임지는 제도이다. 보장내용은 방문요양, 방문간호 재가급여, 시설급여 등이다. 재원은 건강보험료와 함께 부과되는데, 건강보험료 납부액을 기준으로 비율을 정하여 부과하는 장기요양보험료와, 국가 지방자치단체의 부담, 서비스 이용자 일부부담으로 이루어진다(박지영 외, 2014 : 195-199).

6. 공공부조(국민기초생활보장제도)

1) 공공부조의 정의

공공부조는 국가가 국민의 최소한의 생활을 보장하기 위해 정부의 일반재정으로 지원해 주는 제도이다. 공공부조는 빈곤에 처한 국민들의 생활을 최소한도로 보장하는 제도로서 사회안전망의 역할을 하는 국민기초생활보장제도가 대표적이다. 공공부조는 긴급급여, 의료급여, 기초노령연금, 소년소녀가장, 한부모가족에게 지원되는 부조 등이 있다. 공공부조의 특징은 국가의 일반조세를 이용하여 빈곤에 처한 사람들의 생계를 보장하며, 평소에 보험료를 납부하지 않는 무갹출 방식으로 운영된다는 것이다. 국민기초생활보장제도는 최저생계비를 지원하는 제도로서 최저생활 보장과 자활을 목적으로 한다. 부양의무자가 없거나 부양의무자가 부양능력이 없거나 부양을 받을 수 없는 국민을 대상으로 최저생계비 기준을 정하여 그 기준에 미치지 못하는 사람들을 자산과 소득조사를 통해 선별하는 방식으로 운영된다. 보장내용은 생계급여, 주거급여, 교육급여, 해산급여, 장제급여, 자활급여, 의료급여가 있다.

2) 국민기초생활보장제도의 기본 원칙

국민기초생활보장제도는 기본적으로 자활과 자립을 궁극적인 목적으로 하는 제도다. 따라서 급여는 수급자가 자신의 생활유지 · 향상을 위하여 그의 소득, 재산, 근로능력 등을 활용하여 최대한 노력하는 것을 전제로 이를 보충 · 발전시키는 것을 기본 원칙으로 한다. 국민기초생활보장제도는 몇 가지 원칙으로 운영되고 있다. 첫째, 최저생활보장의 원칙(급여는 생계를 비롯한 주거, 의료, 교육 등에 필요한 최저생활보장을 기본으로 한다), 둘째, 보충급여의 원칙(가구별 최저생계비와 소득인정액의 차액을 지급), 셋째, 자립지원의 원칙(수급자에게 자활참여를 조건으로 생계급여를 지급한다), 넷째, 개별성의 원칙(급여 수준은 수급권자의 개별상황을 반영하여 적용한다), 다섯째, 가족부양우선의 원칙(부양의무자에 의한 보호를 우선적으로 시행해야 한다), 여섯째, 타 급여 우선의 원칙(급여신청자가 다른 법령에 의해 보호를 받는 경우 다른 법에 의한 보호를 우선으로 적용한다) 등이다(오정수 외, 2010 : 292).

08
CHAPTER

사회복지실천 대상 1

사회복지실천 현장에서는 다양한 사람들을 대상으로 서비스를 제공한다. 영유아부터 노인, 최근에는 사회적 소수자에 이르기까지 실천영역이 확대되고 있다. 일반적으로 사회복지현장에서 가장 많이 접해온 대상자들은 아동, 청소년, 장애자, 노인 등이 대부분이었다. 본 서에서는 이론적인 부분보다는 보건복지부 정책을 중심으로 전개되는 사업이나 정책을 통해 사회복지현장에서 이루어지는 내용을 소개하고자 한다.

1. 아동복지

사회복지에서 다루는 아동에 대한 개념은 조금은 혼재되어 있다고 볼 수 있다. 아동의 범위는 법적인 성격에 따라서도 차이가 있다. 아동복지법에서는 18세 미만의 사람을 아동으로 규정하고, 소년법에서는 19세 미만의 자를 소년으로 규정하여 청소년의 범주와 구분하기 어려운 문제가 있다. 청소년기본법에서 청소년은 9세 이상 24세 이하인 사람으로 규정하고 있기 때문이다. 또한 교육학이나 발달심리학에서는 5세부터 12세, 6세부터 12세로 구분하고 있는 실정이다(정민숙 외, 2009 : 177-178).

1) 아동복지(영유아복지)

아동복지는 전통적인 사회복지실천 영역 중 하나이다. 아동복지법에서 아동이란 18세 미만인 사람을 말한다(아동복지법 제3조). 아동복지법은 아동이 건강하게 출생하여 행복하고 안전하게 자랄 수 있도록 아동의 복지를 보장하는 것을 목적으로 한다(아동복지법 제1조). 아동복지의 개념은 좁은 의미에서 보호를 필요로 하는 아동을 중심으로 사회복지서비스를 제공하는 것으로 개인이나 민간기관을 통해 이루어지는 활동이라고 할 수 있다. 넓은 의미에서의 개념은 모든 아동과 그 가족을 대상으로 이루어지는 복지활동으로서 아동의 기본적인 욕구 충족과 정서적, 신체적, 정신적으로 정상적인 발달이 이루어지도록 사회적으로 제공되는 모든 활동이라고 할 수 있다.

아동복지법의 정의를 보면 "아동복지"란 아동이 행복한 삶을 누릴 수 있는 기본적인 여건을 조성하고 조화롭게 성장 · 발달할 수 있도록 하기 위한 경제적 · 사회적 · 정서적 지원을 말한다(아동복지법 제3조).

아동복지의 기본적인 이념은 다음과 같다. ① 아동은 자신 또는 부모의 성별, 연령, 종교, 사회적 신분, 재산, 장애 유무, 출생지역, 인종 등에 따른 어떠한 종류의 차별도 받지 아니하고 자라나야 한다. ② 아동은 완전하고 조화로운 인격발달을 위하여 안정된 가정환경에서 행복하게 자라나야 한다. ③ 아동에 관한 모든 활동에 있어서 아동의 이익이 최우선적으로 고려되어야 한다. ④ 아동은 아동의 권리보장과 복지증진을 위하여 이 법에 따른 보호와 지원을 받을 권리를 가진다(아동복지법 제2조).

2) 아동복지의 원칙

아동복지법에 명시된 목적을 달성하기 위해 다양한 아동복지정책과 복지서비스가 제공되어야 한다. 이러한 제도를 실천할 때는 기본적으로 몇 가지 원칙을 준수하는 것이 필요하다.

(1) 권리와 책임의 원칙

아동복지는 부모와 가족 외에 국가와 사회가 함께 책임을 공유하며 아동의 건전 육성을 위해 노력해야 한다. 권리책임의 원칙은 아동은 하나의 인격체로서 독자적인 권리를 가진 존재로서 인정받고 보호받아야 한다는 것이다. 아동도 복지의 대상이며 주체로서 권리를 인정해 주고 책임의식을 갖도록 육성되어야 한다. 아동보호의 책임은 일차적으로 부모에게 있다. 따라서 부모는 아동 양육을 위해 재정적, 신체적, 정서적 보호의 의무를 져야 한다. 국가도 아동복지 증진을 위해 노력해야 할 의무가 있고 부양능력이 없는 부모를 위한 지원제도를 통해 적절한 개입을 해야 한다.

(2) 보편성과 선별성의 원칙

보편성은 아동복지의 대상을 모든 아동으로 규정하고 서비스나 급여를 동등하게 제공하는 것을 말한다. 아동문제를 해결하는 데 있어서 필요한 제도나 정책은 평등하게 적용되어야 하며 차별받지 않도록 해야 한다는 것이다. 선별성은 특별한 문제나 욕구를 가진 아동을 대상으로 서비스와 급여를 제공하는 것을 말한다. 보호를 필요로 하는 요보호아동을 대상으로 한 복지서비스가 여기에 해당된다.

(3) 예방성과 치료성의 원칙

아동복지는 문제가 발생하기 이전에 예방을 하여 최대한 문제가 발생하지 않도록 방지하는 것을 원칙으로 한다. 문제가 발생했을 경우 신속하게 조치하여 치료하는 것을 중요시하며 문제를 조기에 발견하고 치료하는 것도 중요한 원칙으로 한다는 것이다. 조기발견, 조기치료, 사전예방은 매우 중요한 원칙이라고 할 수 있다.

(4) 개별성의 원칙

모든 아동은 유사한 문제를 가진 아동이라고 할지라도 개인의 특성이나 욕구, 환경, 조건 등을 고려하여 개별적으로 서비스를 제공하여야 한다는 것이다. 아동의 능력이나 신체적, 정신적 여건 등을 고려하여 아동이 자신의 능력을 최대한 발휘할 수 있도록 지원해야 한다는 것이다.

(5) 포괄성의 원칙

아동의 건전한 육성과 발달을 위해 모든 영역을 포괄하여 서비스가 제공되어야 한다는 것이다. 건강한 가정, 경제적 안정, 교육, 보건, 오락, 보호, 지원서비스 등은 포괄적으로 제공되어야 한다는 것이다. 통합적이고 종합적인 접근방법이 필요하다는 것이다.

(6) 전문성의 원칙

아동의 건전 육성과 발달을 도모하기 위해서는 전문적인 접근이 필요하다는 것이다. 아동의 심리나 사고, 행동 등을 정확히 이해하기 위해서는 전문적인 지식과 기술이 필요하다. 아동을 담당하는 인력을 양성하고 배치하여 전문적인 치료와 보호가 이루어질 수 있도록 해야 한다(정민숙 외, 2017 : 182-185).

3) 프로그램 및 정책

아동복지 정책으로는 모든 아동을 대상으로 아동수당 지급 및 아동인권 증진을 지원하고, 보호대상아동(보호자가 없거나 보호자로부터 이탈된 아동 또는 보호자가 아동을 학대하는 경우 등 그 보호자가 아동을 양육하기에 적당하지 아니하거나 양육할 능력이 없는 경우의 아동)을 대상으로 입양, 요보호아동 자립지원, 가정위탁지원, 아동복지시설 운영, 공동생활가정 운영, 디딤씨앗통장 등을 실시하고 있다.[1)]

(1) 아동수당 지급

아동에게 아동수당을 지급하여 아동 양육에 따른 경제적 부담을 경감하고 건강한 성장환경을 조성함으로써 아동의 기본적 권리와 복지를 증진하는 것을 목적으로 도입된 제도이다.

아동수당은 아동수당법에 근거하여 만 7세 미만(2022년 4월 1일부터는 8세 미만) 모든 아동을 대상으로 지원한다. 지원금액은 아동 1인당 월 10만 원이며 2022년 4월 1일부터는 2세 미만의 아동에게는 매월 50만 원을 추가로 지급한다. 아동수당은 현금입금을 원칙으로 하되 시·군·구 조례로 정하는 경우 지역상품권으로 지급할 수도 있으며, 2세 미만의 아동에게 추가로 지급하는 아동수당은 영유아보육법 제34조의3의 보육서비스 이용권 또는 아이돌봄 지원법 제21조의 아이돌봄서비스 이용권으로도 지급할 수 있다.

신청방법은 읍·면·동 주민센터 방문 또는 온라인 복지로(PC, 스마트폰)를 통해 신청하면 된다.

(2) 아동인권 증진 지원

어린이날 및 어린이주간, 대한민국 아동총회 등 아동 관련 행사와 아동권

1) 보건복지부 홈페이지 참조(www.mohw.go.kr)

리포럼 개최를 통해 아동이 권리 주체로서 인식되는 사회적 분위기를 조성하고 유엔아동권리협약 및 위원회 권고사항의 이행을 통해 국제 수준의 아동정책 기반을 마련한다.

(3) 입양

입양 지원은 보호대상아동이 안정적인 가정환경에서 건전하게 성장할 수 있도록 지원하는 것으로서 국내입양우선추진제(아동의 입양의뢰 후 5개월간은 국내입양을 우선 추진하고 그 이후에 국외입양 추진 허용)와 국내입양가정에 대한 경제적 지원 및 국외입양인 사후서비스 지원 등으로 이루어진다.

(4) 요보호아동자립지원

요보호아동자립지원은 보호대상 아동(아동복지시설, 가정위탁)의 자립준비 역량을 강화하고 18세 이후 사회 진출 시 안정적인 자립 기반을 마련할 수 있도록 지원함을 목적으로 한다. 사업내용은 보호아동의 자립의지 · 자립기술 향상을 위한 프로그램 운영 및 주거지원 · 취업훈련연계 · 정보제공 등의 자립생활 정착 지원 등이다.

이 사업은 대리양육 또는 가정위탁보호 중인 아동, 아동복지시설에서 보호 중인 아동, 가정위탁보호가 종료되거나 시설에서 퇴소한 지 5년이 지나지 아니한 아동을 대상으로 운영된다.

(5) 가정위탁지원

가정위탁지원은 보호대상 아동을 보호 · 양육하기를 희망하는 가정에 위탁양육함으로써 가정적인 분위기에서 건전한 사회인으로 자랄 수 있도록 하는 것을 목적으로 하며, 가정위탁아동이 건전한 사회인으로 자랄 수 있도록 위탁아동 및 위탁 부모에 대한 경제적 · 사회적 지원을 내용으로 한다.

(6) 아동복지시설 운영

아동복지시설에는 아동양육시설 · 아동일시보호시설 · 아동보호치료시설 · 자립지원시설이 있다.

아동양육시설은 보호를 필요로 하는 아동을 입소시켜 보호 · 양육하는 시설이다.

아동일시보호시설은 보호를 필요로 하는 아동을 일시보호하고 아동에 대한 향후의 양육대책수립 및 보호조치를 행하는 시설이다.

아동보호치료시설은 불량행위를 하거나 불량행위를 할 우려가 있는 아동으로서 보호자가 없거나 친권자나 후견인이 입소를 신청한 아동 또는 가정법원 · 지방법원소년부지원에서 보호위탁된 아동을 입소시켜 그들을 선도하여 건전한 사회인으로 육성하는 시설과 정서적 · 행동적 장애로 인하여 어려움을 겪고 있는 아동 또는 학대로 인하여 부모로부터 일시 격리되어 치료받을 필요가 있는 아동을 보호 · 치료하는 시설이다.

자립지원시설은 아동복지시설에서 퇴소한 자에게 취업준비기간 또는 취업 후 일정 기간 보호함으로써 자립을 지원하는 시설이다.

(7) 공동생활가정 운영

공동생활가정은 보호가 필요한 아동에게 가정과 같은 주거여건과 보호, 양육, 자립지원 서비스를 제공하는 것을 목적으로 한다.

(8) 디딤씨앗통장

이 제도는 2007년에 도입된 것으로 저소득 아동의 사회진출 시 필요한 자립자금 마련에 도움을 주기 위하여 아동복지시설 아동, 가정위탁 아동 등을 대상으로 아동발달지원계좌(CDA : Child Development Account)를 지원한다.

아동이 보호자, 후원자의 후원으로 월 5만 원 이내의 금액을 저축하면 국가

(지방자치단체)에서 만 18세 미만까지 같은 액수(1:1 매칭펀드)를 지원하여 만 18세 이후 사회진출 시 학자금, 전세금, 창업자금 등으로 사용할 수 있도록 한다.

2. 노인복지

우리 사회는 고령화 사회로 접어들면서 노인문제가 본격적으로 사회문제화되었다. 노인문제는 노인층의 경제적 빈곤과 노인학대, 신체적 · 정신적 건강문제, 여가문제, 가족부양문제 등 다양한 측면에서 사회문제로 부상하고 있다. 노인복지는 노인들의 기본적인 욕구를 충족시키고 삶의 질을 향상시키기 위해 국가와 민간기관이 조직적으로 서비스를 제공하는 복지분야다. 노인의 질병, 학대, 빈곤, 고독을 극복하고 삶의 보람을 회복할 수 있도록 지원하는 국가적인 차원의 활동이라고 할 수 있다.

1) 노인복지 개념

노인복지는 노인의 빈곤, 질병, 고독을 극복하고 노인 스스로가 사회적인 존재로서 존재의식을 가지고 보람 있는 삶을 영위할 수 있도록 사회적 여건을 마련하고 지원하는 활동이다. 노인복지는 노인이 인간으로서의 존엄성을 가지고 인간다운 삶을 영위할 수 있도록 필요한 자원과 서비스를 제공하는 국가적 · 사회적인 노력이다. 노인복지는 노인이 독립된 존재로서 신체적, 정신적, 경제적, 사회적으로 편안하고 안정된 생활을 도모할 수 있도록 하는 종합적인 지원정책이라고 할 수 있다. 노인복지법에서는 '노인의 질환을 사전예방 또는 조기발견하고 질환상태에 따른 적절한 치료 · 요양으로 심신의 건강을 유지하고, 노후의 생활안정을 위하여 필요한 조치를 강구함으로써 노인의 보건복지 증진에 기여함을 목적으로 한다'고 명시하고 있다(제1조).

노인복지법을 운영하는 데 있어서 기본적인 이념은 다음과 같다. ① 노인은 후손의 양육과 국가 및 사회의 발전에 기여하여 온 자로서 존경받으며 건전하고 안정된 생활을 보장받는다. ② 노인은 그 능력에 따라 적당한 일에 종사하고 사회적 활동에 참여할 기회를 보장받는다. ③ 노인은 노령에 따르는 심신의 변화를 자각하여 항상 심신의 건강을 유지하고 그 지식과 경험을 활용하여 사회의 발전에 기여하도록 노력하여야 한다(정민숙 외, 2017 : 201-202).

2) 노인복지의 원칙

(1) 개인의 존엄성 존중 원칙

인간은 어떠한 상황이나 조건에 의해서도 차별받지 않을 권리가 있다. 인간 그 자체로서 존중받아야 할 권리를 말한다. 신체적, 정신적인 장애가 있다하더라도 개인의 존엄성은 존중받아야 한다.

(2) 개별화의 원칙

모든 사람은 개인적으로 독특한 특성을 가진 존재다. 동일한 상황에 놓여있는 노인들이라 하더라도 개인적인 조건이나 환경, 특성은 각기 따르기 때문에 개별적으로 개인의 특성에 맞는 서비스가 제공되도록 하여야 한다. 개인의 특성을 일반화시키는 것은 바람직하지 않다.

(3) 자기결정의 원칙

사회복지 원조과정에서 중요한 원칙 중 하나는 자기결정의 원칙이다. 문제해결 과정이나 서비스 선택 등에 있어서 노인 스스로의 결정은 존중되어야 한다. 정상적인 의사결정이 어려운 상황을 제외하고 노인 자신의 이익을 위해 선택의 기회를 보장해야 한다는 것이다.

(4) 보편성의 원칙

노인이라면 누구나 차별받지 아니하고 국가가 제공하는 서비스 혜택을 받을 기회가 균등하게 제공되는 것이 보편성이다. 노인이라면 누구나 조건에 관계없이 서비스가 제공되는 것이다. 현실적으로 국가의 재정이나 사회적 여건을 고려하여 자격기준을 설정하여 선별적으로 서비스가 제공되는 경우가 많다(정민숙 외, 2017 : 227-228).

(5) 통합성의 원칙

노인복지서비스는 문제와 욕구에만 초점을 맞추어 해결하기보다 노인의 특성을 고려하여 문제를 포괄적이고 통합적인 관점에서 접근하고 해결하는 것이 필요하다.

(6) 삶의 활성화 원칙

노인들이 일생을 살아오면서 경험한 지혜나 지식을 발휘할 수 있는 기회를 제공하고 살아가는 보람을 찾을 수 있도록 지원해야 한다. 노인들의 사회적 참여를 유도하여 존재의 가치를 인정하고 기여할 수 있도록 하는 것이 필요하다.

3) 노인복지 프로그램 및 정책

(1) 노인맞춤돌봄서비스

노인맞춤돌봄서비스는 일상생활 영위가 어려운 취약노인에게 적절한 돌봄서비스를 제공하여 안정적인 노후생활 보장, 노인의 기능 · 건강 유지 및 악화예방을 목적으로 운영된다. 서비스 대상은 65세 이상 기초생활수급자, 차상위계층 또는 기초연금수급자 중 독거 · 조손가구 등 돌봄이 필요한 노인이다.

서비스 내용은 안전지원, 사회참여, 생활교육, 일상생활분야의 다양한 서비스를 서비스 제공계획에 따라 직접 또는 연계하여 제공하며, 특화서비스로서 개별 맞춤형 사례관리, 집단활동, 우울증 진단 및 투약 지원이 있다(표 8-1).

〈표 8-1〉 서비스 내용

대분류	중분류	소분류
안전지원	방문 안전지원	안전 · 안부확인 정보제공(사회 · 재난안전, 보건 · 복지 정보제공) 생활안전점검(안전관리점검, 위생관리점검) 말벗(정서지원)
	전화 안전지원	안전 · 안부확인 정보제공(사회 · 재난안전, 보건 · 복지 정보제공) 말벗(정서지원)
	ICT(정보통신기술) 안전지원	ICT 관리 · 교육 ICT 안전 · 안부 확인
사회참여	사회관계 향상 프로그램	여가활동, 평생교육활동, 문화활동
	자조모임	자조모임
생활교육	신체건강분야	영양교육, 보건교육, 건강교육
	정신건강분야	우울예방 프로그램, 인지활동 프로그램
일상생활지원	이동 · 활동지원	외출동행
	가사지원	식사관리, 청소관리

출처 : 보건복지부 홈페이지 참고(www.mohw.go.kr)

서비스 신청은 본인 또는 신청자의 친족(배우자, 8촌 이내의 혈족, 4촌 이내의 인척) 및 이해관계인(친족을 제외한 이웃 등 그 밖의 관계인)이 서비스 대상자의 주민등록상 주소지 읍 · 면 · 동 주민센터에 하면 된다.

(2) 노인 일자리 및 사회활동 지원 사업

노인 일자리 및 사회활동 지원사업은 노인이 활기차고 건강한 노후생활을 영위할 수 있도록 공익활동, 일자리, 재능나눔 등 다양한 사회활동을 지원하여 노인복지 향상에 기여하는 데 목적이 있다. 만 65세 이상이면 누구나 사업에 참여가 가능하나 공익활동은 기초연금수급자만 가능하도록 하고 있다. 사업유형을 보면 다음과 같다(표 8-2).

〈표 8-2〉 사업 유형

유 형		정 의	예 시
공익활동		노인이 자기만족과 성취감 향상 및 지역사회 공익증진을 위해 자발적으로 참여하는 봉사활동	노노케어(취약노인 안부확인, 생활상태 점검 등), 보육시설 봉사 등 지역사회 공익 증진을 위한 16개 프로그램
재능나눔활동		재능을 보유한 노인에게 재능나눔 활동 기회를 부여하여 사회참여를 통한 노후 성취감 제고, 건강 및 대인관계 개선 유도	취약노인 발굴 · 지원, 학대노인 예방 · 지원, 노인이용시설 안전관리, 노인문화복지활동, 복지정책홍보 등 기타 노인권익증진 활동
시장형	시장형 사업단	참여자 인건비를 일부 보충지원하고 추가 사업소득으로 연중 운영하는 노인 일자리	장류 · 김부각 · 두부과자 · 양파즙 · 한과 · 천연조미료 등 제조판매, 아파트 · 지하철 택배, 쇼핑백 제작, 콩 등 농산물 재배
	인력 파견형 사업단	수요처의 요구에 의해서 일정 교육을 수료하거나 관련된 업무능력이 있는 자를 해당 수요처로 연계하여 근무기간에 대한 일정 임금을 지급받을 수 있는 일자리	시험감독관, 주유원, 주례사, 가사도우미, 건물관리, 경비 등
	시니어 인턴십	노인이 기업에서 인턴으로 참여할 수 있는 기회 제공	상점판매원, 물류관리, 주유원, 차량관리원, 고객상담, 홀서빙 등
	고령자 친화기업	고령자가 경쟁력을 가질 수 있는 적합한 직종에서 다수의 고령자를 고용하는 기업 설립 지원	㈜ 고을, (주) Delicious Plan, (주) 6088 식품, (주) 천년누리, (주) 탑리서치코리아 등

출처 : 보건복지부 홈페이지 참조(www.mohw.go.kr).

노인 일자리 및 사회활동 지원 사업은 시 · 군 · 구(노인복지 담당과), 노인복지관, 시니어클럽, 대한노인회 취업지원센터, 종합사회복지관, 노인복지센터, 지역문화원, 지방자치단체 전담기관(실버인력뱅크 등)에서 수행하고 있다. 노인 일자리 및 사회활동 지원사업에 참여하기 위해서는 시 · 군 · 구 또는 수행기관에 서류를 제출하고 선발 기준에 따라 선정되어야 한다(표 8-3).

〈표 8-3〉 참여자 선발기준

유 형		선발 공통 기준
공익 활동		당해연도 만 65세 이상(시장형은 만 60세 이상) 건강상태 : 일할 수 있는 건강 정도면 모두 가능 세대주형태 : 노인독신가구 및 경제무능력자와 동거하는 노인가구 우선 직업이 없는 노인
재능 나눔 활동		
시장형 (취창업)	시장형 사업단	
	인력파견형 사업단	
	시니어인턴십	
	고령자친화 기업	

출처 : 보건복지부 홈페이지 참조(www.mohw.go.kr).

(3) 노인장기요양보험제도

노인장기요양보험제도는 고령이나 노인성 질병 등으로 일상생활을 혼자서 수행하기 어려운 이들에게 신체활동 및 일상생활 지원 등의 서비스를 제공하여 노후 생활의 안정과 그 가족의 부담을 덜어주기 위한 사회보험제도이다. 요양보험제도는 소득수준과 상관없이 노인장기요양보험 가입자(국민건강보험 가입자와 동일)와 그 피부양자, 의료급여수급권자로서 65세 이상 노인과 65세 미만의 노인성 질병이 있는 자는 서비스를 신청할 수 있다. 급여 대상자는 65세 이상 노인 또는 치매, 중풍, 파킨슨병 등 노인성 질병을 앓고 있는 65세 미만인 자 중 6개월 이상의 기간 동안 일상생활을 수행하기 어려워 장기요양서비스가 필요하다고 인정되는 자를 대상으로 한다(표 8-4).

〈표 8-4〉 등급판정 기준

등급 구분	판정기준
장기요양 1등급	일상생활에서 전적으로 다른 사람의 도움이 필요한 자로서 장기요양인정점수가 95점 이상인 자
장기요양 2등급	일상생활에서 상당 부분 다른 사람의 도움이 필요한 자로서 장기요양인정점수가 75점 이상 95점 미만인 자
장기요양 3등급	일상생활에서 부분적으로 다른 사람의 도움이 필요한 자로서 장기요양인정점수가 60점 이상 75점 미만인 자
장기요양 4등급	일상생활에서 일정 부분 다른 사람의 도움이 필요한 자로서 장기요양인정점수가 51점 이상 60점 미만인 자
장기요양 5등급	치매환자로서 장기요양인정점수가 45점 이상 51점 미만인 자

장기요양 서비스신청 절차를 살펴보면 ① (공단 각 지사별 장기요양센터) 신청 → ② (공단직원) 방문조사 → ③ (등급판정위원회) 장기요양 인정 및 등급판정 → ④ (장기요양센터) 장기요양인정서 및 표준장기요양이용계획서 통보 → ⑤ (장기요양기관) 서비스 이용

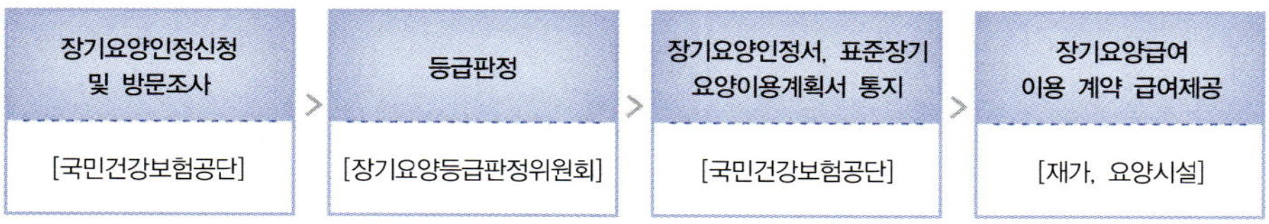

출처 : 보건복지부 홈페이지 참조(www.mohw.go.kr).

급여의 종류는 시설급여, 재가급여, 특별현금급여 등이 있다.

- **시설급여** : 요양시설에 장기간 입소하여 신체활동 지원 등을 제공
- **재가급여** : 가정을 방문하여 신체활동 및 가사활동 등 지원, 목욕 · 간호 등 제공, 주간보호센터 이용, 복지용구 구입 또는 대여 제공
- **특별현금급여** : 장기요양 인프라가 부족한 가정, 천재지변, 신체 · 정신 또

는 성격 등 그 밖의 사유로 장기요양기관이 제공하는 장기요양급여를 이용하기 어렵다고 인정하는 경우 가족요양비를 지급한다.

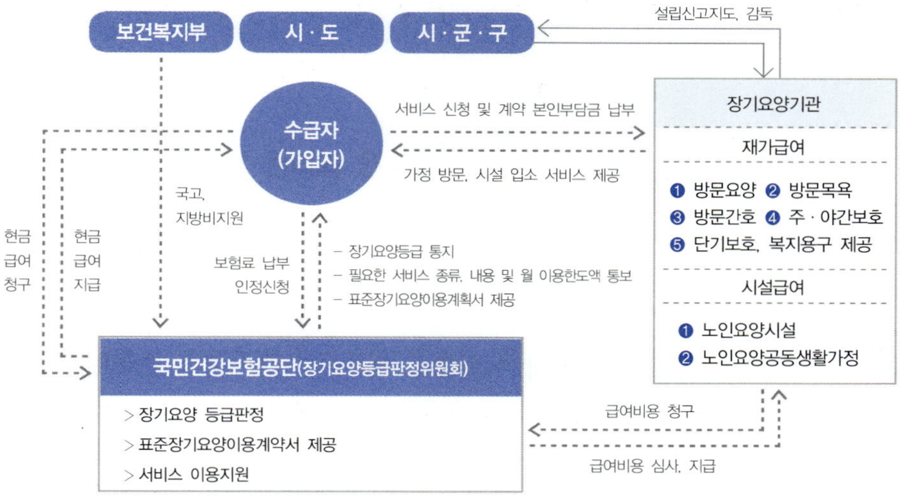

| 그림 8-1 | 관리운영체계

출처 : 보건복지부 홈페이지 참고(www.mohw.go.kr).

3. 장애인 복지

장애란 무엇이며 장애인의 범주를 어떻게 규정할 것인가는 한 사회의 정치적, 경제적, 사회적, 문화적인 수준에 따라 매우 다르게 정의하고 있다. 장애란 기능의 저하, 상실, 특수한 상태, 핸디캡을 의미한다고 할 수 있다. 장애인복지법 제2조에는 "장애인이란 신체적 · 정신적 장애로 오랫동안 일상생활이나 사회생활에서 상당한 제약을 받는 자를 말한다"라고 정의하고 있다. 장애인은 선천적으로나 후천적으로 신체적 · 정신적 기능의 제한으로 인하여 개인적 또는 사회적으로 정상적인 일상생활에 어려움을 겪고 있는 사람이라고 할 수 있다.

1) 장애인 복지의 개념

장애인복지는 장애인에 대한 인간으로서의 존엄성과 권리를 보장하고 인간다운 삶을 영위할 수 있도록 의료, 직업재활, 교육, 환경개선을 통해 정상적인 생활이 가능하도록 하여 비장애인과 더불어 사회통합을 이룰 수 있도록 필요한 복지정책과 서비스를 제공하는 활동이다. 장애인복지를 실천하기 위해서는 장애에 대한 올바른 이해와 원인에 따른 분류를 통해 장애특성에 맞는 복지제도와 서비스를 제공할 수 있도록 하는 것이 필요하다. 1980년에 국제장애분류(ICIDH)에서는 장애를 세 가지 차원에서 분류하였다.

① **기능장애** : 정신적, 신체적 또는 해부학적으로 기능의 상실 또는 비정상적인 이상을 의미한다. 영구적이거나 일시적인 비정상적인 상태로서 기능체계, 신체구조의 결손, 손실을 포함한다.

② **능력장애** : 기능장애로 인해 인간으로서 정상적인 생활을 영위하는 데 활동상의 제한을 받거나 수행능력의 제약이나 결여를 의미한다.

③ **사회적 불리** : 기능장애나 능력장애로 인하여 사회적, 문화적, 경제적인 차원에서 정상적인 역할 수행의 제약이나 방해로 개인에게 주어지는 불이익을 의미한다.[2)]

1997년에는 국제장애분류(ICIDH : International Classification of Impairment, Disabilities, and Handicap)를 통해 장애에 대한 개념적 틀을 손상, 활동, 참여의 차원으로 설명하는 ICIDH-2를 발표했다. 이 개념 틀은 장애와 비장애를 초월하여 개인적으로 독립된 생활을 수행하지 못하거나 정상적인 생활을 지속하지 못하는 문제를 갖고 있는 사람을 장애인으로 간주하는 것이다.

손상은 신체적, 해부학적인 구조나 기능의 상실이나 비정상, 불능상태를 의

---

2) 박옥희, 256

미한다. 활동제한은 개인의 일상적인 사회생활에서의 활동의 제한을 의미한다. 참여제약은 손상이나 활동제한과 함께 정상적인 생활이 불가능한 환경적인 제한으로 사회적인 참여를 방해받는 상황이나 요인을 의미한다.[3] 우리나라에서는 장애의 범주를 확대해 나가고 있는 추세다. 1980년 '심신장애자복지법'에서는 지체, 시각, 청각, 언어, 지적장애에 국한되어 있던 장애범주가 1999년 '장애인복지법'으로 개정되면서 뇌병변, 자폐, 정신, 신장, 심장장애가 포함되었다. 2003년에는 안면변형, 장루, 간, 간질, 호흡기장애 등 5종을 추가하여 15개의 범주로 확대되었다.

장애유형은 크게 신체적 장애와 정신적 장애로 분류하고 신체적 장애는 다시 외부신체기능 장애와 내부기관 장애로 분류하였다. 정신적 장애는 발달장애와 정신장애로 분류하고 발달장애는 지적장애와 자폐성 장애로 세분하고 있다(장애인복지법 시행령).

장애인복지법에서는 장애인복지의 목적을 '장애인의 인간다운 삶과 권리보장을 위한 국가와 지방자치단체 등의 책임을 명백히 하고, 장애발생 예방과 장애인의 의료 · 교육 · 직업재활 · 생활환경개선 등에 관한 사업을 통해 장애인복지대책을 종합적으로 추진하며, 장애인의 자립생활 · 보호 및 수당지급 등에 관하여 필요한 사항을 정하여 장애인의 생활안정에 기여하는 등 장애인의 복지와 사회활동 참여증진을 통하여 사회통합에 이바지함'으로 규정하고 있다(장애인복지법 제1조).

2) 장애인복지의 이념

장애인복지의 궁극적인 목적은 장애인의 사회활동 참여와 사회통합, 시설의 사회화, 정상화라고 볼 수 있다. 장애인복지가 추구하는 목적을 달성하기

3) 박옥희, 257

위해 기본적인 이념은 복지정책의 방향성과 실천에 중요한 기준이 되기 때문에 중요하다.

(1) 정상화

정상화 이념은 1960년 덴마크에서 지적장애인들의 사회복귀와 정상적인 사회생활을 위해 시설보호의 한계와 문제가 있음을 지적하고 지적장애인들이 일반인과 함께 정상적인 생활이 가능하도록 할 필요성을 제기하면서 출발했다. 시설에서 격리되어 생활을 하는 것은 재활을 방해하는 요소이며 정상적인 사회생활의 경험의 결여는 사회복귀를 불가능하게 한다는 것을 강조하였다. 정상화 이념은 장애인들에게 시설을 벗어나 지역사회에서 정상인들과 함께 생활하면서 정상적인 발달경험과 적응할 수 있는 기회를 제공해야 한다는 것이다. 정상화 이념은 탈시설화와 사회통합의 이념과 밀접한 관련이 있는 이념이다. 정상화를 위해서는 지역사회에서 함께 더불어 살아야 하고 시설을 벗어나야 하기 때문이다. 정상화 이념은 장애인들을 시설격리 수용에서 지역사회로 통합하여 정상인들과 동일한 생활을 통해 재활과 자립이 가능하도록 하는데 필요한 환경과 조건을 정비하는 것을 의미한다. 정상화 이념은 장애인복지가 궁극적으로 추구해야 할 목적인 것이다(성명옥, 2004 : 283-295).

(2) 탈시설화

일반적으로 장애를 가진 사람들은 수용시설에 격리시켜 보호해 왔다. 탈시설화 이념은 1970년대 미국에서 정신장애인과 지적장애인들이 시설에서 비인간적인 처우를 받으면서 시설 수용의 문제점을 개선하기 위해 등장한 이념이다. 장애인 부모들은 시설 수용보호는 장애인의 정상적인 재활을 불가능하게 하는 요인이며 사회적응을 어렵게 하는 원인이 된다고 보았다. 시설에서 오랫동안 생활하다 지역사회로 복귀했을 때 정상적인 사회생활은 기대하기 어렵다는 점을 통감하고 정상적인 사회복귀와 자립, 재활에 필요한 사회복지서비스를 요구하게 되었다(청정웅 외, 2016 : 202-203). 탈시설화를 위해서는 지역사회가 장애인에 대한 인식을 개선하고 수용하는 자세를 가져야 한다. 또한 장애인들이 아무런 불편 없이 생활할 수 있는 환경개선이 우선적으로 고려되어야 한다.

(3) 사회통합

장애인들이 탈시설하여 지역사회로 복귀하여 생활함으로써 이루어질 수 있는 것이 사회통합이다. 장애를 가진 사람이나 장애가 없는 사람이나 함께 어울려 더불어 살아가는 사회를 조성하는 것이 사회통합이다. 사회통합 이념은 정상화나 탈시설화와 함께 중요한 장애인복지의 목적이다. 사회통합을 이루기 위해서는 몇 가지 전제 조건이 필요하다. 첫째, 장애인에 대한 인식개선과 편견, 선입견을 없애는 것이다. 장애인을 사회의 구성원으로서 동등하게 대우하고 차별하지 않는 것이다. 둘째, 장애인도 정상인과 같이 사회적인 역할을 할 수 있는 잠재적인 능력을 가진 존재로 인정하는 것이다. 비장애인과 다르다고 해서 문제가 있는 것이 아니다. 장애인들이 정상적인 기능을 발휘할 수 있는 환경을 조성해 주고 그들이 정상적인 사회적인 기능을 회복할 수 있는 여건을 제공해 주어야 한다. 셋째, 장애인에게 자신의 잠재능력을 발휘할 수 있는 기회를 제공해야 한다. 동등한 교육의 기회와 직업선택의 기회, 사회에 기여할 수 있는 기회를 제공함으로써 정상적인 사회통합을 이룰 수 있는 것이다.

(4) 자립생활

장애인의 자립은 장애인 스스로 자신의 문제를 극복하고 자신의 삶을 주체적으로 관리하고 선택할 수 있도록 돕는 것이다. 재활은 자립생활을 위해 매우 중요한 과정이라고 할 수 있다. 재활은 장애인의 손상된 부분을 치료하고 회복시키는 것 외에 남아있는 기능을 정상적으로 발휘할 수 있도록 돕는 것이다. 재활을 통해 정상적인 생활이 가능해지면 자립도 가능해진다. 자립생활은 장애인이 자신의 능력을 최대한 발휘하여 경제적인 자립뿐만 아니라 사회적인 자립을 할 수 있는 권리와 기회를 제공함으로써 가능해질 수 있다.

3) 장애인복지정책

장애인복지정책은 소득보장을 위한 장애인연금제도, 장애인활동을 보장하는 장애인활동보조지원사업, 장애인복지서비스, 장애인고용을 지원하는 장애인고용촉진사업 그리고 장애인 의료지원사업 등이 있다.

(1) 장애인연금제도

장애인연금법이 시행된 것은 2010년 7월부터이다. 장애인연금제도는 장애로 인하여 근로상실로 생활이 어려운 중증장애인에게 매월 일정 금액을 연금으로 지급하여 생활안정을 지원하는 사회보장제도이다. 장애인연금은 장애인연금법 제4조에 따라 만 18세 이상 중증장애인 중 일정 소득 이하인 자를 대상으로 지급된다[18세 이상의 중증장애인 중 본인과 배우자의 소득과 재산을 합산한 금액(소득인정액)이 선정기준액 이하인 사람]. 경증장애인에게는 연금이 아니라 장애수당이 지급[4]된다. 그러나 장애아동수당은 경증장애인이나 중증장애인 모두 만 18세 미만 아동이 대상이 된다.[5]

(2) 장애인활동지원사업

장애인활동지원제도는 신체적 · 정신적 사유로 일상생활과 사회생활을 하

4) 장애인복지법 제49조 및 같은 법 시행령 제30조에 따라 지급

5) 단, 20세 이하로서 초 · 중등교육법에 따른 학교에 재학(휴학 및 의무교육대상자 중 유예자도 포함됨) 중인 자는 제외되고 만 21세 이상부터는 학교에 재학(휴학 및 의무교육대상자 중 유예자도 포함됨)과 상관없이 장애인연금 신청 가능함

기 어려운 장애인에게 활동지원서비스를 제공함으로써, 장애인의 자립생활을 지원하고 가족의 부담을 줄여 장애인의 삶의 질을 향상시키는 제도이다. 장애인활동보조는 만 6세 이상 만 65세 미만의 장애인복지법상 등록장애인으로서 서비스 지원 종합조사 결과에 따라 산출된 종합점수가 42점 이상이면 소득수준이나 장애유형에 관계없이 누구나 신청할 수 있다. 다만, 장애인생활시설 등에서 생활하는 장애인 또는 노인장기요양급여 이용 장애인 등은 신청할 수 없다.

서비스 제공기관은 장애인자립생활센터, 장애인지역사회재활시설, 지역자활센터 등 활동지원기관에서 제공하며 서비스 대상자가 이용을 원하는 제공기관과 계약 후 서비스 이용이 개시된다. 서비스 내용은 신체활동지원(목욕도움, 세면도움, 식사 도움, 실내이동 도움), 가사활동지원(청소 및 주변정돈, 세탁, 취사 등), 사회활동지원(등하교 및 출퇴근 보조지원, 외출 동행 등), 방문목욕(가정방문 목욕제공), 방문간호(간호, 진료, 요양상담, 구강위생 등) 등이다(표 8-5).

〈표 8-5〉 **급여종류별 활동지원 인력**

급여종류	급여 내용	활동 지원 인력의 범위
활동보조	수급자의 가정 등을 방문하여 신체활동, 가사활동 및 이동보조 등을 지원	활동보조인 교육기관에서 교육과정을 수료한 자, 노인복지법에 따른 요양보호사, 사회복지 사업법에 따른 사회복지사, 의료법에 따른 간호사 · 간호조무사 및 유사 경력자 중 전문과정(32시간), 현장실습(10시간)을 이수한 자
방문목욕	목욕설비를 갖춘 차량을 이용하여 수급자의 가정 등을 방문하여 목욕을 제공	노인복지법에 따른 요양보호사 중 1급 자격을 가진 자

방문간호	의사 · 한의사 · 치과의사의 '방문간호지시서'에 따라 수급자의 가정 등을 방문하여 간호, 진료보조, 요양상담 또는 구강위생 등을 제공	• 방문간호사 – 의료법에 따른 간호사로서 2년 이상의 간호업무 경력자 – 의료법에 따른 간호조무사로서 3년 이상의 간호보조업무 경력자 및 노인장기요양보험법 시행령 제11조 제3호 나목에 따른 교육이수자 – 「의료기사 등에 관한 법률」에 따른 치과위생사

출처 : 보건복지부 홈페이지 참조(www.mohw.go.kr).

(3) 장애인복지서비스

〈표 8-6〉 주요 서비스

사업명	지원 대상	지원 내용	비고
장애인 활동 지원	• 만 6~64세의 장애인복지법상 등록 장애인 중 서비스 지원 종합조사 결과에 따라 산출된 종합점수가 42점 이상인 자	• 월 한도액 활동지원급여 : 구간별 월 778~6,221천 원 특별지원급여 : 출산, 자립준비, 보호자 일시 부재의 생활환경에 따라 월 260~1,037천 원 최대 6개월까지 한시적으로 지원 • 본인부담금 생계 · 의료급여 수급자 : 면제 차상위계층(생계 · 의료급여수급자 제외) : 2만 원 가구별 소득 수준에 따라 활동지원급여의 4~10% 차등 부담 – 활동지원급여 : (1~15구간) 24.4~158.9천 원 – 특별지원급여 : 면제	읍 · 면 · 동, 국민연금공단 각 지사에 신청
장애아 가족 양육 지원	• 연령기준 : 만 18세 미만 중증장애아동 • 장애유형 : 장애인복지법에 근거한 장애 정도가 심한 장애아동 • 소득기준 : 기준중위소득 120% 이하	• 1아동당 연 600시간 범위 내 지원 • 아동의 가정 또는 돌보미 가정에서 돌봄서비스 제공(장애아동 보호 및 휴식 지원)	읍 · 면 · 동에 신청

발달장애인 공공후견인 심판청구 비용지원	• 연령기준 : 만 19세 이상 발달장애인 • 장애유형 : 장애인복지법에 근거한 지적 · 자폐성 장애인	• 공공후견인 선임을 위해 가정법원 심판 청구 시 소요되는 인지대 등 행정비용 지원(청구 건당 최대 50만 원)	시 · 군 · 구에 신청
발달장애인 공공후견인 활동비용지원	• 가정법원에서 발달장애인의 공공후견인으로 선임 결정을 받은 자	• 공공후견인 선임(월 150천 원) – 월 지급 상한(월 400천 원) : 1인 : 150천 원, 2인 : 300천 원, 3인 이상 : 400천 원	공공후견법인에서 활동비 지급
발달장애인 부모상담지원	• 발달장애인 자녀를 가진 부모 및 보호자 • 장애인 유형 : 장애인복지법에 근거한 지적 · 자폐성 장애인	• 상담(개별/단체) 서비스 지원 – 1인당 월 160천 원 바우처 지원 (초과금액은 본인부담) – 월 3~4회, 회당 50~100분, 12개월간 제공(특별한 경우 연장 최대 12개월 가능)	읍 · 면 · 동에 신청
발달장애인 가족휴식지원	• 발달장애인 및 그 가족 • 장애인 유형 : 장애인복지법에 근거한 지적 · 자폐성 장애인	• 힐링캠프(가족캠프, 인식개선캠프, 동료상담캠프), 테마여행(역사, 문화 기관방문 등) 지원 • 1인당 최대지원 금액 : 240,000원 • 돌보미 및 캠프(여행도우미)(발달장애인 2인당 1명까지 지원)	사업수행 선정기관에 신청
장애인거주 시설운영	• 등록장애인 – 무료이용 대상자 등록장애인으로서 국민기초생활보장법에 따른 수급권자 수급권자가 아닌 경우라도 등록장애인으로 부양의무자(국민기초생활보장법에 의한 부양의무자를 말한다. 이하 같다)가 없거나 부양의무자가 있어도 부양능력이 없거나 부양을 받을 수 없는 자 입양기관 보호 장애아동 – 실비이용 대상자 소득조건에 관계없이 등록장애인	• 일반가정에서 생활하기 어려운 장애인에게 일정 기간 거주 · 요양 · 지원 등의 서비스를 제공	시 · 군 · 구에 상담

실비 장애인 거주시설 입소 이용료 지원	• 아래의 소득조건을 만족하여 실비 장애인 거주 시설에 입소한 장애인 • 소득조건 – 기준 중위소득 * 이하인 자 * 보건복지부 고시 [2016년 기준 중위소득 및 생계 · 의료급여 산정 기준과 최종보장수준]의 기준 중위 소득	• 실비장애인거주시설로 지정되어 있는 시설입소 시 입소비용 최대입소로 648천 원 중 매월 286천 원 지원	시 · 군 · 구에서 해당 시설에 지원
장애인자동차 표지 발급	• 장애인 또는 장애인과 주민등록표상의 주소를 같이 하면서 함께 거주하는 배우자, 직계존 · 비속, 직계비속의 배우자, 형제 · 자매, 형제 · 자매의 배우자 또는 자녀의 명의로 등록하여 장애인이 주로 사용하는 자동차 1대 • 「재외동포의 출입국과 법적 지위에 관한 법률」 제6조에 의하여 국내거소신고를 한 재외동포와 출입국관리법에 의한 외국인등록을 한 외국인으로서 보행장애가 있는 사람 명의로 등록한 자동차 1대 • 장애인복지법 제58조에 따른 장애인복지시설 및 동법 제63조에 따른 단체 명의로 등록하여 장애인복지사업에 사용하는 자동차 ※ 지방자치단체의 명의로 등록하여 장애인복지시설이나 장애인복지단체가 장애인복지사업에 사용하는 자동차 포함 • 노인복지법 제34조에 따른 노인의료복지시설 명의의 자동차 • 장애인 등에 대한 특수교육법 제28조 제5항에 따라 각급학교의	• 주차가능 표지 부착 차량에 대해 장애인전용주차구역에 주차 가능 ※ 장애인의 보행상 장애 여부에 따라 장애인전용주차구역을 이용할 수 있는 표지가 발급되며, 장애인이 탑승한 경우에만 표지의 효력을 인정	읍 · 면 · 동에 신청

	명의로 등록하여 장애인의 통학을 위하여 사용되는 자동차 • 영유아보육법 제26조에 따라 장애아를 전담하는 어린이집의 명의로 등록하여 장애아 보육 사업에 사용되는 자동차 • 「교통약자의 이동편의 증진법」 제16조에 따른 특별교통수단으로서 장애인의 이동 편의를 위해 사용되는 자동차		
방송수신기 무료보급(자막 방송수신기, 화면해설 방송수신기, 난청 노인용 수신기)	• 시 · 청각장애인, 난청노인 – 저소득층 및 중증장애인 우선 보급	• 청각장애인을 위한 자막방송수신기보급 • 시각장애인을 위한 화면해설방송 수신기보급 • 난청노인을 위한 난청노인용수신기 보급	방송통신 위원회 산하 시청자 미디어 재단 (☎ 02-6900-8322)
장애인방송 시청 지원	• 시 · 청각장애인(자막방송, 화면해설방송, 수화방송)	• 시 · 청각장애인을 위한 장애인방송(자막, 수화, 화면해설방송) 지원 • 방송사업자(지상파, SO, PP, 종편, 위성 등)의 장애인방송 제작 지원 • EBS 장애인교육방송물 보급 – 시 · 청각장애 학생을 위해 EBS 교육방송물을 자막 · 화면해설 방송으로 재제작하여 웹을 통해 지원(http://free.ebs.co.kr)	방송통신 위원회 산하 시청자 미디어 재단 (☎02-6900-8322)
	• 발달장애인(발달장애인용 방송 프로그램)	• 발달장애인이 쉽게 이해할 수 있도록 기제작된 영상물을 '알기 쉬운 자막 · 음성해설방송'로 재제작하여 보급	
공동주택 특별 분양알선	• 무주택 세대주(지적장애 또는 정신 및 장애 정도가 심한 뇌병변 장애인의 경우 그 배우자 포함)	• 청약저축에 상관없이 전용면적 85 제곱미터 이하의 공공분양 및 공공임대주택 분양 알선	시 · 도에 문의 및 읍 · 면 · 동에 신청
무료 법률구조 제도 실시	• 기준 중위소득 125% 이하인 등록장애인(외국인 포함)	• 중증장애인(1~3급) 소송 시 법원에 소요되는 일체의 비용(인지대,	대한법률 구조공단

	- 법률구조공단에서 심의하여 무료 법률 구조를 결정한 사건에 한함	송달료, 변호사 비용 등)을 무료로 법률구조 서비스 제공 - 무료 법률 상담 - 무료 민사 · 가사사건 등 소송대리(승소가액이 2억 원 초과시 소송 비용 상환) - 무료 형사변호(단, 보석보증금 또는 보석보증 보험 수수료 본인 부담) ※ 4급 이하 등록장애인은 변호사 비용만 지원하며 인지대 등 소송비용은 본인부담	관할 지부에 유선 또는 방문상담 (☎ 132 www.klac.or.kr)

출처 : 보건복지부 홈페이지(www.mohw.go.kr) 참고.

09
CHAPTER

사회복지실천 대상 2

사회복지의 실천 대상은 아동, 청소년, 노인, 장애인 등에 더해 여성, 가족, 다문화가정 등으로 확대되고 있다. 이러한 사회복지실천 영역의 확대는 인구구성의 변화, 여성의 지위 향상, 다양해지는 가족의 형태 등을 반영하며 복지정책의 확대로 뒷받침된다.

1. 여성복지

1) 여성복지의 개념

사회복지의 대상으로서의 여성은 남성과 구분되는 여성 전체를 나타내기도 하고 보호를 필요로 하는 저소득 모자가구의 여성, 미혼모, 가출여성, 성범죄 피해 여성, 학대와 폭력에 노출된 여성 등 요보호여성을 나타내기도 한다.

여성복지는 요보호여성은 물론 모든 여성들이 인간다운 삶을 영위할 수 있도록 정부 및 민간이 행하는 모든 조직적인 활동이라 할 수 있다. '여성복지'라는 주제가 성립될 수 있는 근저에는 여성들이 남성들과 비교할 때 상당한 범위에 걸쳐 공통적인 불이익 또는 불편 내지 불만을 유발시키고 있는 문제들에 직면하고 있다는 전제가 깔려있다(최일섭, 2018 : 279).

여성 전체를 대상으로 하는 여성복지는 성차별의 해소와 여성의 능력개발을 통한 사회참여의 확대 및 동등한 대우를 통하여 여성이 인간답게 생활할 수 있도록 하는 모든 활동을 의미하고, 요보호여성을 대상으로 하는 여성복지는 요보호여성이 인간다운 삶을 누릴 수 있도록 필요한 지원을 제공하는 것을 의미한다.

현재 국가에서 시행중인 여성복지정책으로는 성별영향평가, 여성새로일하기센터 운영, 온라인경력개발센터 운영, 공공 부문 여성대표성 제고, 여성인재 DB 운영 등이 있다. 요보호여성에 대한 여성복지정책으로는 가정폭력 · 성폭력 · 성매매 등으로 보호가 필요한 여성을 대상으로 하는 여성긴급전화 1366 및 해바라기센터 운영과 저소득 모자가구의 여성 또는 미혼모 등을 위한 긴급복지지원제도 및 한부모가족지원 등이 있다.

한편 저소득 모자가구의 여성 또는 미혼모의 문제는 여성만의 문제가 아닌 한부모가족의 문제로 보아 가족복지 영역에서 다룰 것이며 여기에서는 여성을 대상으로 하는 복지정책 중 대표적인 몇 가지를 소개할 것이다.

2) 전체 여성을 위한 여성복지정책

(1) 여성새로일하기센터 운영

여성새로일하기센터는 혼인 · 임신 · 출산 · 육아 등으로 경력이 단절된 여성 등 취업희망 여성을 대상으로 취업 상담, 직업교육훈련, 인턴십 및 취업 후 사후관리 등 종합적인 취업서비스를 제공한다.

센터에서는 구직자의 취업의욕 고취 · 구직기술 향상 · 직업진로지도 등을 위한 집단상담 프로그램, 기업체 인력 수요와 여성의 선호직종 등을 고려한 맞춤형 직업교육훈련, 센터를 통해 여성을 채용하고 직장적응기회를 제공한 기업과 해당 인턴에게 1인당 최대 380만 원 지원, 구인 · 구직자의 취 · 창업연계 및 취업자와 채용기업을 대상으로 고용유지를 위한 사후관리를 지원한다.

상 담	직업교육훈련	취업연계	사후관리
• 개별상담 • 집단상담 프로그램 • 취업정보 제공	• 전문기술, 기업맞춤형, 취약계층과정 등 교육 • 새일역량교육	• 구인 · 구직 매칭 • 인턴십 연계 • 동행면접 등	• 취업자 상담 및 멘토링 – 직장적응교육, 멘토링 등 • 여성친화적 기업문화 조성 – 성평등교육, 환경개선지원 등

|그림 9-1| 경력단절여성의 재취업 지원 과정

출처 : 여성가족부 홈페이지(www.mogef.go.kr)

(2) 온라인경력개발센터(꿈날개) 운영

온라인경력개발센터는 혼인 · 임신 · 출산 · 육아 등으로 경력이 단절된 여성 등 취업희망 여성을 대상으로 온라인 취업역량진단, 온라인 교육, 온라인 취업상담, 온라인 사후관리서비스 등 온라인 취업지원서비스를 제공한다.

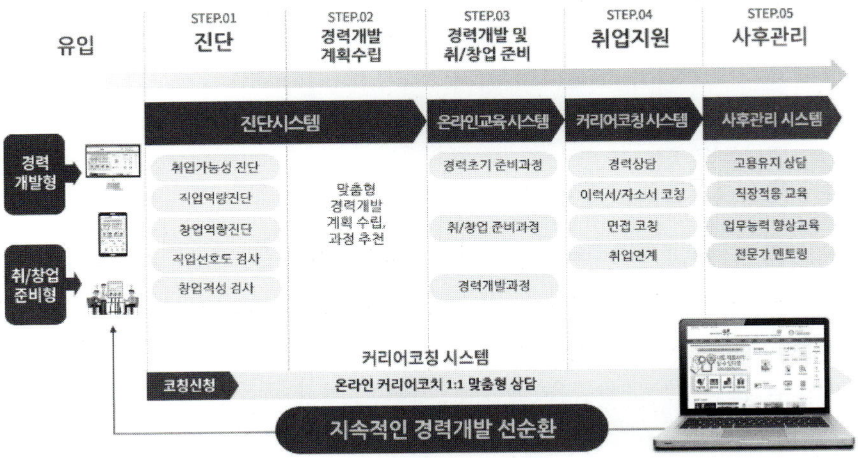

출처 : 여성가족부 홈페이지(www.mogef.go.kr)

3) 요보호여성을 위한 여성복지정책

여성긴급전화 1366은 가정폭력 · 성폭력 · 성매매 등으로 긴급한 구조나 보호 또는 상담을 필요로 하는 여성들의 인권을 보호하기 위하여 운영하는 365일 24시간 열려있는 전국적으로 통일된 국번 없는 특수전화이다. 도움이 필요한 여성들은 언제라도 전화를 통해 피해신고 및 상담과 구조를 받을 수 있다.

여성긴급전화 1366에서는 긴급상황에 처한 피해자에 대한 위기개입 및 구조를 위해 112, 119 등과 연계하고, 관련 상담 · 의료 · 법률구조기관 또는 보호시설 등에 대한 정보를 제공하거나 연계하여 지원하며, 필요한 경우 상담원이 현장에 출동하여 긴급보호나 상담 등의 서비스를 제공한다. 또한 피해자 및 동반자녀의 임시보호를 위해 긴급피난처를 운영하고 있다.

해바라기센터는 성폭력피해자통합지원센터로서 성폭력 · 가정폭력 · 성매매 피해자 및 그 가족을 대상으로 365일 24시간 상담지원, 의료지원, 법률 · 수사지원 및 심리치료지원 등의 서비스를 통합적으로 제공한다.

디지털 성범죄 피해자 지원센터는 디지털 성범죄 피해에 대한 상담, 피해촬영물 삭제 지원, 수사 · 법률 · 의료 지원 연계 등 맞춤형 서비스를 제공한다.

2. 가족복지

1) 가족의 개념과 기능

가족의 사전적 의미는 주로 부부를 중심으로 하여 친족 관계에 있는 사람들의 집단 또는 그 구성원을 말한다. 가족은 가장 기본적이고 오래된 사회조직으로서 출생 · 결혼 · 입양 등으로 이루어지며 가족구성원들은 오랫동안 같은 거주지에서 함께 살며 서로에게 부양과 양육의 권리와 의무를 갖는다. 전통적으로 가족은 조부모와 부모 및 자녀가 함께 사는 대가족으로서 부양과 양육 및 사회화교육을 통하여 자체적으로 사회복지기능을 담당하였다.

그러나 전통적인 대가족은 점차 사라지고 있으며 한부모가족, 무자녀가족, 조손가족, 입양가족, 다문화가족 등 다양한 가족의 형태가 나타나고 있다. 특히 1인가구의 증가세(2010년 15.8%, 2015년 21.3%, 2020년 30.4%)가 두드러지고 부부와 미혼 자녀로 구성된 가구는 감소(2010년 48.4%, 2015년 44.2%, 2020년 31.7%)하여 평균 가구원 수는 2.3명(2010년 2.9명, 2015년 2.8명)에 불과하다(여성가족부, 2020).

전통적인 가족의 붕괴는 가족의 일체성이나 연대감을 약화시키고 있으며 가장의 권위를 약화시키고 있고 가족의 고유기능이며 대표적인 기능인 아동이나 노인의 보호기능이 점차 사회나 국가로 이전되고 있다(한국임상사회사업학회, 2006 : 335-336).

2) 가족복지의 개념과 접근방법

가족복지를 정의함에 있어 가족이 복지공급의 주체가 될 때(최일섭, 2018 : 205) 가족복지라고 할 수 있고, 이때의 가족복지는 교회복지나 기업복지와 대비된다. 또한 가족 전체를 사회복지의 대상으로 볼 때에도 가족복지라고 할 수 있다. 이 장에서는 가족 전체가 사회복지의 대상이라는 관점에서 가족복지를 정의한다.

광의의 개념으로서 가족복지는 사회복지의 거의 모든 제도가 직 · 간접적으로 가족에 영향을 주기 때문에 사회보장정책, 고용, 임금, 물가 등에 관련된 경제정책, 생활보호서비스에 관련된 사회복지정책, 보건 · 의료정책, 교육, 문화정책, 주택정책, 환경정책 등 정부의 다양한 행정활동을 가족복지의 영역으로 본다. 반면 협의의 개념으로 가족복지는 사회복지서비스의 한 분야로 규정되는 것으로 아동복지, 노인복지, 여성복지, 장애인복지 등과 같은 수준으로 한정된 영역의 가족문제를 해결하는 분야로서, 기능적 차원으로 본다. 대상에 따라 가족복지를 정의해 보면 '한 단위로서의 가족 전체'에 초점을 두어 정의하는 경향이 있으며 가족복지가 가족 전체를 대상으로 한다는 것은 가족성원의 문제를 특정 개인의 문제로 보는 것이 아니라 그 가족성원의 전반적인 상호작용 속에서 문제를 조사하고 개입하는 것을 의미한다(김준규 외, 2011 : 260-261).

〈표 9-1〉 가족복지의 개념에 따른 접근방법

개념 구분	접근 방법	정책 및 서비스
광의	거시적 방법	가족복지정책 : 가족과 관련된 사회보장정책, 고용, 임금, 물가 등에 관련된 경제정책, 생활보호서비스에 관련된 사회복지정책, 보건 · 의료정책, 교육 · 문화정책, 주택정책, 환경정책 등
협의	미시적 방법	가족복지서비스[1] : 가족에 대한 직접적 개입, 가족보호, 가정생활교육, 가족계획사업, 가족보존, 가족치료, 가족옹호 등

3) 가족복지정책 및 서비스

현재 국가(여성가족부)에서 시행중인 가족복지정책 및 서비스에는 아이돌봄지원사업, 한부모가족지원, 가족센터 운영, 공동육아나눔터 운영, 가족역량강화지원, 부모역할지원, 청소년 한부모 아동양육 및 자립지원, 한부모가족복지시설 지원, 양육비 이행지원 제도, 양육비 채무 불이행자 제재조치 제도, 국제결혼 피해상담 및 구조, 다누리콜센터(1577-1366) 운영, 가족상담전화(1644-6621) 등이 있다. 다음에서는 이 중 몇 가지를 소개한다.[2]

1) 류기형 외, 262-263 재인용

2) 여성가족부 홈페이지(www.mogef.go.kr) 참고

(1) 아이돌봄 지원사업

아이돌봄 지원사업은 가정의 아이돌봄을 지원하여 아이의 복지증진 및 보호자의 일·가정 양립을 통한 가족구성원의 삶의 질 향상과 양육친화적인 사회환경 조성(아이돌봄지원법 제1조)을 목적으로 한다.

사업은 만 12세 이하 아동에 시간 단위 돌봄을 제공하는 시간제와 만 36개월 이하 영아를 종일 돌보는 영아종일제로 구분된다. 시간제 돌봄서비스는 맞벌이가정, 다자녀가정 등의 만 12세 이하 아동에게 아이돌보미가 집으로 찾아가 임시보육, 놀이활동, 준비된 식사 및 간식 챙겨주기, 등·하원 동행 등의 돌봄을 제공한다. 영아종일제 돌봄서비스는 생후 3~36개월 영아를 대상으로 이유식 먹이기, 젖병 소독, 기저귀 갈기, 목욕 등 종일 돌봄을 제공한다.

아이돌봄서비스 이용을 위해서는 서비스 신청인 명의의 국민행복카드가 필요하다.

(2) 한부모가족지원

한부모가족 자녀양육 지원은 저소득 한부모가족에 아동양육비, 아동교육지원비, 생활보조금 등을 지원하여 아동의 건강한 성장과 가정의 생활안정을 도모하는 사업이다.

지원대상은 사별, 이혼 등에 의한 한부모가족으로서 세대주인 모 또는 부가 만 18세 미만(취학 시 만 22세 미만)의 자녀를 양육하는 경우 및 부모로부터 부양을 받지 못하는 만 18세 미만(취학 시 만 22세 미만)의 손자녀를 (외)조부 또는 (외)조모가 양육하는 조손가족을 포함한다. 이때 가구 소득인정액이 기준 중위소득 60% 이하에 해당해야 하며 아동양육비 등 복지급여 지원대상은 52% 이하에 해당해야 한다.

(3) 가족센터 운영

가족센터에서는 지역주민과 다문화가족 등에 다양한 가족형태에 맞는 가족상담, 가족교육, 가족돌봄, 가족문화 서비스 등 가족과 관련된 문제를 종합적으로 상담하고 관련 서비스를 제공한다.

지역적 여건, 특성, 수요에 따라 교육 · 상담 · 프로그램 제공 등 가족의 유형에 상관없이 모든 가족에게 수요에 맞는 서비스를 지원하며, 가족의 특성별로 특화된 별도 프로그램도 제공한다.

(4) 양육비 이행지원 제도

양육비 이행지원 제도는 한부모 가정 자녀의 안정적 성장 환경을 조성하기 위해 미성년 자녀의 양육비 청구와 이행확보를 지원한다.

(5) 다누리콜센터와 가족상담전화

다누리콜센터는 다문화가족 및 결혼이민자에게 생활정보 제공, 부부 상담, 폭력피해 등 긴급한 구조가 필요할 때의 지원까지 원스톱서비스로 제공한다.

가족상담전화는 임신출산갈등상담, 양육비상담, 한부모상담, 심리·정서상담, 가족서비스 종합 안내 등을 제공한다.

3. 다문화복지

1) 다문화사회로의 변화와 현황

우리나라는 고유한 문화적 전통을 유지하며 오랫동안 단일민족으로서의 정체성을 지켜왔다. 그러나 20세기 말의 세계화의 흐름과 함께 국제결혼의 증가와 외국인 노동자의 유입으로 1990년대 이후 외국인이 급격하게 증가하면서 여러 민족이나 여러 국가의 이질적인 문화가 혼재하는 다문화사회로 변화하고 있다.

국내에 체류하는 외국인은 2021년 기준 195만 명 이상으로 전체 인구의 3.79%를 차지하고, 부모 중 한 명이 외국인이거나 귀화자인 경우 또는 부모 모두 귀화자인 다문화 출생아의 비율은 2020년 기준 전체 출생아의 6.0%를 차지하여 전체적인 출생아 수는 감소함에도 불구하고 그 비중이 커지고 있다.

〈표 9-2〉 **연도별 인구대비 체류외국인 현황(2016~2021년)** (단위 : 명)

구 분	2017	2018	2019	2020	2021
전체 인구	51,778,544	51,826,059	51,849,861	51,829,023	51,638,809
체류외국인	2,180,498	2,367,607	2,524,656	2,036,075	1,956,781

출처 : 법무부 홈페이지(https://www.moj.go.kr).

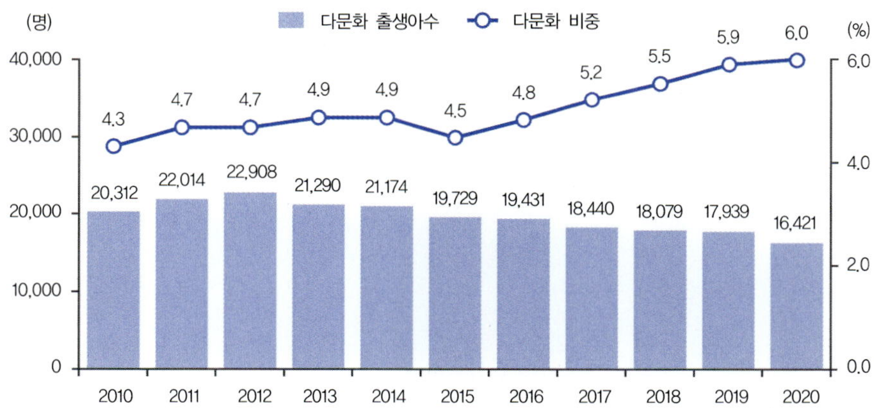

| 그림 9-2 | 다문화 출생아 수 및 전체 출생 중 다문화 비중 추이(2010~2020년)

출처 : 통계청(2021). 2020년 다문화 인구동태 통계.

2) 다문화복지의 대상

다문화복지는 주로 국내에 거주하는 외국인근로자[3)]와 다문화가족[4)]을 대상으로 논의되고 있다. 외국인근로자와 결혼이민자들은 한국생활에 적응하기까지 문화적 차이와 언어소통의 한계로 인한 여러 가지 문제와 더불어 경제적 어려움, 자녀양육 및 교육문제, 사회적 편견과 차별 등을 경험한다.

예를 들어, 여성가족부의 2021년 전국 다문화가족 실태조사에 따르면 결혼이민자와 귀화자 가운데 지난 1년간 외국출신이라는 이유로 차별받은 적이 있는 이들은 16.3%로 나타났다. 직장이나 일터에서의 차별 경험이 가장 많지만 거리나 상점에서는 물론 심지어 학교나 공공기관에서 또는 가족으로부터의 차별도 경험한 것으로 나타났다. 조사 결과 2018년과 비교하면 차별 경험이 14.6%나 감소한 것으로 나타났지만 이 조사 결과가 우리 사회에 이민자에 대한 차별이 줄었다고 보기에는 무리가 있다고 지적하고 있다. 왜냐하면 지난 2년 동안 코로나19 팬데믹의 영향으로 사회적 관계 자체가 크게 위축된 상황이 조사 결과에 상당한 영향을 미쳤을 가능성이 크기 때문이다(최윤정 외, 2022 : 239).

3) 2020년 기준 전국에 45만여 명의 외국인근로자가 거주하고 있다(행정안전부, 지방자치단체외국인주민현황).

4) 다문화가족은 대한민국 국민과의 혼인으로 이루어진 결혼이민자의 가족 및 인지 또는 귀화에 의하여 대한민국 국민이 된 자의 가족을 말한다. 구체적으로는 다문화가족지원법 제2조의 정의를 적용하여 재한외국인 처우 기본법 제2조 제3호의 결혼이민자와 국적법 제2조부터 제4조까지의 규정에 따라 대한민국 국적을 취득한 자로 이루어진 가족 및 국적법 제3조 및 제4조에 따라 대한민국 국적을 취득한 자와 같은 법 제2조부터 제4조까지의 규정에 따라 대한민국 국적을 취득한 자로 이루어진 가족을 말한다.

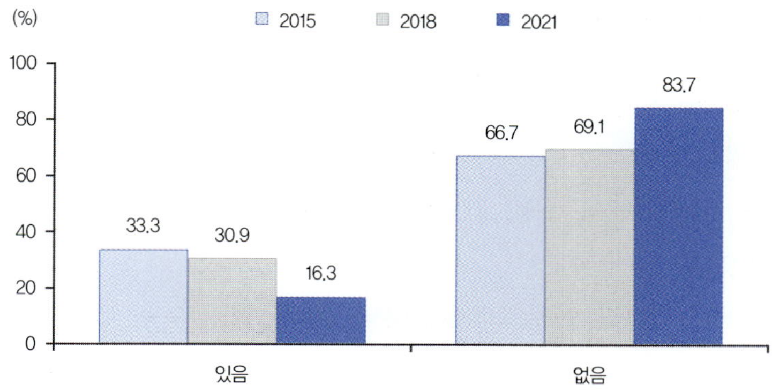

| 그림 9-3 | 결혼이민자 · 귀화자의 지난 1년간 차별 경험(2015, 2018, 2021년)

출처 : 최윤정 외(2022). 2021년 전국다문화가족실태조사.

3) 다문화복지의 필요성

다문화복지의 필요성은 외국인근로자와 다문화가족의 수가 지속적으로 증가하고 있는 현실에서 적합한 방향으로의 사회통합이 필요하기 때문이다. 이들에 대한 차별적 태도는 이민자 개인의 적응과 사회통합에 부정적 요인으로 작용할 뿐만 아니라 집단 간 갈등을 유발하는 원인으로 작용할 수도 있으며, 변화하는 환경 속에서 새로운 사회 발전의 가능성을 확대해 가는 데에도 걸림돌이 될 수 있다(김이선 외, 2022 : 7).

다문화가족은 대개의 경우[5] 우리 국민의 일부이기에 당연히 복지정책의 대상이 되고 외국인근로자의 경우에도 장기간 우리나라에 거주하며 함께 살아가는 이웃이라는 점에서 국가적인 복지정책의 대상이 되어야 한다. 다만, 언어소통과 문화의 차이 등에서 겪는 어려움을 가지고 있으므로 일반적인 복지정책 외에 특별한 대책이 필요하다.

5) 대한민국 국민의 배우자이거나 배우자였던 사람으로서 아직 국적을 취득하지 않은 예외의 경우가 있다.

4) 다문화복지정책

현재 시행중인 다문화복지정책으로는 법무부의 사회통합정책(사회통합 프로그램, 조기적응 프로그램, 국제결혼안내 프로그램)과 여성가족부의 다문화가족정책 및 다문화가족지원센터 운영 그리고 고용노동부의 외국인노동자지원센터 운영을 들 수 있다.

법무부의 사회통합 프로그램[6]은 우리말과 우리 문화를 빨리 익히도록 하여 국민과의 원활한 의사소통으로 지역사회에 쉽게 융화될 수 있도록 지원하려는 취지에서 도입되었으며 한국어와 한국문화 및 한국사회 이해 과정으로 구성되어 있고, 전국 366개 기관에서 시행하고 있다. 프로그램을 이수한 이민자에게는 국적취득 필기시험을 면제하는 등 다양한 인센티브를 제공하여 자발적이고 적극적인 참여 기회를 부여하고 있다.

여성가족부는 5년 단위로 다문화가족정책 기본계획을 수립하고 시행한다. 제3차 다문화가족정책 기본계획(2018~2022)은 모두가 존중받는 차별 없는 다문화사회 구현, 다문화가족의 사회 · 경제적 참여 확대, 다문화가족 자녀의 건강한 성장 도모를 목표로 한다. 여성가족부에서 실시하는 다문화가족정책[7]으로는 다문화가족지원포털사이트 다누리 및 다문화가족지원센터의 운영이 있다. 가족다양성(다문화) 이해교육 홈페이지 다누리배움터에서는 우리 국민의 다문화수용성[8]을 높이고 서로의 문화를 존중하는 사회분위기를 조성하기 위해 다양한 다문화이해교육 서비스를 제공하고 있다. 다문화가족지원센터에서는 다문화가족의 안정적인 정착과 가족생활을 지원하기 위한 종합서비스(한국어교육, 통번역, 상담 및 사례관리, 사회적응교육과 취업교육, 자녀의 언어발달 지원 등)를 제공한다. 전국에서 230곳 정도의 센터를 운영하고 있다.

---

6) 법무부 사회통합정보망 Soci-Net(https://www.socinet.go.kr) 참조.

7) 여성가족부 다문화가족지원포털 다누리(https://www.liveinkorea.kr) 참조.

8) 다문화수용성은 다양성(문화개방성, 국민정체성, 고정관념 및 차별), 관계성(일방적 동화기대, 거부 회피 정서, 상호교류 행동의지), 보편성(이중적 평가, 세계시민 행동의지)의 개념들로 구성된다. 김이선 외(2022). 19

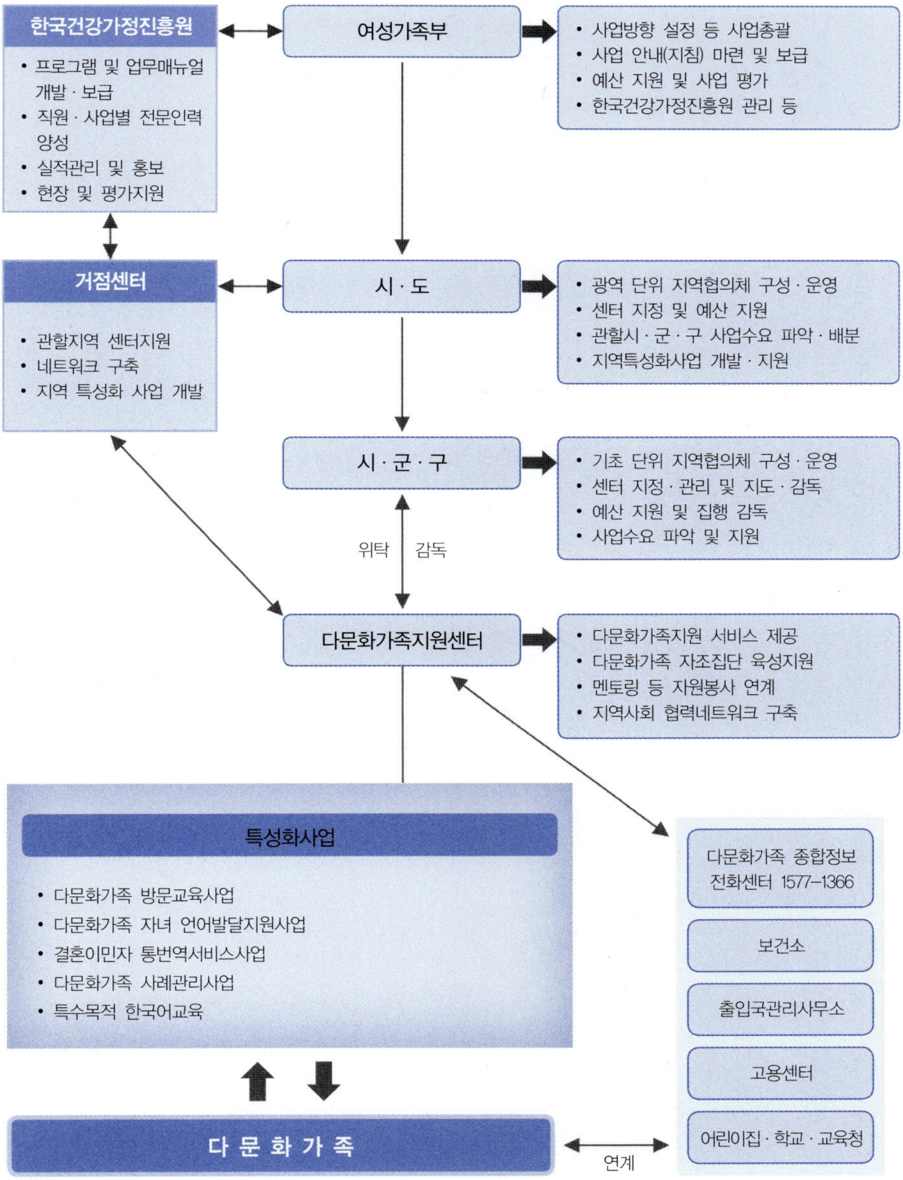

| 그림 9-4 | 별도지원사업 추진체계

출처 : 한국건강가정진흥원(2021). 2020 다문화가족지원센터 별도지원사업 연간결과보고서.

고용노동부의 외국인노동자지원센터는 외국인 노동자에 대한 고충상담, 한국어 · 생활법률 · 정보화교육 등을 통한 국내생활 적응지원 및 원활한 취업활동 촉진과 중소기업 사업주의 원활한 인력활용을 도모하는 것을 목적으로 한다. 센터는 상담과 교육 외에도 각종 문화행사를 개최하여 한국문화 등 다문화에 대한 이해와 상호교류의 장을 마련한다. 전국에 거점센터 9개소와 소지역센터 36개소를 운영하고 있다.

10
CHAPTER

사회복지실천 분야

사회복지실천 현장은 일반적으로 사회복지실천을 목적으로 사회복지서비스가 제공되는 곳(일차현장)과 사회복지를 목적으로 하지 않지만 사회복지서비스가 제공되는 곳(이차현장)으로 분류할 수 있다. 사회복지실천을 목적으로 하는 실천현장은 이용시설과 생활시설로 구분할 수 있는데 이용시설은 사회복지관, 복지시설(노인, 장애인, 아동), 재활시설, 사회복귀시설, 자활센터, 상담소(한부모, 쪽방, 노숙인, 성폭력피해, 가정폭력), 지역아동센터 등이 있고 생활시설은 보호시설(노인주거복지, 아동보호, 성폭력 피해자, 가정폭력피해자), 주거시설(노인, 장애인, 아동, 한센인, 미혼모, 노숙인), 요양시설(노인, 노숙인, 정신요양), 공동생활가정 등이 있다. 이러한 시설들은 사회복지사들이 현장에서 활동하는 장소이며 졸업 후 취업할 수 있는 현장이다(박지영 외, 2014 : 290).

1. 일차 실천현장

1) 사회복지관

사회복지관은 사회복지서비스 욕구를 가지고 있는 모든 지역사회주민을 대상으로 보호서비스, 재가복지서비스, 자립능력 배양을 위한 교육훈련 등 그들이 필요로 하는 복지서비스를 제공하고 가족기능강화 및 주민 상호 간의 연대감 조성을 통한 각종 지역사회문제를 예방 · 치료하는 종합적인 복지서비스 전달기구로서 지역사회 주민의 복지증진을 위한 중심적인 역할을 수행하는 것을 목표로 한다(2018년 사회복지관 운영관련 업무지침).

사회복지관은 지역사회를 기반으로 지역사회문제를 예방하고 해결하기 위한 종합적인 복지서비스를 제공하는 시설로서 다음과 같은 사업을 제공한다(표 9-1).

(1) 사회복지관 사업내용

사회복지관 사업은 지역사회의 특성과 주민들의 복지욕구 파악을 바탕으로 사업내용을 자율적으로 결정하여 운영할 수 있으나 사회복지관의 실정에 적합한 프로그램을 선정하여 수행하여야 한다. 기본적으로 사회복지관은 지역의 저소득 취약계층과 지역주민을 위한 사회복지서비스가 이루어질 수 있도록 지역사회 자원과 유기적인 연계를 가지고 실시하는 것이 필요하다. 일차적으로 우선하는 사회복지관 사업대상은 국민기초생활보장법에 따른 수급자 및 차상위계층, 장애인, 노인, 한부모가족 및 다문화가족, 직업 및 취업알선이 필요한 사람, 보호와 교육이 필요한 유아 · 아동 및 청소년, 그밖에 복지관이 사회복지서비스를 우선으로 제공할 필요가 있다고 인정하는 사람이다.[1]

1) 보건복지부 사회서비스자원과(2018). 2018 사회복지관 운영관련 업무처리 안내, p. 13.

〈표 10-1〉 사회복지관 사업 내용

기능	사업분야	사업 및 내용
사례 관리 기능	사례발굴	지역 내 보호가 필요한 대상자 및 위기 개입대상자를 발굴하여 개입 계획 수립
	사례개입	지역 내 보호가 필요한 대상자 및 위기 개입대상자의 문제와 욕구에 대한 맞춤형 서비스가 제공될 수 있도록 사례개입
	서비스연계	사례개입에 필요한 지역 내 민간 및 공공의 가용자원과 서비스에 대한 정보 제공 및 연계, 의뢰
서비스 제공 기능	가족기능강화	1. 가족관계증진사업 : 가족원 간의 의사소통을 원활히 하고 각자의 역할을 수행함으로써 이상적인 가족관계를 유지함과 동시에 가족의 능력을 개발 · 강화하는 사업 2. 가족기능보완사업 : 사회구조 변화로 부족한 가족기능, 특히 부모의 역할을 보완하기 위하여 주로 아동 · 청소년을 대상으로 실시되는 사업 3. 가정문제해결 · 치료사업 : 문제가 발생한 가족에 대한 진단 · 치료 · 사회복귀 지원사업 4. 부양가족지원사업 : 보호대상 가족을 돌보는 가족원의 부양부담을 줄여주고 관련 정보를 공유하는 등 부양가족 대상 지원사업 5. 다문화가정, 북한이탈주민 등 지역 내 이용자 특성을 반영한 사업
	지역사회보호	1. 급식서비스 : 지역사회에 거주하는 요보호 노인이나 결식아동 등을 위한 식사제공 서비스 2. 보건의료서비스 : 노인, 장애인, 저소득층 등 재가복지사업대상자들을 위한 보건 · 의료관련 서비스 3. 경제적 지원 : 경제적으로 어려운 지역사회 주민들을 대상으로 생활에 필요한 현금 및 물품 등을 지원하는 사업 4. 일상생활 지원 : 독립적인 생활능력이 떨어지는 요보호 대상자들이 시설이 아닌 지역사회에 거주하기 위해서 필요한 기초적인 일상생활 지원서비스 5. 정서서비스 : 지역사회에 거주하는 독거노인이나 소년소녀가장 등 부양가족이 없는 요보호 대상자들을 위한 비물질적인 지원 서비스 6. 일시보호서비스 : 독립적인 생활이 불가능한 노인이나 장애인 또는 일시적인 보호가 필요한 실직자 · 노숙자 등을 위한 보호서비스

		7. 재가복지봉사서비스 : 가정에서 보호를 요하는 장애인, 노인, 소년 · 소녀가정, 한부모가족 등 가족기능이 취약한 저소득 소외계층과 국가유공자, 지역사회 내에서 재가복지봉사서비스를 원하는 사람에게 다양한 서비스 제공
	교육문화	1. 아동 · 청소년 사회교육 : 주거환경이 열악하여 가정에서 학습하기 곤란하거나 경제적 이유 등으로 학원 등 다른 기관의 활용이 어려운 아동 · 청소년에게 필요한 경우 학습 내용 등에 대하여 지도하거나 각종 기능 교육 2. 성인기능교실 : 기능습득을 목적으로 하는 성인사회교육사업 3. 노인 여가 · 문화 : 노인을 대상으로 제공되는 각종 사회교육 및 취미교실운영사업 4. 문화복지사업 : 일반 주민을 위한 여가 · 오락 프로그램, 문화 소외집단을 위한 문화 프로그램, 그 밖에 각종 지역문화행사사업
	자활지원 등 기타	1. 직업기능훈련 : 저소득층의 자립능력배양과 가계소득에 기여할 수 있는 기능훈련을 실시하여 창업 또는 취업을 지원하는 사업 2. 취업알선 : 직업훈련 이수자 기타 취업희망자들을 대상으로 취업에 관한 정보제공 및 알선사업 3. 직업능력개발 : 근로의욕 및 동기가 낮은 주민의 취업욕구 증대와 재취업을 위한 심리 · 사회적인 지원 프로그램 실시사업 4. 그 밖의 특화사업
지역 조직화 기능	복지네트워크 구축	지역 내 복지기관 · 시설들과 네트워크를 구축함으로써 복지서비스 공급의 효율성을 제고하고, 사회복지관이 지역복지의 중심으로서의 역할을 강화하는 사업 – 지역사회연계사업, 지역욕구조사, 실습지도
	주민조직화	주민이 지역사회 문제에 스스로 참여하고 공동체 의식을 갖도록 주민 조직의 육성을 지원하고, 이러한 주민협력강화에 필요한 주민의식을 높이기 위한 교육을 실시하는 사업 – 주민복지증진사업, 주민조직화 사업, 주민교육
	자원 개발 및 관리	지역주민의 다양한 욕구 충족 및 문제해결을 위해 필요한 인력, 재원 등을 발굴하여 연계 및 지원하는 사업 – 자원봉사자 개발 · 관리, 후원자 개발 · 관리

출처 : 2018년 사회복지관 운영관련 업무처리 안내.

(2) 사회복지관 운영 기본 원칙

사회복지관은 인도주의와 서비스를 필요로 하는 자의 존엄유지를 전제로 다음의 기본 원칙에 따라 사회복지사업을 수행해야 한다.[2)]

① 지역성의 원칙

사회복지관은 사업계획 수립 시 지역사회의 특성과 지역주민의 문제나 욕구를 파악하여 계획에 반영하고 지역주민의 적극적인 참여를 유도하여 주민의 능동적인 역할과 책임의식을 조장하여야 한다.

② 전문성의 원칙

사회복지관은 지역사회문제나 욕구를 가진 주민들을 위한 프로그램과 특정 문제를 해결할 수 있는 전문적 프로그램을 병행할 수 있는 전문적인 지식과 기술을 갖춘 전문인력을 확보하고 지속적인 재교육을 통해 전문성을 증진시켜 나가야 한다.

③ 책임성의 원칙

사회복지관은 지역사회문제를 해결하고 서비스 이용자의 욕구를 충족시키는 데 책임성을 가지고 효과성을 극대화하기 위해 최선을 다해야 한다.

④ 자율성의 원칙

사회복지관은 다양한 복지서비스를 효율적으로 제공하기 위하여 기관의 능력과 전문성을 발휘하여 자율적으로 운영하는 것을 원칙으로 한다.

⑤ 통합성의 원칙

사회복지관은 지역 내 공공기관과 민간복지기관과의 연계를 가지고 사업을

2) 보건복지부 사회서비스자원과(2018). 2018 사회복지관 운영관련 업무처리 안내.

수행함으로써 지역사회복지체계를 통합적이고 효율적이며 효과적으로 운영하도록 하여야 한다.

⑥ 자원활용의 원칙

사회복지관은 복지서비스 제공에 있어서 지역사회 내의 인적, 물적 자원을 최대한 동원하여 활용하여야 한다.

⑦ 중립성의 원칙

사회복지관은 정치적, 종교적, 영리적인 활동에 중립적인 입장을 유지하여야 한다.

⑧ 투명성의 원칙

사회복지관은 운영과정 전반에 걸쳐 투명하게 운영하여야 한다.

2) 생활시설

생활시설은 사회복지사가 클라이언트와 함께 생활하면서 복지실천을 제공하는 현장이다. 일상생활을 통해 실천이 이루어지기 때문에 가장 밀접한 곳에서 직접적인 서비스가 이루어지는 것이다. 사회복지사가 생활시설에서 서비스를 제공할 때는 대상의 심리적 · 정신적 · 신체적인 상황을 고려하면서 배려와 인내심을 가지고 세심하게 서비스를 제공하여야 한다. 또한 생활시설은 지역사회와 소통하면서 개방적인 관계를 유지하는 것이 필요하다. 지역주민들이 클라이언트에 대한 이해와 관심을 갖고 자원봉사를 할 수 있도록 하거나 생활시설을 이용할 수 있는 기회를 제공하거나 하여 친근한 유대관계를 갖는 것이 필요하다. 생활시설은 주로 아동, 청소년, 노인, 장애인들이 함께 생활하면서 치료, 재활, 사회복귀를 위해 노력하는 기관이다. 생활시설에서 근무하는 사회복지사는 클라이언트의 특성에 대한 올바른 이해와 인간의 존엄성의 가치를 존중하는 자세를 갖추고 있어야 한다(박지영 외, 2014 : 296).

2. 이차 실천현장

이차 실천현장은 앞에서도 언급했듯이 사회복지실천을 고유목적으로 하지 않으나 사회복지서비스가 제공되는 현장을 의미한다. 사회복지사는 현장의 다른 전문가들과 협력을 통해 사회복지서비스를 제공한다. 병원, 학교, 교정시설, 군대, 산업현장 등이 여기에 속한다.

1) 의료사회복지 실천현장

병원의 일차목적은 환자를 치료하고 회복시키는 것이다. 그러나 병원을 이용하는 환자들 중에는 사회복지서비스를 필요로 하는 사람들이 많다. 사회복지사는 병원관계자들과 협력하여 사회복지사의 업무를 수행하게 된다. 의료사회복지현장은 전문화된 사회복지실천현장 중 하나이다. 의료사회복지는 환자와 가족의 사회기능을 향상시키기 위해 전문적으로 개입하는 실천 분야다. 의료사회복지는 질병의 예방, 치료, 재활을 돕는 전문적인 사회복지 분야로서 암환자의 심리적인 지원, 호스피스 프로그램, 화상환자, 절단환자의 심리적 · 정신적인 지원을 위한 활동뿐만 아니라 환자와 가족의 권리옹호, 다양한 욕구충족, 의료서비스의 질적인 향상 등을 위해 역할을 한다. 의료사회복지를 실천하기 위해 사회복지사는 협력팀의 일원으로서 의학적인 기초지식을 갖추고 있어야 한다. 전문적이고 전인적인 차원에서 실천을 하기 위해서는 다양한 지식을 활용할 수 있는 능력이 중요하다.

(1) 의료사회복지의 목표

의료사회복지의 목적은 환자와 가족이 의료서비스를 가장 효과적으로 활용할 수 있도록 원조를 제공하고 질병이나 장애로 인해 환자가 경험하는 사회심리적인 문제를 해결하여 환자와 의료환경 간의 원만한 상호작용을 통해 의료복지를 실현하는 것이다.

의료사회복지의 목표는 다음과 같다. ① 의료팀이 환자의 심리적, 경제적, 사회적 요소들을 이해하도록 돕는다. ② 환자와 가족이 의료서비스를 최대한 효과적으로 활용할 수 있도록 정보를 제공하거나 이해를 돕는다. ③ 환자의 복지와 권익증진을 돕는다. ④ 병원으로부터 더 좋은 치료를 제공받을 수 있도록 돕는다. ⑤ 환자 가족들의 대처행동을 돕는다.[3)]

(2) 의료사회복지의 기능

의료사회복지의 주된 기능은 다음과 같다. 사회복지서비스 욕구를 가진 환자를 발견하고 서비스 제공 조정을 하고 환자의 심리사회적 평가를 통해 다양한 정보수집과 사정 치료계획을 세운다. 의료사회복지사는 환자가 병원의 시설이나 서비스를 이용하거나 지원받기를 원하는지 욕구를 파악하고 병원생활에 필요한 정보를 환자나 가족에게 제공한다. 환자와 가족의 권익옹호를 위해 노력하며 환자의 입원 기간과 퇴원 이후의 문제를 탐색하고 계획 · 조정한다. 환자나 가족이 활용 가능한 지역사회자원을 연결시키거나 정보를 제공한다(한인영 · 최현미 · 장수미, 2006 : 28).

3) 박옥희, 400

2) 정신건강사회복지 실천현장

정신건강사회복지는 정신적, 심리적으로 전문가의 도움을 필요로 하는 사람들의 문제를 사회복지의 지식과 기술을 활용하여 정상적으로 사회적인 기능을 회복하고 적응할 수 있도록 돕는 사회복지서비스다. 정신건강사회복지는 정신적, 심리적인 문제를 가진 사람들이 환경에 잘 적응할 수 있도록 돕는 전문적인 활동이다. 정신건강사회복지의 목적은 정신적, 정서적으로 고통받는 사람들의 손상된 기능을 회복하고 정신건강의 향상을 도우며 치료와 재활 및 예방을 통해 국민정신건강을 증진시키는 것이다. 정신건강사회복지사는 종합병원, 정신과, 정신과 전문병원, 정신장애인 사회복귀시설, 정신장애인요양시설, 정신건강증진센터, 알코올상담센터, 치료감호소 등에서 활동한다. 주된 기능은 환자의 질병유발요인을 찾기 위해 가정과 사회환경을 사정하고 평가, 치료계획 수립에 참여하거나, 개별상담, 집단상담, 가족상담을 통한 치료 그리고 퇴원 후 추후치료, 재활 및 사회복귀, 지역사회와의 관계성 유지이다.[4)]

(1) 정신건강사회복지 기능

정신건강사회복지사는 환자의 사회적응에 더 관심을 가지며 환자의 질병에 영향을 미치는 개인적 · 사회적인 환경에 대한 정보를 수집하고 조사를 하여 문제의 원인을 규명하고 환자의 치료에 전인적으로 접근하여 발병부터 재활과정에 관심을 가지고 도와준다. 환자가 회복 이후에도 정상적인 사회복귀가 가능하도록 좋은 환경을 준비하여 건전하게 재활할 수 있도록 돕는다.

정신건강사회복지사의 기능은 다음과 같다. ① 환자 스스로가 자신의 사회환경을 건설적인 방법으로 이용하도록 개별상담을 제공한다. ② 환자 가족들로 하여금 환자의 생활보장을 위한 경제적 지원 및 보호가능성을 상담을 통해

4) 박옥희, 409

확인한다. ③ 환자와 그 가족들이 의도적인 감정표현이 가능하도록 개별적으로 원조한다. ④ 환자나 가족이 이용가능한 지역사회자원이나 의료자원 이용방법에 대한 정보를 제공한다. ⑤ 환자가 입원하는 동안 가족 및 지역사회와의 관계를 유지할 수 있도록 돕는다. ⑥ 환자에게 가장 적합한 프로그램을 제공하기 위해 필요한 정보를 수집한다. ⑦ 정신과 팀원들과 함께 조사, 진단, 치료계획, 추후서비스 등에 대하여 상호협력적으로 참여한다.[5]

정신건강사회복지사는 정신건강복지법에 의거하여 1급과 2급으로 구분한다. 1급 자격은 대학원에서 사회복지학을 전공한 자로서 보건복지부 장관이 지정한 전문요원수련기관에서 3년 이상의 수련을 마치거나 2급 정신건강사회복지사 자격취득 후에 정신건강증진시설이나 보건소에서 5년 이상 임상실무경험이 있어야 한다. 2급 자격은 사회복지사 1급 자격 소지자로서 보건복지부 장관이 지정한 수련기관에서 1년 이상 수련을 해야 한다. 수련생은 이론교육 150시간 임상수련 830시간 이상 전문 슈퍼바이저의 지도를 받아야 한다. 수련과정을 마치면 서류심사를 통과하고 자격시험에 합격하면 자격증을 받을 수 있다.

(2) 정신건강복지법의 기본 이념

① 모든 국민은 정신질환으로부터 보호받을 권리를 가진다.

② 모든 정신질환자는 인간으로서의 존엄과 가치를 보장받고, 최적의 치료를 받을 권리를 가진다.

③ 모든 정신질환자는 정신질환이 있다는 이유로 부당한 차별대우를 받지 아니한다.

④ 미성년자인 정신질환자는 특별히 치료, 보호 및 교육을 받을 권리를 가진다.

⑤ 정신질환자에 대해서는 입원 또는 입소(이하 "입원 등"이라 한다)가 최소화

5) 박옥희, 410

되도록 지역 사회 중심의 치료가 우선적으로 고려되어야 하며, 정신건강증진시설에 입소할 경우 자신의 의지에 따른 입원 또는 입소(이하 "자의 입원 등"이라 한다)가 권장되어야 한다.

⑥ 정신건강증진시설에 입원 등을 하고 있는 모든 사람은 가능한 한 자유로운 환경을 누릴 권리와 다른 사람들과 자유로이 의견교환을 할 수 있는 권리를 가진다.

⑦ 정신질환자는 원칙적으로 자신의 신체와 재산에 관한 사항에 대하여 스스로 판단하고 결정할 권리를 가진다. 특히 주거지, 의료행위에 대한 동의나 거부, 타인과의 교류, 복지서비스의 이용 여부와 복지서비스 종류의 선택 등을 스스로 결정할 수 있도록 자기결정권을 존중받는다.

⑧ 정신질환자는 자신에게 법률적 · 사실적 영향을 미치는 사안에 대하여 스스로 이해하여 자신의 자유로운 의사를 표현할 수 있도록 필요한 도움을 받을 권리를 가진다.

⑨ 정신질환자는 자신과 관련된 정책의 결정과정에 참여할 권리를 가진다(정신건강복지법 제2조).

(3) 정신건강사회복지사의 주요 기능

① 진단적 기능

환자의 개인력 검사, 진단, 치료계획 수립과정에 참여하거나, 자료수집을 활용하여 문제진단을 실시한다. 환자의 문제원인, 사회적, 심리적 요인을 파악하고, 가족과의 관련성 등에 대한 조사, 환자를 둘러싼 환경 방문을 통해 면접을 하거나 환자 의뢰를 실시한다.

② 치료적 기능

가. 개별치료 : 치료과정에서 발생하는 환자의 불안, 공포, 거부 등 심리치료를 위한 원조, 병원정보, 병원 서비스 등에 관한 정보를 제공한다.

나. 집단치료 : 행동치료, 작업치료, 오락치료, 원예치료 등과 같은 활동을 통한 재활, 대인관계 회복, 억압된 감정 발산 기회를 제공하여 사회성을 발달시키고 자아를 강화할 수 있는 능력을 고취시킨다.

③ 퇴원 및 사후보호기능

퇴원 후 사회복귀를 위한 준비, 자립을 위한 준비, 사회복귀 이후 환자와 가족에 대한 도움과 추후치료를 제공한다. 또한 낮병원제도 등을 이용하여 치료와 서비스를 제공하고 지역사회 유용자원을 소개해 준다.

정신건강사회복지사는 환자의 질병을 치료하는 것이 아니라 질병으로 인해 발생하는 문제를 해결할 수 있도록 지원하고 사회적인 기능을 회복하여 정상적인 생활이 가능하도록 돕는 역할을 한다고 볼 수 있다.[6)]

3) 학교사회복지 실천현장

학교사회복지는 학교가 교육목적을 달성하는 데 필요한 부분을 지원하고 학생들이 학교생활에 원만하게 잘 적응할 수 있도록 도와주는 사회복지활동으로서 학교와 지역사회, 가족이 함께 협력하여 교육목표를 수행할 수 있도록 조정하고 원조하는 프로그램이며 복지실천활동이다. 학교사회복지는 사회복지실천방법을 활용하여 학생 개개인의 지적 · 사회적 · 정서적 욕구와 문제 해결에 관심을 갖고 도와주는 활동으로서 학생 개개인의 능력발휘뿐만 아니라 교육환경개선, 공평한 교육기회 제공을 받을 수 있도록 지원하는 활동이다.[7)]

6) 박옥희, 418-420

7) 학교사회복지사협회 홈페이지 참조

(1) 학교사회복지의 기능

① 학교생활에 적응하지 못하는 학생들을 조기발견하고 사회적 · 정서적 부적응을 예방하는 기능
② 학생 개개인의 능력을 최대한 발휘할 수 있도록 지원하는 기능
③ 전통적인 사회복지실천방법 활용을 통한 직접 서비스, 지역사회 가용자원 동원기능
④ 교사와 학생 간의 관계개선 노력
⑤ 문제 학생의 가정방문, 부모상담을 통한 가족지원기능
⑥ 학생들의 복지증진을 위한 활동
⑦ 학교사회복지실천을 위한 여건 조성
⑧ 학교 교육환경 개선과 학생 원조를 위한 교내서비스 체계 마련(윤정숙, 2016 : 22-23) 등

(2) 학교사회복지의 대상

학교사회복지는 실천현장이 학교이다. 따라서 모든 학생이 대상이 될 수 있으나 주로 대인관계의 문제로 고통받는 학생으로서 폭력행동, 교사나 동료관계가 문제가 있는 경우 대상이 될 수 있다. 학생 개인적으로 심리적 · 정서적인 문제를 가지고 있는 경우도 대상이 된다. 정신적인 질환, 소외감, 불안, 자살시도 등의 심리적인 문제가 있는 학생, 학교부적응으로 인해 문제를 유발시키는 학생, 가정환경의 문제로 고통받는 학생, 부모의 양육에 문제가 있는 학생, 학습부진, 반사회적 행동을 하는 학생 등이 모두 대상이 된다.[8)]

8) 박옥희, 440-441

4) 산업복지 실천현장

산업복지는 노동현장에서 발생하는 작업환경의 문제, 노동자의 경제적 문제, 재해문제, 건강문제, 대인관계 문제 등을 해결하여 노동자의 삶의 질을 향상시키기 위해 사회복지실천 방법과 기술을 활용하여 지원을 하는 실천 분야이다. 산업현장에서 발생하는 노동자의 사회적, 심리적, 제도적인 제 문제에 효과적으로 대응함으로써 노동자와 가족의 복지를 추구하는 분야이다.

산업복지는 국가와 기업과 노동자가 주체가 되어 노동자의 삶의 질을 향상시키고 그 가족의 삶의 질을 증진시키는 것을 목적으로 한다. 산업복지는 자본주의 사회의 구조적인 문제로 발생하는 빈익빈 부익부를 해결하기 위해 등장했다.

(1) 산업복지의 기능

노동자와 자본가의 이해관계는 대립보다 협력관계를 유지해야만 한다. 협력관계 유지를 위해서 기업은 노동자에게 기업활동에 책임 있는 주체로서 능동적으로 활동할 수 있는 기회를 제공하고, 작업장의 민주화를 위해 노력하며, 복지를 확충하여 노동자가 기업의 발전에 기여할 수 있도록 하여야 한다.

① 산업현장에서 발생할 수 있는 위험에 대비하고 예방함으로써 비용절감과 이윤증대에 기여한다.

② 노동자에게 만족스러운 서비스와 급여를 제공함으로써 노동력의 안정화를 꾀할 수 있다.

③ 노동자의 욕구를 수렴하여 노동력의 장애요소를 최소화시키고 효율적인 노동력 활용을 용이하게 한다.

④ 산업현장의 비인간적인 요소를 제거하고 노동에 대한 비화폐적 보상을 통해 노동자의 책임을 완수하도록 하는 기능을 한다.

⑤ 기업체는 이윤추구뿐만 아니라 사회적인 책임을 지는 기능을 하여야 한다.

(2) 산업복지의 주요 업무

산업복지는 노동자와 그 가족의 생활안정과 삶의 질 향상을 목적으로 하는 정책이나 서비스 활동이다. 노동자를 위한 지원 프로그램은 조직의 생산성 향상을 위해 노동자의 건강문제, 부부문제, 가족생활문제, 법률문제, 약물 · 알코올 문제 등을 해결하기 위한 활동이다.

5) 교정사회복지 실천현장

교정사회복지란 교정현장에서 범죄인이나 비행청소년 등이 심리적으로 안정된 가운데 출소 후 사회적응과 사회재활을 할 수 있도록 돕는 활동이다. 교정복지는 교정처우과정으로서 갱생보호의 연장선상에서 수감자들의 교도소 내의 비행을 바로잡고 교화, 재활을 통해 재범을 방지하며 지역사회복귀를 도모하기 위한 조직적인 활동이다.

(1) 교정복지의 기본 원리

① **인도주의** : 교정사회복지사는 인도주의적인 입장에서 비인권적인 행형제도와 교정제도를 인도적으로 개선해 나가는 역할을 해야 한다. 범죄인이라 하더라도 기본적인 인권은 보장되어야 한다.

② **과학주의** : 범죄자나 범죄에 대하여 과학적인 연구와 분석, 조사를 통해 과학적인 수사를 하고 처우에 있어서도 과학적이고 개별적으로 제공되도록 하여야 한다.

③ **교정의 사회화** : 문제 행동을 정상적으로 회복하여 사회에 적응할 수 있도록 사회와 상호작용을 제공하여야 한다.

(2) 교정사회복지의 주요 기능

① 교도소나 소년원 수감자들의 갱생을 위해 필요한 심리적 · 사회적 서비스와 수감시설 내의 환경개선 등을 지원한다.

② 수감자들의 질병이나 장애치료를 돕는 전문적인 서비스 제공을 한다.

③ 수감자 출소 후의 보호관찰 및 갱생보호를 위한 전문적인 노력을 한다.

④ 수감자의 가족에 대한 원조, 상담을 통해 편견, 선입견으로 인한 사회적 소외를 개선해 주고 가족 구성원들의 갈등해소를 지원한다. 그밖에도 수감자의 인권보호, 처우개선을 통한 인간다운 수감생활을 돕는다(윤정숙, 2016 : 31 재인용).

11
CHAPTER

사회복지 관련 자격증

1. 사회복지사

사회복지사 자격은 1970년대 사회복지사업종사자로 시작하여 1983년 5월 사회복지사업법이 개정되면서 사회사업가 또는 사회사업종사자의 명칭이 "사회복지사"로 규정되어 사회복지사 자격증이 발급되기 시작하였다. 사회복지사의 영문표기는 'social worker'이며 '사회복지에 관한 전문지식과 기술을 가진 사람으로서 사회복지사 자격증을 취득한 사람'을 말한다.

1) 사회복지사의 등급별 · 영역별 자격기준

사회복지사업법 시행령[별표 1] 〈개정 2020. 12. 8〉

1. 사회복지사의 등급별 자격기준

등 급	자격기준
사회복지사 1급	법 제11조 제3항에 따른 국가시험에 합격한 사람
사회복지사 2급	가. 고등교육법에 따른 대학원에서 사회복지학 또는 사회사업학을 전공하고 석사학위 또는 박사학위를 취득한 사람. 다만, 사회복지학 또는 사회사업학이 아닌 분야의 학사학위를 취득하고 사회복지학 또는 사회사업학 석사학위를 취득한 사람은 보건복지부령으로 정하는 사회복지학 전공교과목과 사회복지 관련 교과목 중 사회복지현장실습을 포함한 필수과목 6과목 이상(대학에서 이수한 교과목을 포함하되, 대학원에서 4과목 이상을 이수해야 한다), 선택과목 2과목 이상을 각각 이수한 경우에만 사회복지사 자격을 인정한다. 나. 고등교육법에 따른 대학에서 보건복지부령으로 정하는 사회복지학 전공교과목과 사회복지 관련 교과목을 이수하고 학사학위를 취득한 사람 다. 법령에서 고등교육법에 따른 대학을 졸업한 사람과 동등 이상의 학력이 있다고 인정하는 사람으로서 보건복지부령으로 정하는 사회복지학 전공과목과 사회복지 관련 교과목을 이수한 사람 라. 고등교육법에 따른 전문대학에서 보건복지부령으로 정하는 사회복지학 전공교과목과 사회복지 관련 교과목을 이수하고 졸업한 사람 마. 법령에서 고등교육법에 따른 전문대학을 졸업한 사람과 동등 이상의 학력이 있다고 인정하는 사람으로서 보건복지부령으로 정하는 사회복지학 전공교과목과 사회복지 관련 교과목을 이수한 사람 바. 종전의 사회복지사업법(법률 제14923호로 개정되기 전의 것을 말한다)에 따라 사회복지사 3급 자격증을 취득한 이후 3년 이상 사회복지사업의 실무경험이 있는 사람

비고 : 외국의 대학 또는 대학원에서 사회복지학 또는 사회사업학을 전공하고 학사학위 이상의 학위를 취득한 사람으로서 등급별 자격기준과 동등한 학력이 있다고 보건복지부장관이 인정하는 경우에는 해당 등급의 사회복지사자격증을 교부할 수 있다.

2. 사회복지사의 영역별 자격기준	
영 역	자격기준
가. 정신건강사회복지사	「정신건강증진 및 정신질환자 복지서비스 지원에 관한 법률 시행령」 별표 10에 따른 정신건강사회복지사의 자격기준을 갖춘 사람
나. 의료사회복지사 또는 학교사회복지사	사회복지사 1급 자격을 취득한 후 법 제11조 제3항에 따른 수련기관에서 1년 이상 보건복지부령으로 정하는 수련과정을 이수한 사람

2) 사회복지사국가시험과목(제3조 제4항 관련)

사회복지사업법 시행령 [별표 2] 〈개정 2018. 4. 24.〉

1. 사회복지기초(인간행동과 사회환경 및 사회복지조사론을 말한다)
2. 사회복지실천(사회복지실천론 · 사회복지실천기술론 및 지역사회복지론을 말한다)
3. 사회복지정책과 제도(사회복지정책론 · 사회복지행정론 및 사회복지법제론을 말한다)

3) 사회복지학 전공교과목과 사회복지관련 교과목(제3조 관련)

사회복지사업법 시행규칙 [별표 1] 〈개정 2019. 8. 12.〉

1. 사회복지학 전공교과목과 사회복지관련 교과목 및 학점

구 분	교과목	이수과목(학점)	
		대학 · 전문대학	대학원
필수 과목	사회복지학개론 사회복지법제와 실천 사회복지실천기술론 사회복지실천론	10과목 30학점 (과목당 3학점) 이상	6과목 18학점 (과목당 3학점) 이상

	사회복지정책론 사회복지조사론 사회복지행정론 사회복지현장실습 인간행동과 사회환경 지역사회복지론		
선택 과목	가족복지론 가족상담 및 가족치료 교정복지론 국제사회복지론 노인복지론 복지국가론 빈곤론 사례관리론 사회문제론 사회보장론 사회복지역사 사회복지와 문화다양성 사회복지와 인권 사회복지윤리와 철학 사회복지자료분석론 사회복지지도감독론 산업복지론 아동복지론 여성복지론 의료사회복지론 자원봉사론 장애인복지론 정신건강론 정신건강사회복지론 청소년복지론 프로그램 개발과 평가 학교사회복지론	7과목 21학점 (과목당 3학점) 이상	2과목 6학점 (과목당 3학점) 이상

※ 비고 : 교과목의 명칭이 위 표의 교과목 명칭과 같지 않더라도 보건복지부장관이 위 표의 교과목과 내용이 같다고 인정하는 경우에는 그 교과목을 위 표의 교과목으로 본다.

2. **필수과목 중 사회복지현장실습의 기준**

가. 기관실습

1) 기관실습 시간은 160시간 이상으로 할 것

2) 기관실습 실시기관은 다음의 요건을 모두 갖추었을 것

가) 사회복지사업을 수행하는 기관, 법인, 시설 또는 단체일 것

나) 보건복지부장관으로부터 선정되었을 것

다) 다음의 요건을 모두 갖춘 기관실습 지도자가 2명 이상 상근할 것

(1) 1급 사회복지사 자격증을 취득한 이후 3년 이상의 사회복지사업 실무경험이 있거나 2급 사회복지사 자격증을 취득한 이후 5년 이상의 사회복지사업 실무경험이 있을 것

(2) 기관실습이 실시되는 연도의 전년도에 8시간 이상의 보수교육을 받았을 것

3) 기관실습 지도자 1명이 동시에 지도할 수 있는 학생 수는 5명 이내일 것

나. 실습세미나

1) 1회당 2시간 이상의 실습세미나를 총 15회 이상 실시할 것. 이 경우 정보통신망을 이용한 온라인 교육을 실시하는 교육기관의 실습세미나에는 대면 방식의 세미나가 총 3회 이상 포함되어야 한다.

2) 학사, 석사 또는 박사 학위 중 2개 이상의 학위를 사회복지학 전공으로 취득한 사람으로서 3년 이상의 사회복지학 교육경험 또는 3년 이상의 사회복지사업 실무경험이 있는 교수가 지도할 것

3) 한 세미나에 참여하는 학생 수는 30명 이내일 것

다. 기관실습 지도자가 부여한 평가점수와 실습세미나 교수가 부여한 평가점수를 합산한 최종 평가점수를 실습세미나 교수가 부여한다.

라. 가목부터 다목까지에서 규정한 사항 외에 기관실습 실시기관의 선정 · 선정취소, 사회복지현장실습의 내용 및 방법 등에 관한 구체적인 사항은 보건복지부장관이 정하여 고시한다.

2. 보육교사

보육교사는 영유아의 성장 · 발달의 자연스러운 과정에 있어 보호와 교육적 측면의 전문가로서 신체적, 사회적, 정서적, 지적 발달을 균형있게 격려할 수 있도록 교육방법을 연구하고 적용하며, 교실환경을 구성하고 영유아를 가르치는 교육자로서 영유아의 연령과 발달 수준을 의식하여 적절한 자극을 제공한다.

나아가 부모들이 자녀 걱정 없이 안심하고 사회 경제 활동을 할 수 있도록 부모와의 정보교환 교류자로서 원활한 의사소통을 통해 교사나 어린이집에 대한 신뢰감을 형성하도록 하는 역할을 담당한다. 보육교사는 자애로움, 영유아와 공감력, 희망적이고 긍정적인 사고, 원만하고 조화로운 대인관계 능력, 심신의 건강 등의 개인적인 자질과 전문지식, 교육기술, 보육에 자부심을 갖는 전문적인 자질을 갖추는 것이 필요하다.

1) 보육교사 국가자격 취득방법

보육교사 자격기준(영유아보육법 시행령 제21조 [별표1])에 해당하는 자로서 보건복지부장관이 검정 · 수여하는 국가자격증을 발급받은 자는 보육교사로 근무할 수 있다.

(1) 전문학사학위 이상을 취득한 사람

법령에 따라 고등교육법 제2조에 따른 학교를 졸업한 사람과 같은 수준 이상의 학력이 있다고 인정된 사람으로서 보건복지부령으로 정하는 보육 관련 교과목과 학점을 이수하고 전문학사학위 이상을 취득한 사람

(2) 교육훈련시설에서 소정의 교육과정을 이수한 사람

고등학교 또는 이와 같은 수준 이상의 학교를 졸업한 자로서 시 · 도지사가 지정한 교육훈련시설에서 소정의 교육과정을 이수한 사람

2) 보육교사의 등급별 자격기준

영유아보육법 시행령 [별표 1] 〈개정 2021. 12. 7.〉

등 급	자격기준
보육교사 1급	가. 보육교사 2급 자격을 취득한 후 3년 이상의 보육업무 경력이 있는 사람으로서 보건복지부장관이 정하는 승급교육을 받은 사람 나. 보육교사 2급 자격을 취득한 후 보육 관련 대학원에서 석사학위 이상을 취득하고 1년 이상의 보육업무 경력이 있는 사람으로서 보건복지부장관이 정하는 승급교육을 받은 사람
보육교사 2급	가. 전문대학 또는 이와 같은 수준 이상의 학교에서 보건복지부령으로 정하는 보육 관련 교과목 및 학점을 이수하고 졸업한 사람 나. 보육교사 3급 자격을 취득한 후 2년 이상의 보육업무 경력이 있는 사람으로서 보건복지부장관이 정하는 승급교육을 받은 사람
보육교사 3급	고등학교 또는 이와 같은 수준 이상의 학교를 졸업한 사람으로서 보건복지부령으로 정하는 교육훈련시설에서 정해진 교육과정을 수료한 사람

※ 비고

1. "보육 등 아동복지업무 경력"이란 다음의 어느 하나에 해당하는 경력을 말한다.
   가. 다음의 어느 하나에 해당하는 경력
      1) 어린이집에서 어린이집의 원장, 보육교사, 특수교사[초 · 중등교육법 제21조 제2항에 따라 특수학교의 정교사, 준교사 또는 실기교사(담당과목이 재활복지과목인 경우만 해당한다)의 자격증을 가진 사람과 이에 준하는 사람으로 보건복지부장관이 인정하는 사람을 말한다. 이하 같다] 또는 치료사로 근무한 경력
      2) 육아종합지원센터에서 육아종합지원센터의 장, 보육전문요원, 특수교사, 대체교사 또는 시간제보육 담당 보육교사로 근무한 경력
      3) 법 제8조에 따른 한국보육진흥원에서 보건복지부장관이 정하여 고시하는 임원이나 정규직 근로자로 근무한 경력

4) 법 제26조의2 제2항에 따른 시간제보육서비스지정기관에서 기관의 장 또는 시간제보육 담당 보육교사로 근무한 경력

나. 유아교육법에 따른 유치원에서 원장, 원감, 수석교사, 교사 또는 기간제 교사로 근무한 경력

다. 아동복지법에 따른 아동복지시설에서 시설장, 총무, 보육사, 생활복지사, 상담지도원 또는 자립지원전담요원으로 근무한 경력

라. 장애인복지법에 따른 장애 영유아 거주시설에서 장애영유아와 관련된 업무에 종사한 경력

마. 「장애인 등에 대한 특수교육법」 제11조에 따른 특수교육지원센터에서 특수교육 분야의 전문인력으로 근무한 경력

바. 유아교육법 및 초 · 중등교육법에 따른 특수학교(유치원 과정)에서 특수학교 교원으로 근무한 경력

사. 법률 제7120호 유아교육법 제정으로 폐지되기 전 유아교육진흥법에 따른 새마을유아원에서 근무한 경력

아. 가목부터 사목까지의 규정에 따른 아동복지업무를 수행하는 시설 등에서 간호사로 근무한 경력

자. 국가 또는 지방자치단체에서 7급 이상의 공무원으로 보육 등 아동복지에 관한 행정업무에 종사한 경력

2. "보육업무 경력"이란 다음의 어느 하나에 해당하는 경력을 말한다.

가. 다음의 어느 하나에 해당하는 경력

1) 어린이집에서 어린이집의 원장, 보육교사, 특수교사 또는 치료사로 근무한 경력

2) 육아종합지원센터에서 육아종합지원센터의 장, 보육전문요원, 특수교사, 대체교사 또는 시간제보육 담당 보육교사로 근무한 경력

3) 법 제8조에 따른 한국보육진흥원에서 보건복지부장관이 정하여 고시하는 임원이나 정규직 근로자로 근무한 경력

4) 법 제26조의2 제2항에 따른 시간제보육서비스지정기관에서 기관의 장 또는 시간제보육 담당 보육교사로 근무한 경력

나. 유아교육법에 따른 교육과정과 방과후 과정을 운영하는 유치원에서 원장, 원감, 수석교사, 교사 또는 기간제 교사로 근무한 경력

3. "아동간호업무 경력"이란 병원의 소아청소년과나 신생아실, 보건소 모자보건센터, 초등학교 보건실 등에서 근무한 경력을 말한다.

3. 요양보호사

요양보호사는 치매 · 중풍 등 노인성 질환으로 독립적인 일상생활을 수행하기 어려운 노인들을 위해 노인요양 및 재가시설에서 신체 및 가사지원 서비스를 제공하는 전문인력을 말한다. 노인장기요양보험제도 시행(2008년 7월)에 대비하여 종전 노인복지법상 인력인 가정봉사원과 생활지도원보다 기능 · 지식 수준을 강화하기 위하여 요양보호사로 국가자격제도(시 · 도지사 발급)를 신설(노인복지법 제39조의2)하였다.

요양보호사의 표준교육과정과 교육시간은 다음과 같다.

노인복지법 시행규칙 [별표 10의2] 〈개정 2022. 4. 18.〉

구 분	과 목	교육내용	세부내용	교육시간	
				이론	실기
이론강의(80시간) / 실기연습(80시간)	요양보호개론	요양보호 관련 제도 및 서비스	사회복지제도 노인보건복지서비스 제도의 개요 노인장기요양서비스에서의 방문간호 장기요양보험 서비스 표준 노인보건복지서비스 관련 자원	5	
		요양보호 업무의 목적 및 기능	요양보호업무의 목적과 기능 요양보호사의 기본원칙 및 역할 범위 요양보호 서비스유형(시설 · 재가)	2	
		요양보호사의 직업윤리와 자세	요양보호사 직업윤리 및 윤리강령 요양보호사 직업적 태도 노인의 인권 및 학대예방 요양보호사의 자기관리 및 안전관리(건강관리, 스트레스 관리, 자기계발, 자격관리, 성희롱 대처 등)	8	6
		요양보호 대상자 이해	노년기 특성(생리 · 심리적 특성) 노인과 가족 관계	2	

	요양보호 관련 기초지식	의학적 · 간호학적 기초지식	노인의 기본 건강상태 사정(이론 · 실기) 노인의 주요 질환(치매, 뇌졸중, 파킨슨질환 등) 노인의 건강증진 및 질병예방	12	3
	기본 요양 보호 각론	기본요양 보호기술	〈섭취 요양보호〉 식사 돕기(경구, 비 경구) 복약 돕기와 약 보관	4	6
			〈배설 요양보호〉 화장실 사용 돕기 침상배설 돕기 이동변기 사용 돕기 기저귀 사용 돕기 유치 도뇨관(留置 導尿管) 사용 돕기	5	8
			〈개인위생 및 환경 요양보호〉 구강 · 두발 · 손발 · 회음부(會陰部) 청결 돕기 세면 · 목욕 돕기 옷 갈아입히기 침상청결 등 쾌적한 환경 유지하기	5	8
이론강의 (80시간) / 실기연습 (80시간)			〈체위변경과 이동 요양보호〉 침상이동 돕기 휠체어 이동 돕기 보행(자가, 기구) 돕기 이송 돕기	6	8
			〈안전 및 감염관련 요양보호〉 낙상/ 미끄러짐/ 넘어짐 예방 감염예방 및 욕창예방 흡인(吸引)	3	6
		가사 및 일상생활 지원	일상생활지원의 목적, 기능 및 기본원칙 식사준비와 영양관리 식품, 식기 등의 위생관리 피복과 침상의 청결관리 및 세탁 외출 돕기 및 일상업무 지원 쾌적한 거주 환경 유지하기	4	6

		의사소통 및 여가지원	효율적 의사소통 의사소통 및 라포르(rapport, 치료자와 환자 간의 공감적 인간관계) 형성 방법 여가활동 돕기(TV 시청, 음악 듣기 등)	5	6
		서비스 이용지원	요양보호 대상자 · 장소 특성파악 및 서비스 계획 변경지원 타 직종, 타 서비스와의 연계성 업무 보고회, 사례 검토회	3	4
		요양보호 업무 기록 및 보고	기록과 보고의 목적 및 중요성 업무일지 기록 방법 업무 보고 방법	3	4
	특수 요양 보호 각론	치매요양 보호기술	치매대상자의 일상생활지원 치매대상자의 문제행동 대처 치매대상자와의 의사소통	6	6
		임종 및 호스피스 요양보호기술	죽음 및 임종단계 호스피스의 개요 임종대상자의 요양보호	3	3
		응급처치 기술	응급처치(골절, 질식, 경련, 화상 등) 기본 소생술	4	6
	소 계			① 80	② 80
현장실습 (80시간)	노인요양시설 실습		통합실습 I	40	
	재가노인복지시설 실습		통합실습 II	40	
	소 계			③ 80	
총 계(① + ② + ③)				240	

요양보호사 자격시험은 필기시험과 실기시험으로 구분하며 필기시험의 시험과목은 요양보호론(요양보호개론, 요양보호관련 기초지식, 기본요양보호각론 및 특수요양보호각론)으로 한다.

참고자료

1. 사회보장기본법
2. 사회복지사업법
3. 사회복지사 등의 처우 및 지위 향상을 위한 법률
4. 자살예방 및 생명존중문화 조성을 위한 법률
5. 장애인 건강권 및 의료접근성 보장에 관한 법률

1. 사회보장기본법

[시행 2021. 12. 9.] [법률 제18215호, 2021. 6. 8., 일부개정]

제1장 총칙

제1조(목적) 이 법은 사회보장에 관한 국민의 권리와 국가 및 지방자치단체의 책임을 정하고 사회보장정책의 수립 · 추진과 관련 제도에 관한 기본적인 사항을 규정함으로써 국민의 복지증진에 이바지하는 것을 목적으로 한다.

제2조(기본 이념) 사회보장은 모든 국민이 다양한 사회적 위험으로부터 벗어나 행복하고 인간다운 생활을 향유할 수 있도록 자립을 지원하며, 사회참여 · 자아실현에 필요한 제도와 여건을 조성하여 사회통합과 행복한 복지사회를 실현하는 것을 기본 이념으로 한다.

제3조(정의) 이 법에서 사용하는 용어의 뜻은 다음과 같다. 〈개정 2021. 6. 8.〉

1. "사회보장"이란 출산, 양육, 실업, 노령, 장애, 질병, 빈곤 및 사망 등의 사회적 위험으로부터 모든 국민을 보호하고 국민 삶의 질을 향상시키는 데 필요한 소득 · 서비스를 보장하는 사회보험, 공공부조, 사회서비스를 말한다.
2. "사회보험"이란 국민에게 발생하는 사회적 위험을 보험의 방식으로 대처함으로써 국민의 건강과 소득을 보장하는 제도를 말한다.
3. "공공부조"(公共扶助)란 국가와 지방자치단체의 책임 하에 생활 유지 능력이 없거나 생활이 어려운 국민의 최저생활을 보장하고 자립을 지원하는 제도를 말한다.
4. "사회서비스"란 국가 · 지방자치단체 및 민간부문의 도움이 필요한 모든 국민에게 복지, 보건의료, 교육, 고용, 주거, 문화, 환경 등의 분야에서 인간다운 생활을 보장하고 상담, 재활, 돌봄, 정보의 제공, 관련 시설의 이용, 역량 개발, 사회참여 지원 등을 통하여 국민의 삶의 질이 향상되도록 지원하는 제도를 말한다.
5. "평생사회안전망"이란 생애주기에 걸쳐 보편적으로 충족되어야 하는 기본욕구와 특정한 사회위험에 의하여 발생하는 특수욕구를 동시에 고려하여 소득 · 서비스를 보장하는 맞춤형 사회보장제도를 말한다.
6. "사회보장 행정데이터"란 국가, 지방자치단체, 공공기관 및 법인이 법령에 따라 생성 또는 취득하여 관리하고 있는 자료 또는 정보로서 사회보장 정책 수행에 필요한 자료 또는 정보를 말한다.

제4조(다른 법률과의 관계) 사회보장에 관한 다른 법률을 제정하거나 개정하는 경우에는 이 법에 부합되도록 하여야 한다.

제5조(국가와 지방자치단체의 책임) ① 국가와 지방자치단체는 모든 국민의 인간다운 생활을 유지 · 증진하는 책임을 가진다.

② 국가와 지방자치단체는 사회보장에 관한 책임과 역할을 합리적으로 분담하여야 한다.

③ 국가와 지방자치단체는 국가 발전수준에 부응하고 사회환경의 변화에 선제적으로 대응하며 지속가능한 사회보장제도를 확립하고 매년 이에 필요한 재원을 조달하여야 한다.

④ 국가는 사회보장제도의 안정적인 운영을 위하여 중장기 사회보장 재정추계를 격년으로 실시하고 이를 공표하여야 한다.

제6조(국가 등과 가정) ① 국가와 지방자치단체는 가정이 건전하게 유지되고 그 기능이 향상되도록 노력하여야 한다.

② 국가와 지방자치단체는 사회보장제도를 시행할 때에 가정과 지역공동체의 자발적인 복지활동을 촉진하여야 한다.

제7조(국민의 책임) ① 모든 국민은 자신의 능력을 최대한 발휘하여 자립 · 자활(自活)할 수 있도록 노력하여야 한다.

② 모든 국민은 경제적 · 사회적 · 문화적 · 정신적 · 신체적으로 보호가 필요하다고 인정되는 사람에게 지속적인 관심을 가지고 이들이 보다 나은 삶을 누릴 수 있는 사회환경 조성에 서로 협력하고 노력하여야 한다.

③ 모든 국민은 관계 법령에서 정하는 바에 따라 사회보장급여에 필요한 비용의 부담, 정보의 제공 등 국가의 사회보장정책에 협력하여야 한다.

제8조(외국인에 대한 적용) 국내에 거주하는 외국인에게 사회보장제도를 적용할 때에는 상호주의의 원칙에 따르되, 관계 법령에서 정하는 바에 따른다.

제2장 사회보장에 관한 국민의 권리

제9조(사회보장을 받을 권리) 모든 국민은 사회보장 관계 법령에서 정하는 바에 따라 사회보장급여를 받을 권리(이하 "사회보장수급권"이라 한다)를 가진다.

제10조(사회보장급여의 수준) ① 국가와 지방자치단체는 모든 국민이 건강하고 문화적인 생활을 유지할 수 있도록 사회보장급여의 수준 향상을 위하여 노력하여야 한다.

② 국가는 관계 법령에서 정하는 바에 따라 최저보장수준과 최저임금을 매년 공표하여

야 한다. 〈개정 2015. 12. 29.〉

③ 국가와 지방자치단체는 제2항에 따른 최저보장수준과 최저임금 등을 고려하여 사회보장급여의 수준을 결정하여야 한다. 〈개정 2015. 12. 29.〉

제11조(사회보장급여의 신청) ① 사회보장급여를 받으려는 사람은 관계 법령에서 정하는 바에 따라 국가나 지방자치단체에 신청하여야 한다. 다만, 관계 법령에서 따로 정하는 경우에는 국가나 지방자치단체가 신청을 대신할 수 있다.

② 사회보장급여를 신청하는 사람이 다른 기관에 신청한 경우에는 그 기관은 지체 없이 이를 정당한 권한이 있는 기관에 이송하여야 한다. 이 경우 정당한 권한이 있는 기관에 이송된 날을 사회보장급여의 신청일로 본다.

제12조(사회보장수급권의 보호) 사회보장수급권은 관계 법령에서 정하는 바에 따라 다른 사람에게 양도하거나 담보로 제공할 수 없으며, 이를 압류할 수 없다.

제13조(사회보장수급권의 제한 등) ① 사회보장수급권은 제한되거나 정지될 수 없다. 다만, 관계 법령에서 따로 정하고 있는 경우에는 그러하지 아니하다.

② 제1항 단서에 따라 사회보장수급권이 제한되거나 정지되는 경우에는 제한 또는 정지하는 목적에 필요한 최소한의 범위에 그쳐야 한다.

제14조(사회보장수급권의 포기) ① 사회보장수급권은 정당한 권한이 있는 기관에 서면으로 통지하여 포기할 수 있다.

② 사회보장수급권의 포기는 취소할 수 있다.

③ 제1항에도 불구하고 사회보장수급권을 포기하는 것이 다른 사람에게 피해를 주거나 사회보장에 관한 관계 법령에 위반되는 경우에는 사회보장수급권을 포기할 수 없다.

제15조(불법행위에 대한 구상) 제3자의 불법행위로 피해를 입은 국민이 그로 인하여 사회보장수급권을 가지게 된 경우 사회보장제도를 운영하는 자는 그 불법행위의 책임이 있는 자에 대하여 관계 법령에서 정하는 바에 따라 구상권(求償權)을 행사할 수 있다.

제3장 사회보장 기본계획과 사회보장위원회

제16조(사회보장 기본계획의 수립) ① 보건복지부장관은 관계 중앙행정기관의 장과 협의하여 사회보장 증진을 위하여 사회보장에 관한 기본계획(이하 "기본계획"이라 한다)을 5년마다 수립하여야 한다.

② 기본계획에는 다음 각 호의 사항이 포함되어야 한다.

1. 국내외 사회보장환경의 변화와 전망

2. 사회보장의 기본목표 및 중장기 추진방향
3. 주요 추진과제 및 추진방법
4. 필요한 재원의 규모와 조달방안
5. 사회보장 관련 기금 운용방안
6. 사회보장 전달체계
7. 그 밖에 사회보장정책의 추진에 필요한 사항

③ 기본계획은 제20조에 따른 사회보장위원회와 국무회의의 심의를 거쳐 확정한다. 기본계획 중 대통령령으로 정하는 중요한 사항을 변경하려는 경우에도 같다.

제17조(다른 계획과의 관계) 기본계획은 다른 법령에 따라 수립되는 사회보장에 관한 계획에 우선하며 그 계획의 기본이 된다.

제18조(연도별 시행계획의 수립 · 시행 등) ① 보건복지부장관 및 관계 중앙행정기관의 장은 기본계획에 따라 사회보장과 관련된 소관 주요 시책의 시행계획(이하 "시행계획"이라 한다)을 매년 수립 · 시행하여야 한다.

② 관계 중앙행정기관의 장은 제1항에 따라 수립한 소관 시행계획 및 전년도의 시행계획에 따른 추진실적을 대통령령으로 정하는 바에 따라 매년 보건복지부장관에게 제출하여야 한다.

③ 보건복지부장관은 제2항에 따라 받은 관계 중앙행정기관 및 보건복지부 소관의 추진실적을 종합하여 성과를 평가하고, 그 결과를 제20조에 따른 사회보장위원회에 보고하여야 한다.

④ 보건복지부장관은 제3항에 따른 평가를 효율적으로 하기 위하여 이에 필요한 조사 · 분석 등을 전문기관에 의뢰할 수 있다.

⑤ 시행계획의 수립 · 시행 및 추진실적의 평가 등에 필요한 사항은 대통령령으로 정한다.

제19조(사회보장에 관한 지역계획의 수립 · 시행 등) ① 특별시장 · 광역시장 · 특별자치시장 · 도지사 또는 특별자치도지사 · 시장(「제주특별자치도 설치 및 국제자유도시 조성을 위한 특별법」 제11조제1항에 따른 행정시장을 포함한다) · 군수 · 구청장(자치구의 구청장을 말한다. 이하 같다)은 관계 법령으로 정하는 바에 따라 사회보장에 관한 지역계획(이하 "지역계획"이라 한다)을 수립 · 시행하여야 한다. 〈개정 2015. 7. 24.〉

② 지역계획은 기본계획과 연계되어야 한다.

③ 지역계획의 수립 · 시행 및 추진실적의 평가 등에 필요한 사항은 대통령령으로 정한다.

제20조(사회보장위원회) ① 사회보장에 관한 주요 시책을 심의 · 조정하기 위하여 국무총리 소속으로 사회보장위원회(이하 "위원회"라 한다)를 둔다.

② 위원회는 다음 각 호의 사항을 심의 · 조정한다. 〈개정 2020. 4. 7.〉

1. 사회보장 증진을 위한 기본계획
2. 사회보장 관련 주요 계획
3. 사회보장제도의 평가 및 개선
4. 사회보장제도의 신설 또는 변경에 따른 우선순위
5. 둘 이상의 중앙행정기관이 관련된 주요 사회보장정책
6. 사회보장급여 및 비용 부담
7. 국가와 지방자치단체의 역할 및 비용 분담
8. 사회보장의 재정추계 및 재원조달 방안
9. 사회보장 전달체계 운영 및 개선
10. 제32조제1항에 따른 사회보장통계
11. 사회보장정보의 보호 및 관리
12. 제26조제4항에 따른 조정
13. 그 밖에 위원장이 심의에 부치는 사항

③ 위원장은 다음 각 호의 사항을 관계 중앙행정기관의 장과 지방자치단체의 장에게 통지하여야 한다.

1. 제16조제3항에 따라 확정된 기본계획
2. 제2항의 사항에 관하여 심의 · 조정한 결과

④ 관계 중앙행정기관의 장과 지방자치단체의 장은 위원회의 심의 · 조정 사항을 반영하여 사회보장제도를 운영 또는 개선하여야 한다.

제21조(위원회의 구성 등) ① 위원회는 위원장 1명, 부위원장 3명과 행정안전부장관, 고용노동부장관, 여성가족부장관, 국토교통부장관을 포함한 30명 이내의 위원으로 구성한다. 〈개정 2013. 3. 23., 2014. 11. 19., 2017. 7. 26.〉

② 위원장은 국무총리가 되고 부위원장은 기획재정부장관, 교육부장관 및 보건복지부장관이 된다. 〈개정 2014. 11. 19.〉

③ 위원회의 위원은 다음 각 호의 어느 하나에 해당하는 사람으로 한다.

1. 대통령령으로 정하는 관계 중앙행정기관의 장
2. 다음 각 목의 사람 중에서 대통령이 위촉하는 사람

가. 근로자를 대표하는 사람
나. 사용자를 대표하는 사람
다. 사회보장에 관한 학식과 경험이 풍부한 사람
라. 변호사 자격이 있는 사람

④ 위원의 임기는 2년으로 한다. 다만, 공무원인 위원의 임기는 그 재임 기간으로 하고, 제3항 제2호 각 목의 위원이 기관 · 단체의 대표자 자격으로 위촉된 경우에는 그 임기는 대표의 지위를 유지하는 기간으로 한다.

⑤ 보궐위원의 임기는 전임자 임기의 남은 기간으로 한다.

⑥ 위원회를 효율적으로 운영하고 위원회의 심의 · 조정 사항을 전문적으로 검토하기 위하여 위원회에 실무위원회를 두며, 실무위원회에 분야별 전문위원회를 둘 수 있다. 〈개정 2020. 4. 7.〉

⑦ 실무위원회에서 의결한 사항은 위원장에게 보고하고 위원회의 심의를 거쳐야 한다. 다만, 대통령령으로 정하는 경미한 사항에 대하여는 실무위원회의 의결로써 위원회의 의결을 갈음할 수 있다.

⑧ 위원회의 사무를 효율적으로 처리하기 위하여 보건복지부에 사무국을 둔다.

⑨ 이 법에서 규정한 사항 외에 위원회, 실무위원회, 분야별 전문위원회, 사무국의 구성 · 조직 및 운영 등에 필요한 사항은 대통령령으로 정한다.

제4장 사회보장정책의 기본방향

제22조(평생사회안전망의 구축 · 운영) ① 국가와 지방자치단체는 모든 국민이 생애 동안 삶의 질을 유지 · 증진할 수 있도록 평생사회안전망을 구축하여야 한다.

② 국가와 지방자치단체는 평생사회안전망을 구축 · 운영함에 있어 사회적 취약계층을 위한 공공부조를 마련하여 최저생활을 보장하여야 한다.

제23조(사회서비스 보장) ① 국가와 지방자치단체는 모든 국민의 인간다운 생활과 자립, 사회참여, 자아실현 등을 지원하여 삶의 질이 향상될 수 있도록 사회서비스에 관한 시책을 마련하여야 한다.

② 국가와 지방자치단체는 사회서비스 보장과 제24조에 따른 소득보장이 효과적이고 균형적으로 연계되도록 하여야 한다.

제24조(소득 보장) ① 국가와 지방자치단체는 다양한 사회적 위험 하에서도 모든 국민들이 인간다운 생활을 할 수 있도록 소득을 보장하는 제도를 마련하여야 한다.

② 국가와 지방자치단체는 공공부문과 민간부문의 소득보장제도가 효과적으로 연계되도록 하여야 한다.

제5장 사회보장제도의 운영

제25조(운영원칙) ① 국가와 지방자치단체가 사회보장제도를 운영할 때에는 이 제도를 필요로 하는 모든 국민에게 적용하여야 한다.

② 국가와 지방자치단체는 사회보장제도의 급여 수준과 비용 부담 등에서 형평성을 유지하여야 한다.

③ 국가와 지방자치단체는 사회보장제도의 정책 결정 및 시행 과정에 공익의 대표자 및 이해관계인 등을 참여시켜 이를 민주적으로 결정하고 시행하여야 한다.

④ 국가와 지방자치단체가 사회보장제도를 운영할 때에는 국민의 다양한 복지 욕구를 효율적으로 충족시키기 위하여 연계성과 전문성을 높여야 한다.

⑤ 사회보험은 국가의 책임으로 시행하고, 공공부조와 사회서비스는 국가와 지방자치단체의 책임으로 시행하는 것을 원칙으로 한다. 다만, 국가와 지방자치단체의 재정 형편 등을 고려하여 이를 협의·조정할 수 있다.

제26조(협의 및 조정) ① 국가와 지방자치단체는 사회보장제도를 신설하거나 변경할 경우 기존 제도와의 관계, 사회보장 전달체계에 미치는 영향, 재원의 규모·조달방안을 포함한 재정에 미치는 영향 및 지역별 특성 등을 사전에 충분히 검토하고 상호협력하여 사회보장급여가 중복 또는 누락되지 아니하도록 하여야 한다. 〈개정 2020. 4. 7.〉

② 중앙행정기관의 장과 지방자치단체의 장은 사회보장제도를 신설하거나 변경할 경우 신설 또는 변경의 타당성, 기존 제도와의 관계, 사회보장 전달체계에 미치는 영향, 지역복지 활성화에 미치는 영향 및 운영방안 등에 대하여 대통령령으로 정하는 바에 따라 보건복지부장관과 협의하여야 한다. 〈개정 2020. 4. 7.〉

③ 중앙행정기관의 장과 지방자치단체의 장은 제2항에 따른 업무를 효율적으로 수행하기 위하여 필요하다고 인정하는 경우에는 관련 자료의 수집·조사 및 분석에 관한 업무를 다음 각 호의 기관 또는 단체에 위탁할 수 있다. 〈신설 2018. 12. 11., 2019. 12. 3.〉

1. 「정부출연연구기관 등의 설립·운영 및 육성에 관한 법률」에 따라 설립된 정부출연연구기관
2. 「사회보장급여의 이용·제공 및 수급권자 발굴에 관한 법률」 제29조에 따른 한국사회보장정보원

3. 그 밖에 대통령령으로 정하는 전문기관 또는 단체

④ 중앙행정기관의 장과 지방자치단체의 장은 제2항에 따른 협의가 이루어지지 아니할 경우 위원회에 조정을 신청할 수 있으며, 위원회는 대통령령으로 정하는 바에 따라 이를 조정한다. 〈개정 2018. 12. 11., 2020. 4. 7.〉

⑤ 보건복지부장관은 사회보장급여 관련 업무에 공통적으로 적용되는 기준을 마련할 수 있다. 〈개정 2018. 12. 11.〉

제27조(민간의 참여) ① 국가와 지방자치단체는 사회보장에 대한 민간부문의 참여를 유도할 수 있도록 정책을 개발 · 시행하고 그 여건을 조성하여야 한다.

② 국가와 지방자치단체는 사회보장에 대한 민간부문의 참여를 유도하기 위하여 다음 각 호의 사업이 포함된 시책을 수립 · 시행할 수 있다.

1. 자원봉사, 기부 등 나눔의 활성화를 위한 각종 지원 사업
2. 사회보장정책의 시행에 있어 민간 부문과의 상호협력체계 구축을 위한 지원사업
3. 그 밖에 사회보장에 관련된 민간의 참여를 유도하는 데에 필요한 사업

③ 국가와 지방자치단체는 개인 · 법인 또는 단체가 사회보장에 참여하는 데에 드는 경비의 전부 또는 일부를 지원하거나 그 업무를 수행하기 위하여 필요한 지원을 할 수 있다.

제28조(비용의 부담) ① 사회보장 비용의 부담은 각각의 사회보장제도의 목적에 따라 국가, 지방자치단체 및 민간부문 간에 합리적으로 조정되어야 한다.

② 사회보험에 드는 비용은 사용자, 피용자(被傭者) 및 자영업자가 부담하는 것을 원칙으로 하되, 관계 법령에서 정하는 바에 따라 국가가 그 비용의 일부를 부담할 수 있다.

③ 공공부조 및 관계 법령에서 정하는 일정 소득 수준 이하의 국민에 대한 사회서비스에 드는 비용의 전부 또는 일부는 국가와 지방자치단체가 부담한다.

④ 부담 능력이 있는 국민에 대한 사회서비스에 드는 비용은 그 수익자가 부담함을 원칙으로 하되, 관계 법령에서 정하는 바에 따라 국가와 지방자치단체가 그 비용의 일부를 부담할 수 있다.

제29조(사회보장 전달체계) ① 국가와 지방자치단체는 모든 국민이 쉽게 이용할 수 있고 사회보장급여가 적시에 제공되도록 지역적 · 기능적으로 균형잡힌 사회보장 전달체계를 구축하여야 한다.

② 국가와 지방자치단체는 사회보장 전달체계의 효율적 운영에 필요한 조직, 인력, 예산 등을 갖추어야 한다.

③ 국가와 지방자치단체는 공공부문과 민간부문의 사회보장 전달체계가 효율적으로 연계되도록 노력하여야 한다.

제30조(사회보장급여의 관리) ① 국가와 지방자치단체는 국민의 사회보장수급권의 보장 및 재정의 효율적 운용을 위하여 다음 각 호에 관한 사회보장급여의 관리체계를 구축·운영하여야 한다.

1. 사회보장수급권자 권리구제
2. 사회보장급여의 사각지대 발굴
3. 사회보장급여의 부정·오류 관리
4. 사회보장급여의 과오지급액의 환수 등 관리

② 보건복지부장관은 사회서비스의 품질기준 마련, 평가 및 개선 등의 업무를 수행하기 위하여 필요한 전담기구를 설치할 수 있다.

③ 제2항의 전담기구 설치·운영 등에 필요한 사항은 대통령령으로 정한다.

제31조(전문인력의 양성 등) 국가와 지방자치단체는 사회보장제도의 발전을 위하여 전문인력의 양성, 학술 조사 및 연구, 국제 교류의 증진 등에 노력하여야 한다.

제32조(사회보장통계) ① 국가와 지방자치단체는 효과적인 사회보장정책의 수립·시행을 위하여 사회보장에 관한 통계(이하 "사회보장통계"라 한다)를 작성·관리하여야 한다.

② 관계 중앙행정기관의 장과 지방자치단체의 장은 소관 사회보장통계를 대통령령으로 정하는 바에 따라 보건복지부장관에게 제출하여야 한다.

③ 보건복지부장관은 제2항에 따라 제출된 사회보장통계를 종합하여 위원회에 제출하여야 한다.

④ 사회보장통계의 작성·관리에 필요한 사항은 대통령령으로 정한다.

제32조의2(사회보장 재정추계 및 사회보장통계 등에 대한 민간위탁) 보건복지부장관은 제5조제4항에 따른 사회보장 재정추계 및 제32조에 따른 사회보장통계 업무를 효율적으로 수행하기 위하여 필요하다고 인정하는 경우에는 관련 자료의 수집·조사 및 분석에 관한 업무 등을 다음 각 호의 기관 또는 단체에 위탁할 수 있다.

1. 「정부출연연구기관 등의 설립·운영 및 육성에 관한 법률」에 따라 설립된 정부출연연구기관
2. 그 밖에 대통령령으로 정하는 전문기관 또는 단체 [본조신설 2020. 4. 7.]

제33조(정보의 공개) 국가와 지방자치단체는 사회보장제도에 관하여 국민이 필요한 정보를 관계 법령에서 정하는 바에 따라 공개하고, 이를 홍보하여야 한다.

제34조(사회보장에 관한 설명) 국가와 지방자치단체는 사회보장 관계 법령에서 규정한 권리나 의무를 해당 국민에게 설명하도록 노력하여야 한다.

제35조(사회보장에 관한 상담) 국가와 지방자치단체는 사회보장 관계 법령에서 정하는 바에 따라 사회보장에 관한 상담에 응하여야 한다.

제36조(사회보장에 관한 통지) 국가와 지방자치단체는 사회보장 관계 법령에서 정하는 바에 따라 사회보장에 관한 사항을 해당 국민에게 알려야 한다.

제6장 사회보장정보의 관리

제37조(사회보장정보시스템의 구축 · 운영 등) ① 국가와 지방자치단체는 국민편익의 증진과 사회보장업무의 효율성 향상을 위하여 사회보장업무를 전자적으로 관리하도록 노력하여야 한다.

② 국가는 관계 중앙행정기관과 지방자치단체에서 시행하는 사회보장수급권자 선정 및 급여 관리 등에 관한 정보를 통합 · 연계하여 처리 · 기록 및 관리하는 시스템(이하 "사회보장정보시스템"이라 한다)을 구축 · 운영할 수 있다.

③ 보건복지부장관은 사회보장정보시스템의 구축 · 운영을 총괄한다.

④ 보건복지부장관은 사회보장정보시스템 구축 · 운영의 전 과정에서 개인정보 보호를 위하여 필요한 시책을 마련하여야 한다.

⑤ 보건복지부장관은 관계 중앙행정기관, 지방자치단체 및 관련 기관 · 단체에 사회보장정보시스템의 운영에 필요한 정보의 제공을 요청하고 제공받은 목적의 범위에서 보유 · 이용할 수 있다. 이 경우 자료의 제공을 요청받은 자는 정당한 사유가 없으면 이에 따라야 한다.

⑥ 관계 중앙행정기관 및 지방자치단체의 장은 제2항의 사회보장정보와 관련하여 사회보장정보시스템의 활용이 필요한 경우 사전에 보건복지부장관과 협의하여야 한다. 이 경우 보건복지부장관은 관련 업무에 필요한 범위에서 정보를 제공할 수 있고 정보를 제공받은 관계 중앙행정기관 및 지방자치단체의 장은 제공받은 목적의 범위에서 보유 · 이용할 수 있다.

⑦ 보건복지부장관은 사회보장정보시스템의 운영 · 지원을 위하여 전담기구를 설치할 수 있다.

제38조(개인정보 등의 보호) ① 사회보장 업무에 종사하거나 종사하였던 자는 사회보장업무 수행과 관련하여 알게 된 개인 · 법인 또는 단체의 정보를 관계 법령에서 정하는 바에 따라 보호하여야 한다.

② 국가와 지방자치단체, 공공기관, 법인 · 단체, 개인이 조사하거나 제공받은 개인 · 법인 또는 단체의 정보는 이 법과 관련 법률에 근거하지 아니하고 보유, 이용, 제공되어서는 아니 된다.

제7장 보칙

제39조(권리구제) 위법 또는 부당한 처분을 받거나 필요한 처분을 받지 못함으로써 권리 또는 이익을 침해받은 국민은 「행정심판법」에 따른 행정심판을 청구하거나 「행정소송법」에 따른 행정소송을 제기하여 그 처분의 취소 또는 변경 등을 청구할 수 있다.

제40조(국민 등의 의견수렴) 국가와 지방자치단체는 국민생활에 중대한 영향을 미치는 사회보장 계획 및 정책을 수립하려는 경우 공청회 및 정보통신망 등을 통하여 국민과 관계 전문가의 의견을 충분히 수렴하여야 한다.

제41조(관계 행정기관 등의 협조) ① 국가와 지방자치단체는 사회보장 관련 계획 및 정책의 수립 · 시행, 사회보장통계의 작성 등을 위하여 관련 공공기관, 법인, 단체 및 개인에게 자료제출 등 필요한 협조를 요청할 수 있다.

② 위원회는 사회보장에 관한 자료 제출 등 위원회 업무에 필요한 경우 관계 행정기관의 장에게 협조를 요청할 수 있다.

③ 제1항 및 제2항에 따라 협조요청을 받은 자는 정당한 사유가 없으면 이에 따라야 한다.

제42조(사회보장 행정데이터의 제공 요청) ① 위원회는 사회보장 정책의 심의 · 조정 및 연구를 위하여 관계 기관의 장에게 사회보장 행정데이터가 모집단의 대표성을 확보할 수 있는 범위에서 다음 각 호에 해당하는 사회보장 행정데이터의 제공을 요청할 수 있다. 이 경우 사회보장 행정데이터의 제공을 요청받은 관계 기관의 장은 특별한 사유가 없으면 이에 따라야 한다.

1. 사회보험, 공공부조 및 사회서비스에 관한 다음 각 목의 자료 또는 정보
   가. 국민연금 · 건강보험 · 고용보험 · 산업재해보상보험 등 사회보험에 관한 자료 또는 정보
   나. 국민기초생활보장 · 기초연금 등 공공부조에 관한 자료 또는 정보
   다. 아이돌봄서비스 · 장애인활동지원서비스 등 사회서비스에 관한 자료 또는 정보
2. 「고용정책 기본법」 제15조제1항에 따른 고용 · 직업에 관한 정보
3. 「국세기본법」 제81조의13 및 「지방세기본법」 제86조에 따른 과세정보로서 다음 각 목의 정보

가. 「소득세법」 제4조제1항에 따른 소득 및 같은 법 제127조에 따른 원천징수
나. 「조세특례제한법」 제100조의2에 따른 근로장려금 및 같은 법 제100조의27에 따른 자녀장려금의 결정 · 환급 내역
다. 「지방세법」에 따른 재산세
4. 「주민등록법」 제30조제1항에 따른 주민등록전산정보자료
5. 그 밖에 위원회의 업무 수행을 위하여 필요하다고 대통령령으로 정하는 자료 또는 정보

② 제1항에 따라 요청할 수 있는 사회보장 행정데이터의 구체적인 내용 및 모집단의 대표성을 확보할 수 있는 범위 등에 관한 사항은 대통령령으로 정한다.

③ 제1항에 따라 사회보장 행정데이터를 제공하는 경우 「개인정보 보호법」 제2조제1호 다목에 따른 가명정보로 제공하여야 한다.

④ 위원회가 제1항에 따라 제공받은 사회보장 행정데이터의 처리 및 보호에 관하여는 이 법에서 정하는 사항을 제외하고는 「개인정보 보호법」에 따른다. [본조신설 2021. 6. 8.]

제43조(사회보장 행정데이터 분석센터) ① 보건복지부장관은 제42조에 따라 제공받은 사회보장 행정데이터의 원활한 분석, 활용 등을 위하여 사회보장 행정데이터 분석센터를 설치 · 운영할 수 있다.

② 사회보장 행정데이터 분석센터의 설치 · 운영 등에 필요한 사항은 보건복지부령으로 정한다. [본조신설 2021. 6. 8.]

부 칙 〈법률 제18215호, 2021. 6. 8.〉

이 법은 공포 후 6개월이 경과한 날부터 시행한다.

2. 사회복지사업법

[시행 2022. 6. 22.] [법률 제18618호, 2021. 12. 21., 일부개정]

제1장 총칙 〈개정 2011. 8. 4.〉

제1조(목적) 이 법은 사회복지사업에 관한 기본적 사항을 규정하여 사회복지를 필요로 하는 사람에 대하여 인간의 존엄성과 인간다운 생활을 할 권리를 보장하고 사회복지의 전문성을 높이며, 사회복지사업의 공정 · 투명 · 적정을 도모하고, 지역사회복지의 체계를 구축하고 사회복지서비스의 질을 높여 사회복지의 증진에 이바지함을 목적으로 한다. 〈개정 2012. 1. 26., 2017. 10. 24.〉[전문개정 2011. 8. 4.]

제1조의2(기본이념) ① 사회복지를 필요로 하는 사람은 누구든지 자신의 의사에 따라 서비스를 신청하고 제공받을 수 있다.

② 사회복지법인 및 사회복지시설은 공공성을 가지며 사회복지사업을 시행하는 데 있어서 공공성을 확보하여야 한다.

③ 사회복지사업을 시행하는 데 있어서 사회복지를 제공하는 자는 사회복지를 필요로 하는 사람의 인권을 보장하여야 한다.

④ 사회복지서비스를 제공하는 자는 필요한 정보를 제공하는 등 사회복지서비스를 이용하는 사람의 선택권을 보장하여야 한다. 〈신설 2017. 10. 24.〉

[본조신설 2012. 1. 26.]

제2조(정의) 이 법에서 사용하는 용어의 뜻은 다음과 같다. 〈개정 2011. 8. 4., 2012. 1. 26., 2014. 5. 20., 2016. 2. 3., 2016. 5. 29., 2017. 10. 24.〉

1. "사회복지사업"이란 다음 각 목의 법률에 따른 보호 · 선도(善導) 또는 복지에 관한 사업과 사회복지상담, 직업지원, 무료 숙박, 지역사회복지, 의료복지, 재가복지(在家福祉), 사회복지관 운영, 정신질환자 및 한센병력자의 사회복귀에 관한 사업 등 각종 복지사업과 이와 관련된 자원봉사활동 및 복지시설의 운영 또는 지원을 목적으로 하는 사업을 말한다.

   가. 「국민기초생활 보장법」

   나. 「아동복지법」

   다. 「노인복지법」

   라. 「장애인복지법」

마. 「한부모가족지원법」

바. 「영유아보육법」

사. 「성매매방지 및 피해자보호 등에 관한 법률」

아. 「정신건강증진 및 정신질환자 복지서비스 지원에 관한 법률」

자. 「성폭력방지 및 피해자보호 등에 관한 법률」

차. 「입양특례법」

카. 「일제하 일본군위안부 피해자에 대한 생활안정지원 및 기념사업 등에 관한 법률」

타. 「사회복지공동모금회법」

파. 「장애인 · 노인 · 임산부 등의 편의증진 보장에 관한 법률」

하. 「가정폭력방지 및 피해자보호 등에 관한 법률」

거. 「농어촌주민의 보건복지증진을 위한 특별법」

너. 「식품등 기부 활성화에 관한 법률」

더. 「의료급여법」

러. 「기초연금법」

머. 「긴급복지지원법」

버. 「다문화가족지원법」

서. 「장애인연금법」

어. 「장애인활동 지원에 관한 법률」

저. 「노숙인 등의 복지 및 자립지원에 관한 법률」

처. 「보호관찰 등에 관한 법률」

커. 「장애아동 복지지원법」

터. 「발달장애인 권리보장 및 지원에 관한 법률」

퍼. 「청소년복지 지원법」

허. 그 밖에 대통령령으로 정하는 법률

2. "지역사회복지"란 주민의 복지증진과 삶의 질 향상을 위하여 지역사회 차원에서 전개하는 사회복지를 말한다.
3. "사회복지법인"이란 사회복지사업을 할 목적으로 설립된 법인을 말한다.
4. "사회복지시설"이란 사회복지사업을 할 목적으로 설치된 시설을 말한다.
5. "사회복지관" 이란 지역사회를 기반으로 일정한 시설과 전문인력을 갖추고 지역주민의 참여와 협력을 통하여 지역사회의 복지문제를 예방하고 해결하기 위하여 종합적인 복지서비스를 제공하는 시설을 말한다.

6. "사회복지서비스"란 국가 · 지방자치단체 및 민간부문의 도움을 필요로 하는 모든 국민에게 「사회보장기본법」 제3조제4호에 따른 사회서비스 중 사회복지사업을 통한 서비스를 제공하여 삶의 질이 향상되도록 제도적으로 지원하는 것을 말한다.
7. "보건의료서비스"란 국민의 건강을 보호 · 증진하기 위하여 보건의료인이 하는 모든 활동을 말한다.

[전문개정 2011. 8. 4.]

제3조(다른 법률과의 관계) ① 사회복지사업의 내용 및 절차 등에 관하여 제2조제1호 각 목의 법률에 특별한 규정이 있는 경우를 제외하고는 이 법에서 정하는 바에 따른다.

② 제2조제1호 각 목의 법률을 개정하는 경우에는 이 법에 부합하도록 하여야 한다.

[전문개정 2011. 8. 4.]

제4조(복지와 인권증진의 책임) ① 국가와 지방자치단체는 사회복지서비스를 증진하고, 서비스를 이용하는 사람에 대하여 인권침해를 예방하고 차별을 금지하며 인권을 옹호할 책임을 진다. 〈개정 2012. 1. 26.〉

② 국가와 지방자치단체는 사회복지서비스와 보건의료서비스를 함께 필요로 하는 사람에게 이들 서비스가 연계되어 제공되도록 노력하여야 한다.

③ 국가와 지방자치단체, 그 밖에 사회복지사업을 하는 자는 사회복지를 필요로 하는 사람에 대하여 그 사업과 관련한 상담, 작업치료(作業治療), 직업훈련 등을 실시하고 필요한 경우에는 주민의 복지 욕구를 조사할 수 있다.

④ 국가와 지방자치단체는 도움을 필요로 하는 국민이 본인의 선호와 필요에 따라 적절한 사회복지서비스를 제공받을 수 있도록 사회복지서비스 수요자 등을 고려하여 사회복지시설이 균형 있게 설치되도록 노력하여야 한다.

⑤ 국가와 지방자치단체는 민간부문의 사회복지 증진활동이 활성화되고 국가 및 지방자치단체의 사회복지사업과 민간부문의 사회복지 증진활동이 원활하게 연계될 수 있도록 노력하여야 한다.

⑥ 국가와 지방자치단체는 사회복지를 필요로 하는 사람의 인권이 충분히 존중되는 방식으로 사회복지서비스를 제공하고 사회복지와 관련된 인권교육을 강화하여야 한다. 〈신설 2012. 1. 26.〉

⑦ 국가와 지방자치단체는 사회복지서비스를 이용하는 사람이 긴급한 인권침해 상황에 놓인 경우 신속히 대응할 체계를 갖추어야 한다. 〈신설 2012. 1. 26.〉

⑧ 국가와 지방자치단체는 시설 거주자의 희망을 반영하여 지역사회보호체계에서 서비스가 제공될 수 있도록 노력하여야 한다. 〈신설 2012. 1. 26., 2019. 1. 15.〉

⑨ 국가와 지방자치단체는 사회복지서비스를 필요로 하는 사람들에게 사회복지서비스의 실시에 대한 정보를 제공하여야 한다. 〈신설 2012. 1. 26.〉

⑩ 국가와 지방자치단체는 사회복지서비스를 제공하는 자로부터 위법 또는 부당한 처분을 받아 권리나 이익을 침해당한 사람을 위하여 간이하고 신속한 구제조치를 마련하여야 한다. 〈신설 2017. 10. 24.〉

[전문개정 2011. 8. 4.][제목개정 2012. 1. 26.]

제5조(인권존중 및 최대 봉사의 원칙) ① 이 법에 따라 복지업무에 종사하는 사람은 그 업무를 수행할 때에 사회복지를 필요로 하는 사람을 위하여 인권을 존중하고 차별 없이 최대로 봉사하여야 한다. 〈개정 2012. 1. 26., 2017. 10. 24.〉

② 국가와 지방자치단체는 복지업무에 종사하는 사람이 그 업무를 수행할 때에 사회복지를 필요로 하는 사람의 인권을 침해하는 행위를 한 경우에는 제2조제1호 각 목의 법률이 정하는 바에 따라 처분하고 그 사실을 공표하는 등의 조치를 하여야 한다. 〈신설 2017. 10. 24.〉

[전문개정 2011. 8. 4.][제목개정 2012. 1. 26.]

제5조의2(사회복지서비스 제공의 원칙) ① 사회복지서비스를 필요로 하는 사람(이하 "보호대상자"라 한다)에 대한 사회복지서비스 제공(이하 "서비스 제공"이라 한다)은 현물(現物)로 제공하는 것을 원칙으로 한다.

② 시장(「제주특별자치도 설치 및 국제자유도시 조성을 위한 특별법」 제11조제2항에 따른 행정시장을 포함한다. 이하 같다) · 군수 · 구청장(자치구의 구청장을 말한다. 이하 같다)은 국가 또는 지방자치단체 외의 자로 하여금 제1항의 서비스 제공을 실시하게 하는 경우에는 보호대상자에게 사회복지서비스 이용권(이하 "이용권"이라 한다)을 지급하여 국가 또는 지방자치단체 외의 자로부터 그 이용권으로 서비스 제공을 받게 할 수 있다.

③ 국가와 지방자치단체는 사회복지서비스의 품질향상과 원활한 제공을 위하여 필요한 시책을 마련하여야 한다.

④ 국가와 지방자치단체는 사회복지서비스의 품질을 관리하기 위하여 사회복지서비스를 제공하는 기관 · 법인 · 시설 · 단체의 서비스 환경, 서비스 제공 인력의 전문성 등을 평가할 수 있다.

⑤ 보건복지부장관은 제4항에 따른 평가를 위하여 평가기관을 설치 · 운영하거나, 평가의 전부 또는 일부를 관계 기관 또는 단체에 위탁할 수 있다.

⑥ 보건복지부장관은 제5항에 따라 평가를 위탁한 기관 또는 단체에 대하여 그 운영에 필요한 비용을 지원할 수 있다.

[본조신설 2017. 10. 24.]

제6조(시설 설치의 방해 금지) ① 누구든지 정당한 이유 없이 사회복지시설의 설치를 방해하여서는 아니 된다.

② 시장 · 군수 · 구청장은 정당한 이유 없이 사회복지시설의 설치를 지연시키거나 제한하는 조치를 하여서는 아니 된다. 〈개정 2015. 7. 24., 2017. 10. 24.〉

[전문개정 2011. 8. 4.]

제6조의2(사회복지시설 업무의 전자화) ① 보건복지부장관은 사회복지법인 및 사회복지시설의 종사자, 거주자 및 이용자에 관한 자료 등 운영에 필요한 정보의 효율적 처리와 기록 · 관리 업무의 전자화를 위하여 정보시스템을 구축 · 운영할 수 있다.

② 보건복지부장관은 제1항에 따른 정보시스템을 구축 · 운영하는 데 필요한 자료를 수집 · 관리 · 보유할 수 있으며 관련 기관 및 단체에 필요한 자료의 제공을 요청할 수 있다. 이 경우 요청을 받은 기관 및 단체는 정당한 사유가 없으면 그 요청에 따라야 한다.

③ 지방자치단체의 장은 사회복지사업을 수행할 때 관할 복지행정시스템과 제1항에 따른 정보시스템을 전자적으로 연계하여 활용하여야 한다.

④ 사회복지법인의 대표이사와 사회복지시설의 장은 국가와 지방자치단체가 실시하는 사회복지업무의 전자화 시책에 협력하여야 한다.

⑤ 보건복지부장관은 제1항에 따른 정보시스템을 효율적으로 운영하기 위하여 「사회보장기본법」 제37조제7항에 따른 전담기구에 그 운영에 관한 업무를 위탁할 수 있다.

[전문개정 2017. 10. 24.]

제6조의3 삭제 〈2017. 10. 24.〉

제7조 삭제 〈2017. 10. 24.〉

제7조의2 삭제 〈2017. 10. 24.〉

제8조 삭제 〈2017. 10. 24.〉

제9조(사회복지 자원봉사활동의 지원 · 육성) ① 국가와 지방자치단체는 사회복지 자원봉사활동을 지원 · 육성하기 위하여 다음 각 호의 사항을 실시하여야 한다.

1. 자원봉사활동의 홍보 및 교육
2. 자원봉사활동 프로그램의 개발 · 보급
3. 자원봉사활동 중의 재해에 대비한 시책의 개발
4. 그 밖에 자원봉사활동의 지원에 필요한 사항

② 국가와 지방자치단체는 제1항 각 호의 사항을 효율적으로 수행하기 위하여 사회복지법인이나 그 밖의 비영리법인 · 단체에 이를 위탁할 수 있다.
[전문개정 2011. 8. 4.]

제10조(지도 · 훈련) ① 보건복지부장관은 이 법이나 그 밖의 사회복지 관련 법률의 시행에 관한 사무에 종사하는 공무원과 사회복지사업에 종사하는 사람의 자질 향상을 위하여 인권교육 등 필요한 지도와 훈련을 할 수 있다. 〈개정 2012. 1. 26.〉
② 제1항의 훈련에 필요한 사항은 보건복지부령으로 정한다.
[전문개정 2011. 8. 4.]

제11조(사회복지사 자격증의 발급 등) ① 보건복지부장관은 사회복지에 관한 전문지식과 기술을 가진 사람에게 사회복지사 자격증을 발급할 수 있다.
② 제1항에 따른 사회복지사의 등급은 1급 · 2급으로 하되, 정신건강 · 의료 · 학교 영역에 대해서는 영역별로 정신건강사회복지사 · 의료사회복지사 · 학교사회복지사의 자격을 부여할 수 있다. 〈개정 2017. 10. 24., 2018. 12. 11.〉
③ 사회복지사 1급 자격은 국가시험에 합격한 사람에게 부여하고, 정신건강사회복지사 · 의료사회복지사 · 학교사회복지사의 자격은 1급 사회복지사의 자격이 있는 사람 중에서 보건복지부령으로 정하는 수련기관에서 수련을 받은 사람에게 부여한다. 〈개정 2018. 12. 11.〉
④ 제2항에 따른 사회복지사의 등급별 · 영역별 자격기준 및 자격증의 발급절차 등은 대통령령으로 정한다. 〈신설 2018. 12. 11.〉
⑤ 보건복지부장관은 제4항에 따른 사회복지사 자격증을 발급받거나 재발급받으려는 사람에게 보건복지부령으로 정하는 바에 따라 수수료를 내게 할 수 있다. 〈개정 2018. 12. 11.〉
[전문개정 2011. 8. 4.]

제11조의2(사회복지사의 결격사유) 다음 각 호의 어느 하나에 해당하는 사람은 사회복지사가 될 수 없다. 〈개정 2017. 10. 24.〉

1. 피성년후견인 또는 피한정후견인
2. 금고 이상의 형을 선고받고 그 집행이 끝나지 아니하였거나 그 집행을 받지 아니하기로 확정되지 아니한 사람
3. 법원의 판결에 따라 자격이 상실되거나 정지된 사람
4. 마약 · 대마 또는 향정신성의약품의 중독자
5. 「정신건강증진 및 정신질환자 복지서비스 지원에 관한 법률」 제3조제1호에 따른 정신질환자. 다만, 전문의가 사회복지사로서 적합하다고 인정하는 사람은 그러하지 아니하다.

[전문개정 2011. 8. 4.]

제11조의3(사회복지사의 자격취소 등) ① 보건복지부장관은 사회복지사가 다음 각 호의 어느 하나에 해당하는 경우 그 자격을 취소하거나 1년의 범위에서 정지시킬 수 있다. 다만, 제1호부터 제3호까지에 해당하면 그 자격을 취소하여야 한다.

1. 거짓이나 그 밖의 부정한 방법으로 자격을 취득한 경우
2. 제11조의2 각 호의 어느 하나에 해당하게 된 경우
3. 자격증을 대여 · 양도 또는 위조 · 변조한 경우
4. 사회복지사의 업무수행 중 그 자격과 관련하여 고의나 중대한 과실로 다른 사람에게 손해를 입힌 경우
5. 자격정지 처분을 3회 이상 받았거나, 정지 기간 종료 후 3년 이내에 다시 자격정지 처분에 해당하는 행위를 한 경우
6. 자격정지 처분 기간에 자격증을 사용하여 자격 관련 업무를 수행한 경우

② 제1항에 따라 자격이 취소된 사람은 취소된 날부터 15일 내에 자격증을 보건복지부장관에게 반납하여야 한다.

③ 보건복지부장관은 제1항에 따라 자격이 취소된 사람에게는 그 취소된 날부터 2년 이내에 자격증을 재교부하지 못한다. 〈신설 2017. 10. 24.〉

[본조신설 2016. 2. 3.]

제11조의4(유사명칭의 사용금지) 이 법에 따른 사회복지사가 아니면 사회복지사 또는 이와 유사한 명칭을 사용하지 못한다.

[본조신설 2016. 2. 3.]

제12조(국가시험) ① 제11조제3항에 따른 국가시험은 보건복지부장관이 시행하되, 시험의 관리는 대통령령으로 정하는 바에 따라 시험관리능력이 있다고 인정되는 관계 전문기관에 위탁할 수 있다.

② 보건복지부장관은 제1항에 따라 국가시험의 관리를 위탁하였을 때에는 그에 드는 비용을 예산의 범위에서 보조할 수 있다.

③ 제1항에 따라 시험의 관리를 위탁받은 기관은 보건복지부장관의 승인을 받아 정한 금액을 응시수수료로 받을 수 있다.

④ 시험 과목, 응시자격 등 시험의 실시에 필요한 사항은 대통령령으로 정한다.

[전문개정 2011. 8. 4.]

제13조(사회복지사의 채용 및 교육 등) ① 사회복지법인 및 사회복지시설을 설치 · 운영하

는 자는 대통령령으로 정하는 바에 따라 사회복지사를 그 종사자로 채용하고, 보고방법 · 보고주기 등 보건복지부령으로 정하는 바에 따라 특별시장 · 광역시장 · 특별자치시장 · 도지사 · 특별자치도지사(이하 "시 · 도지사"라 한다) 또는 시장 · 군수 · 구청장에게 사회복지사의 임면에 관한 사항을 보고하여야 한다. 다만, 대통령령으로 정하는 사회복지시설은 그러하지 아니하다. 〈개정 2016. 2. 3., 2017. 10. 24.〉

② 보건복지부장관은 사회복지사의 자질 향상을 위하여 필요하다고 인정하면 사회복지사에게 교육을 받도록 명할 수 있다. 다만, 사회복지법인 또는 사회복지시설에 종사하는 사회복지사는 정기적으로 인권에 관한 내용이 포함된 보수교육(補修教育)을 받아야 한다. 〈개정 2012. 1. 26.〉

③ 사회복지법인 또는 사회복지시설을 운영하는 자는 그 법인 또는 시설에 종사하는 사회복지사에 대하여 제2항 단서에 따른 교육을 이유로 불리한 처분을 하여서는 아니 된다.

④ 보건복지부장관은 제2항에 따른 교육을 보건복지부령으로 정하는 기관 또는 단체에 위탁할 수 있다.

⑤ 제2항에 따른 교육의 기간 · 방법 및 내용과 제4항에 따른 위탁 등에 관하여 필요한 사항은 보건복지부령으로 정한다.

[전문개정 2011. 8. 4.]

제14조 삭제 〈2017. 10. 24.〉

제15조 삭제 〈2017. 10. 24.〉

제15조의2(사회복지의 날) ① 국가는 국민의 사회복지에 대한 이해를 증진하고 사회복지사업 종사자의 활동을 장려하기 위하여 매년 9월 7일을 사회복지의 날로 하고, 사회복지의 날부터 1주간을 사회복지주간으로 한다.

② 국가와 지방자치단체는 사회복지의 날의 취지에 적합한 행사 등 사업을 하도록 노력하여야 한다.

[전문개정 2011. 8. 4.]

제1장의2 삭제 〈2014. 12. 30.〉

제15조의3 삭제 〈2014. 12. 30.〉

제15조의4 삭제 〈2014. 12. 30.〉

제15조의5 삭제 〈2014. 12. 30.〉

제15조의6 삭제 〈2014. 12. 30.〉

제2장 사회복지법인 〈개정 2011. 8. 4.〉

제16조(법인의 설립허가) ① 사회복지법인(이하 이 장에서 "법인"이라 한다)을 설립하려는 자는 대통령령으로 정하는 바에 따라 시·도지사의 허가를 받아야 한다.

② 제1항에 따라 허가를 받은 자는 법인의 주된 사무소의 소재지에서 설립등기를 하여야 한다. 〈개정 2012. 1. 26.〉

[전문개정 2011. 8. 4.]

제17조(정관) ① 법인의 정관에는 다음 각 호의 사항이 포함되어야 한다.

1. 목적
2. 명칭
3. 주된 사무소의 소재지
4. 사업의 종류
5. 자산 및 회계에 관한 사항
6. 임원의 임면(任免) 등에 관한 사항
7. 회의에 관한 사항
8. 수익(收益)을 목적으로 하는 사업이 있는 경우 그에 관한 사항
9. 정관의 변경에 관한 사항
10. 존립시기와 해산 사유를 정한 경우에는 그 시기와 사유 및 남은 재산의 처리방법
11. 공고 및 공고방법에 관한 사항

② 법인이 정관을 변경하려는 경우에는 시·도지사의 인가를 받아야 한다. 다만, 보건복지부령으로 정하는 경미한 사항의 경우에는 그러하지 아니하다.

[전문개정 2011. 8. 4.]

제18조(임원) ① 법인은 대표이사를 포함한 이사 7명 이상과 감사 2명 이상을 두어야 한다. 〈개정 2012. 1. 26.〉

② 법인은 제1항에 따른 이사 정수의 3분의 1(소수점 이하는 버린다) 이상을 다음 각 호의 어느 하나에 해당하는 기관이 3배수로 추천한 사람 중에서 선임하여야 한다. 〈개정 2012. 1. 26., 2017. 10. 24.〉

1. 「사회보장급여의 이용·제공 및 수급권자 발굴에 관한 법률」 제40조제1항에 따른 시·도사회보장위원회

2. 「사회보장급여의 이용 · 제공 및 수급권자 발굴에 관한 법률」 제41조제1항에 따른 지역사회보장협의체

③ 이사회의 구성에 있어서 대통령령으로 정하는 특별한 관계에 있는 사람이 이사 현원(現員)의 5분의 1을 초과할 수 없다. 〈개정 2012. 1. 26.〉

④ 이사의 임기는 3년으로 하고 감사의 임기는 2년으로 하며, 각각 연임할 수 있다. 〈개정 2012. 1. 26.〉

⑤ 외국인인 이사는 이사 현원의 2분의 1 미만이어야 한다. 〈개정 2012. 1. 26.〉

⑥ 법인은 임원을 임면하는 경우에는 보건복지부령으로 정하는 바에 따라 지체 없이 시 · 도지사에게 보고하여야 한다. 〈개정 2012. 1. 26.〉

⑦ 감사는 이사와 제3항에 따른 특별한 관계에 있는 사람이 아니어야 하며, 감사 중 1명은 법률 또는 회계에 관한 지식이 있는 사람 중에서 선임하여야 한다. 다만, 대통령령으로 정하는 일정 규모 이상의 법인은 시 · 도지사의 추천을 받아 「주식회사 등의 외부감사에 관한 법률」 제2조제7호에 따른 감사인에 속한 사람을 감사로 선임하여야 한다. 〈신설 2012. 1. 26., 2017. 10. 31.〉

⑧ 제2항 각 호의 기관은 제2항에 따라 이사를 추천하기 위하여 매년 다음 각 호의 어느 하나에 해당하는 사람으로 이사 후보군을 구성하여 공고하여야 한다. 다만, 사회복지법인의 대표자, 사회복지사업을 하는 비영리법인 또는 단체의 대표자, 「사회보장급여의 이용 · 제공 및 수급권자 발굴에 관한 법률」 제41조에 따른 지역사회보장협의체의 대표자는 제외한다. 〈신설 2017. 10. 24.〉

1. 사회복지 또는 보건의료에 관한 학식과 경험이 풍부한 사람
2. 사회복지를 필요로 하는 사람의 이익 등을 대표하는 사람
3. 「비영리민간단체 지원법」 제2조에 따른 비영리민간단체에서 추천한 사람
4. 「사회복지공동모금회법」 제14조에 따른 사회복지공동모금지회에서 추천한 사람

[전문개정 2011. 8. 4.]

제18조의2(임원선임 관련 금품 등 수수 금지) 누구든지 임원의 선임과 관련하여 금품, 향응 또는 그 밖의 재산상 이익을 주고받거나 주고받을 것을 약속하여서는 아니 된다.
[본조신설 2017. 10. 24.]

제19조(임원의 결격사유) ① 다음 각 호의 어느 하나에 해당하는 사람은 임원이 될 수 없다. 〈개정 2012. 1. 26., 2017. 9. 19., 2017. 10. 24., 2018. 12. 11.〉

1. 미성년자

1의2. 피성년후견인 또는 피한정후견인

1의3. 파산선고를 받고 복권되지 아니한 사람

1의4. 법원의 판결에 따라 자격이 상실되거나 정지된 사람

1의5. 금고 이상의 실형을 선고받고 그 집행이 끝나거나(집행이 끝난 것으로 보는 경우를 포함한다) 집행이 면제된 날부터 3년이 지나지 아니한 사람

1의6. 금고 이상의 형의 집행유예를 선고받고 그 유예기간 중에 있는 사람

1의7. 제1호의5 및 제1호의6에도 불구하고 사회복지사업 또는 그 직무와 관련하여 「아동복지법」 제71조, 「보조금 관리에 관한 법률」 제40조부터 제42조까지 또는 「형법」 제28장 · 제40장(제360조는 제외한다)의 죄를 범하거나 이 법을 위반하여 다음 각 목의 어느 하나에 해당하는 사람

가. 100만원 이상의 벌금형을 선고받고 그 형이 확정된 후 5년이 지나지 아니한 사람

나. 형의 집행유예를 선고받고 그 형이 확정된 후 7년이 지나지 아니한 사람

다. 징역형을 선고받고 그 집행이 끝나거나(집행이 끝난 것으로 보는 경우를 포함한다) 집행이 면제된 날부터 7년이 지나지 아니한 사람

1의8. 제1호의5부터 제1호의7까지의 규정에도 불구하고 「성폭력범죄의 처벌 등에 관한 특례법」 제2조의 성폭력범죄 또는 「아동 · 청소년의 성보호에 관한 법률」 제2조제2호의 아동 · 청소년대상 성범죄를 저지른 사람으로서 형 또는 치료감호를 선고받고 확정된 후 그 형 또는 치료감호의 전부 또는 일부의 집행이 끝나거나(집행이 끝난 것으로 보는 경우를 포함한다) 집행이 유예 · 면제된 날부터 10년이 지나지 아니한 사람

2. 제22조에 따른 해임명령에 따라 해임된 날부터 5년이 지나지 아니한 사람

2의2. 제26조에 따라 설립허가가 취소된 사회복지법인의 임원이었던 사람(그 허가의 취소사유 발생에 관하여 직접적인 또는 이에 상응하는 책임이 있는 자로서 대통령령으로 정하는 사람으로 한정한다)으로서 그 설립허가가 취소된 날부터 5년이 지나지 아니한 사람

2의3. 제40조에 따라 시설의 장에서 해임된 사람으로서 해임된 날부터 5년이 지나지 아니한 사람

2의4. 제40조에 따라 폐쇄명령을 받고 3년이 지나지 아니한 사람

3. 사회복지분야의 6급 이상 공무원으로 재직하다 퇴직한 지 3년이 경과하지 아니한 사람 중에서 퇴직 전 5년 동안 소속하였던 기초자치단체가 관할하는 법인의 임원이 되고자 하는 사람

② 임원이 제1항 각 호의 어느 하나에 해당하게 되었을 때에는 그 자격을 상실한다.

[전문개정 2011. 8. 4.]

제20조(임원의 보충) 이사 또는 감사 중에 결원이 생겼을 때에는 2개월 이내에 보충하여야 한다.
[전문개정 2012. 1. 26.]

제21조(임원의 겸직 금지) ① 이사는 법인이 설치한 사회복지시설의 장을 제외한 그 시설의 직원을 겸할 수 없다.
② 감사는 법인의 이사, 법인이 설치한 사회복지시설의 장 또는 그 직원을 겸할 수 없다.
[전문개정 2011. 8. 4.]

제22조(임원의 해임명령) ① 시·도지사는 임원이 다음 각 호의 어느 하나에 해당할 때에는 법인에 그 임원의 해임을 명할 수 있다. 〈개정 2012. 1. 26.〉
1. 시·도지사의 명령을 정당한 이유 없이 이행하지 아니하였을 때
2. 회계부정이나 인권침해 등 현저한 불법행위 또는 그 밖의 부당행위 등이 발견되었을 때
3. 법인의 업무에 관하여 시·도지사에게 보고할 사항에 대하여 고의로 보고를 지연하거나 거짓으로 보고를 하였을 때
4. 제18조제2항·제3항 또는 제7항을 위반하여 선임된 사람
5. 제21조를 위반한 사람
6. 제22조의2에 따른 직무집행 정지명령을 이행하지 아니한 사람
7. 그 밖에 이 법 또는 이 법에 따른 명령을 위반하였을 때

② 제1항에 따른 해임명령은 시·도지사가 해당 법인에게 그 사유를 들어 시정을 요구한 날부터 15일이 경과하여도 이에 응하지 아니한 경우에 한한다. 다만, 시정을 요구하여도 시정할 수 없는 것이 명백하거나 회계부정, 횡령, 뇌물수수 등 비리의 정도가 중대한 경우에는 시정요구 없이 임원의 해임을 명할 수 있으며, 그 세부적 기준은 대통령령으로 정한다. 〈신설 2012. 1. 26.〉
③ 제1항에 따라 해임명령을 받은 법인은 2개월 이내에 임원의 해임에 관한 사항을 의결하기 위한 이사회를 소집하여야 한다. 〈신설 2019. 1. 15.〉
[전문개정 2011. 8. 4.]

제22조의2(임원의 직무집행 정지) ① 시·도지사는 제22조에 따른 해임명령을 하기 위하여 같은 조 제1항 각 호의 사실 여부에 대한 조사나 감사가 진행 중인 경우 및 해임명령 기간 중인 경우에는 해당 임원의 직무집행을 정지시킬 수 있다. 다만, 제22조제1항제4호에 해당하여 해임명령을 받은 경우에는 해당임원의 직무집행을 정지시켜야 한다. 〈개정 2019. 1. 15.〉

② 시 · 도지사는 제1항에 따른 임원의 직무집행 정지사유가 소멸되면 즉시 직무집행 정지명령을 해제하여야 한다.

[본조신설 2012. 1. 26.]

제22조의3(임시이사의 선임) ① 법인이 다음 각 호의 어느 하나에 해당하여 법인의 정상적인 운영이 어렵다고 판단되는 경우 시 · 도지사는 지체 없이 이해관계인의 청구 또는 직권으로 임시이사를 선임하여야 한다. 〈개정 2019. 1. 15.〉

1. 제20조에 따른 기간 내에 결원된 이사를 보충하지 아니하거나 보충할 수 없는 것이 명백한 경우
2. 제22조제3항에 따른 기간 내에 임원의 해임에 관한 사항을 의결하기 위한 이사회를 소집하지 아니하거나 소집할 수 없는 것이 명백한 경우

② 임시이사는 제1항에 따른 사유가 해소될 때까지 재임한다.

③ 시 · 도지사는 임시이사가 선임되었음에도 불구하고 해당 법인이 정당한 사유 없이 이사회 소집을 기피할 경우 이사회 소집을 권고할 수 있다.

④ 제1항에 따른 임시이사의 선임 등에 필요한 사항은 보건복지부령으로 정한다.

⑤ 제1항제2호에 따라 임시이사를 선임하는 경우 제22조의2제1항 단서에 따라 직무집행이 정지된 이사는 자신의 해임명령 이행을 위한 이사회와 관련해서는 이사로 보지 않으며, 이 경우 해당 임시이사가 직무집행이 정지된 이사의 지위를 대신한다. 〈신설 2019. 1. 15.〉

[본조신설 2012. 1. 26.]

제22조의4(임시이사의 해임) ① 시 · 도지사는 다음 각 호의 어느 하나에 해당하는 경우 이해관계인의 청구 또는 직권으로 임시이사를 해임할 수 있다. 이 경우 제2호부터 제4호까지의 규정에 따라 임시이사를 해임하는 때에는 지체 없이 그 후임자를 선임하여야 한다. 〈개정 2017. 10. 24.〉

1. 임시이사 선임사유가 해소된 경우
2. 임시이사가 제19조제1항제1호 및 제1호의2부터 제1호의8까지의 어느 하나에 해당하는 경우
3. 임시이사가 직무를 태만히 하여 법인의 정상화가 어려운 경우
4. 임시이사가 제22조제1항 각 호의 어느 하나에 해당하는 경우

② 법인은 제1항에 따라 해임된 임시이사를 이사로 선임할 수 없다.

[본조신설 2012. 1. 26.]

제23조(재산 등) ① 법인은 사회복지사업의 운영에 필요한 재산을 소유하여야 한다.

② 법인의 재산은 보건복지부령으로 정하는 바에 따라 기본재산과 보통재산으로 구분하며, 기본재산은 그 목록과 가액(價額)을 정관에 적어야 한다.

③ 법인은 기본재산에 관하여 다음 각 호의 어느 하나에 해당하는 경우에는 시 · 도지사의 허가를 받아야 한다. 다만, 보건복지부령으로 정하는 사항에 대하여는 그러하지 아니하다.

1. 매도 · 증여 · 교환 · 임대 · 담보제공 또는 용도변경을 하려는 경우
2. 보건복지부령으로 정하는 금액 이상을 1년 이상 장기차입(長期借入)하려는 경우

④ 제1항에 따른 재산과 그 회계에 관하여 필요한 사항은 보건복지부령으로 정한다.

[전문개정 2011. 8. 4.]

제24조(재산 취득 보고) 법인이 매수 · 기부채납(寄附採納), 후원 등의 방법으로 재산을 취득하였을 때에는 지체 없이 이를 법인의 재산으로 편입조치하여야 한다. 이 경우 법인은 그 취득 사유, 취득재산의 종류 · 수량 및 가액을 매년 시 · 도지사에게 보고하여야 한다.

[전문개정 2011. 8. 4.]

제25조(회의록의 작성 및 공개 등) ① 이사회는 다음 각 호의 사항을 기재한 회의록을 작성하여야 한다. 다만, 이사회 개최 당일에 회의록 작성이 어려운 사정이 있는 경우에는 안건별로 심의 · 의결 결과를 기록한 회의조서를 작성한 후 회의록을 작성할 수 있다.

1. 개의, 회의 중지 및 산회 일시
2. 안건
3. 의사
4. 출석한 임원의 성명
5. 표결수
6. 그 밖에 대표이사가 작성할 필요가 있다고 인정하는 사항

② 회의록 및 회의조서에는 출석임원 전원이 날인하되 그 회의록 또는 회의조서가 2매 이상인 경우에는 간인(間印)하여야 한다.

③ 제1항 단서에 따라 회의조서를 작성한 경우에는 조속한 시일 내에 회의록을 작성하여야 한다.

④ 법인은 회의록을 공개하여야 한다. 다만, 대통령령으로 정하는 사항에 대하여는 이사회의 의결로 공개하지 아니할 수 있다.

⑤ 회의록의 공개에 관한 기간 · 절차, 그 밖에 필요한 사항은 대통령령으로 정한다.

[본조신설 2012. 1. 26.]

第26조(설립허가 취소 등) ① 시·도지사는 법인이 다음 각 호의 어느 하나에 해당할 때에는 기간을 정하여 시정명령을 하거나 설립허가를 취소할 수 있다. 다만, 제1호 또는 제7호에 해당할 때에는 설립허가를 취소하여야 한다. 〈개정 2012. 1. 26., 2019. 1. 15.〉

1. 거짓이나 그 밖의 부정한 방법으로 설립허가를 받았을 때
2. 설립허가 조건을 위반하였을 때
3. 목적 달성이 불가능하게 되었을 때
4. 목적사업 외의 사업을 하였을 때
5. 정당한 사유 없이 설립허가를 받은 날부터 6개월 이내에 목적사업을 시작하지 아니하거나 1년 이상 사업실적이 없을 때
6. 법인이 운영하는 시설에서 반복적 또는 집단적 성폭력범죄 및 학대관련범죄가 발생한 때
7. 법인 설립 후 기본재산을 출연하지 아니한 때
8. 제18조제1항의 임원정수를 위반한 때
9. 제18조제2항을 위반하여 이사를 선임한 때
10. 제22조에 따른 임원의 해임명령을 이행하지 아니한 때
11. 그 밖에 이 법 또는 이 법에 따른 명령이나 정관을 위반하였을 때

② 법인이 제1항 각 호(제1호 및 제7호는 제외한다)의 어느 하나에 해당하여 설립허가를 취소하는 경우는 다른 방법으로 감독 목적을 달성할 수 없거나 시정을 명한 후 6개월 이내에 법인이 이를 이행하지 아니한 경우로 한정한다. 〈개정 2012. 1. 26.〉

[전문개정 2011. 8. 4.]

第27조(남은 재산의 처리) ① 해산한 법인의 남은 재산은 정관으로 정하는 바에 따라 국가 또는 지방자치단체에 귀속된다.

② 제1항에 따라 국가 또는 지방자치단체에 귀속된 재산은 사회복지사업에 사용하거나 유사한 목적을 가진 법인에 무상으로 대여하거나 무상으로 사용·수익하게 할 수 있다. 다만, 해산한 법인의 이사 본인 및 그와 대통령령으로 정하는 특별한 관계에 있는 사람이 이사로 있는 법인에 대하여는 그러하지 아니하다.

[전문개정 2011. 8. 4.]

第28조(수익사업) ① 법인은 목적사업의 경비에 충당하기 위하여 필요할 때에는 법인의 설립 목적 수행에 지장이 없는 범위에서 수익사업을 할 수 있다.

② 법인은 제1항에 따른 수익사업에서 생긴 수익을 법인 또는 법인이 설치한 사회복지

시설의 운영 외의 목적에 사용할 수 없다.

③ 제1항에 따른 수익사업에 관한 회계는 법인의 다른 회계와 구분하여 회계처리하여야 한다.

[전문개정 2011. 8. 4.]

제29조 삭제 〈1999. 4. 30.〉

제30조(합병) ① 법인은 시·도지사의 허가를 받아 이 법에 따른 다른 법인과 합병할 수 있다. 다만, 주된 사무소가 서로 다른 특별시·광역시·특별자치시·도·특별자치도(이하 "시·도"라 한다)에 소재한 법인 간의 합병의 경우에는 보건복지부장관의 허가를 받아야 한다. 〈개정 2017. 10. 24.〉

② 제1항에 따라 법인이 합병하는 경우 합병 후 존속하는 법인이나 합병으로 설립된 법인은 합병으로 소멸된 법인의 지위를 승계한다.

[전문개정 2011. 8. 4.]

제31조(동일명칭 사용 금지) 이 법에 따른 사회복지법인이 아닌 자는 사회복지법인이라는 명칭을 사용하지 못한다.

[전문개정 2011. 8. 4.]

제32조(다른 법률의 준용) 법인에 관하여 이 법에서 규정한 사항을 제외하고는 「민법」과 「공익법인의 설립·운영에 관한 법률」을 준용한다.

[전문개정 2011. 8. 4.]

제33조(사회복지협의회) ① 사회복지에 관한 다음 각 호의 업무를 수행하기 위하여 전국 단위의 한국사회복지협의회(이하 "중앙협의회"라 한다)와 시·도 단위의 시·도 사회복지협의회(이하 "시·도협의회"라 한다)를 두며, 필요한 경우에는 시(「제주특별자치도 설치 및 국제자유도시 조성을 위한 특별법」 제10조제2항에 따른 행정시를 포함한다. 이하 같다)·군·구(자치구를 말한다. 이하 같다) 단위의 시·군·구 사회복지협의회(이하 "시·군·구협의회"라 한다)를 둘 수 있다. 〈개정 2012. 1. 26., 2017. 10. 24.〉

1. 사회복지에 관한 조사·연구 및 정책 건의
2. 사회복지 관련 기관·단체 간의 연계·협력·조정
3. 사회복지 소외계층 발굴 및 민간사회복지자원과의 연계·협력
4. 대통령령으로 정하는 사회복지사업의 조성 등

② 중앙협의회, 시·도협의회 및 시·군·구협의회는 이 법에 따른 사회복지법인으로 하되, 제23조제1항은 적용하지 아니한다.

③ 중앙협의회의 설립 및 운영 등에 관한 허가, 인가, 보고 등에 관하여 제16조제1항, 제17조제2항, 제18조제6항 · 제7항, 제22조, 제23조제3항, 제24조, 제26조제1항 및 제30조제1항을 적용할 때에는 "시 · 도지사"는 "보건복지부장관"으로 본다. 〈개정 2012. 1. 26.〉

④ 중앙협의회, 시 · 도협의회 및 시 · 군 · 구협의회의 조직과 운영 등에 필요한 사항은 대통령령으로 정한다.

[전문개정 2011. 8. 4.]

제2장의2 삭제 〈2017. 10. 24.〉

제33조의2 삭제 〈2017. 10. 24.〉

제33조의3 삭제 〈2017. 10. 24.〉

제33조의4 삭제 〈2017. 10. 24.〉

제33조의5 삭제 〈2017. 10. 24.〉

제33조의6 삭제 〈2017. 10. 24.〉

제33조의7 삭제 〈2017. 10. 24.〉

제33조의8 삭제 〈2017. 10. 24.〉

제3장 사회복지시설 〈개정 2011. 8. 4.〉

제34조(사회복지시설의 설치) ① 국가나 지방자치단체는 사회복지시설(이하 "시설"이라 한다)을 설치 · 운영할 수 있다. 〈개정 2011. 8. 4.〉

② 국가 또는 지방자치단체 외의 자가 시설을 설치 · 운영하려는 경우에는 보건복지부령으로 정하는 바에 따라 시장 · 군수 · 구청장에게 신고하여야 한다. 다만, 다음 각 호의 어느 하나에 해당하는 자는 시설의 설치 · 운영 신고를 할 수 없다. 〈개정 2011. 8. 4., 2012. 1. 26., 2016. 2. 3., 2017. 10. 24.〉

1. 제40조에 따라 폐쇄명령을 받고 3년이 지나지 아니한 자
2. 제19조제1항제1호 및 제1호의2부터 제1호의8까지의 어느 하나에 해당하는 개인 또는 그 개인이 임원인 법인

③ 시장 · 군수 · 구청장은 제2항에 따른 신고를 받은 경우 그 내용을 검토하여 이 법에 적합하면 신고를 수리하여야 한다. 〈신설 2019. 1. 15.〉

④ 시설을 설치 · 운영하는 자는 보건복지부령으로 정하는 재무 · 회계에 관한 기준에

따라 시설을 투명하게 운영하여야 한다. 〈신설 2011. 8. 4., 2019. 1. 15.〉

⑤ 제1항에 따라 국가나 지방자치단체가 설치한 시설은 필요한 경우 사회복지법인이나 비영리법인에 위탁하여 운영하게 할 수 있다. 〈개정 2011. 8. 4., 2012. 1. 26., 2019. 1. 15.〉

⑥ 제5항에 따른 위탁운영의 기준 · 기간 및 방법 등에 관하여 필요한 사항은 보건복지부령으로 정한다. 〈개정 2011. 8. 4., 2012. 1. 26., 2019. 1. 15.〉

[제목개정 2011. 8. 4.]

제34조의2(시설의 통합 설치 · 운영 등에 관한 특례) ① 이 법 또는 제2조제1호 각 목의 법률에 따른 시설을 설치 · 운영하려는 경우에는 지역특성과 시설분포의 실태를 고려하여 이 법 또는 제2조제1호 각 목의 법률에 따른 시설을 통합하여 하나의 시설로 설치 · 운영하거나 하나의 시설에서 둘 이상의 사회복지사업을 통합하여 수행할 수 있다. 이 경우 국가 또는 지방자치단체 외의 자는 통합하여 설치 · 운영하려는 각각의 시설이나 사회복지사업에 관하여 해당 관계 법령에 따라 신고하거나 허가 등을 받아야 한다.

② 제1항에 따라 둘 이상의 시설을 통합하여 하나의 시설로 설치 · 운영하거나 하나의 시설에서 둘 이상의 사회복지사업을 통합하여 수행하는 경우 해당 시설에서 공동으로 이용하거나 배치할 수 있는 시설 및 인력 기준 등은 보건복지부령으로 정한다.

[본조신설 2011. 8. 4.]

[종전 제34조의2는 제34조의3으로 이동 〈2011. 8. 4.〉]

제34조의3(보험가입 의무) ① 시설의 운영자는 다음 각 호의 손해배상책임을 이행하기 위하여 손해보험회사의 책임보험에 가입하거나 「사회복지사 등의 처우 및 지위 향상을 위한 법률」 제4조에 따른 한국사회복지공제회의 책임공제에 가입하여야 한다. 〈개정 2012. 1. 26., 2012. 5. 23., 2013. 6. 4.〉

1. 화재로 인한 손해배상책임
2. 화재 외의 안전사고로 인하여 생명 · 신체에 피해를 입은 보호대상자에 대한 손해배상책임

② 국가나 지방자치단체는 예산의 범위에서 제1항에 따른 책임보험 또는 책임공제의 가입에 드는 비용의 전부 또는 일부를 보조할 수 있다. 〈개정 2012. 1. 26.〉

③ 제1항에 따라 책임보험이나 책임공제에 가입하여야 할 시설의 범위는 대통령령으로 정한다. 〈개정 2012. 1. 26.〉

[전문개정 2011. 8. 4.]

[제34조의2에서 이동, 종전 제34조의3은 제34조의4로 이동 〈2011. 8. 4.〉]

제34조의4(시설의 안전점검 등) ① 시설의 장은 시설에 대하여 정기 및 수시 안전점검을 실시하여야 한다.

② 시설의 장은 제1항에 따라 정기 또는 수시 안전점검을 한 후 그 결과를 시장 · 군수 · 구청장에게 제출하여야 한다.

③ 시장 · 군수 · 구청장은 제2항에 따른 결과를 받은 후 필요한 경우에는 시설의 운영자에게 시설의 보완 또는 개수(改修) · 보수를 요구할 수 있으며, 이 경우 시설의 운영자는 요구에 따라야 한다.

④ 국가나 지방자치단체는 예산의 범위에서 제1항부터 제3항까지의 규정에 따른 안전점검, 시설의 보완 및 개수 · 보수에 드는 비용의 전부 또는 일부를 보조할 수 있다.

⑤ 제1항부터 제4항까지의 규정에 따른 정기 또는 수시 안전점검을 받아야 하는 시설의 범위, 안전점검 시기, 안전점검기관 및 그 절차는 대통령령으로 정한다.

[전문개정 2011. 8. 4.]

[제34조의3에서 이동 〈2011. 8. 4.〉]

제34조의5(사회복지관의 설치 등) ① 제34조제1항과 제2항에 따른 시설 중 사회복지관은 지역사회의 특성과 지역주민의 복지욕구를 고려하여 서비스 제공 등 지역복지증진을 위한 사업을 실시할 수 있다.

② 사회복지관은 모든 지역주민을 대상으로 사회복지서비스를 실시하되, 다음 각 호의 지역주민에게 우선 제공하여야 한다.

1. 「국민기초생활 보장법」에 따른 수급자 및 차상위계층
2. 장애인, 노인, 한부모가족 및 다문화가족
3. 직업 및 취업 알선이 필요한 사람
4. 보호와 교육이 필요한 유아 · 아동 및 청소년
5. 그 밖에 사회복지관의 사회복지서비스를 우선 제공할 필요가 있다고 인정되는 사람

③ 그 밖에 사회복지관의 설치 · 운영 · 사업 등에 필요한 사항은 보건복지부령으로 정한다.

[본조신설 2012. 1. 26.]

제35조(시설의 장) ① 시설의 장은 상근(常勤)하여야 한다.

② 다음 각 호의 어느 하나에 해당하는 사람은 시설의 장이 될 수 없다. 〈개정 2012. 1. 26., 2017. 9. 19., 2017. 10. 24.〉

1. 제19조제1항제1호, 제1호의2부터 제1호의8까지 및 제2호의2부터 제2호의4까지의 어느 하나에 해당하는 사람

2. 제22조에 따른 해임명령에 따라 해임된 날부터 5년이 지나지 아니한 사람
3. 사회복지분야의 6급 이상 공무원으로 재직하다 퇴직한 지 3년이 경과하지 아니한 사람 중에서 퇴직 전 5년 동안 소속하였던 기초자치단체가 관할하는 시설의 장이 되고자 하는 사람

[전문개정 2011. 8. 4.]

제35조의2(종사자) ① 사회복지법인과 사회복지시설을 설치 · 운영하는 자는 시설에 근무할 종사자를 채용할 수 있다.

② 다음 각 호의 어느 하나에 해당하는 사람은 사회복지법인 또는 사회복지시설의 종사자가 될 수 없다. 〈개정 2017. 10. 24.〉

1. 제19조제1항제1호의7 또는 제1호의8에 해당하는 사람
2. 제1호에도 불구하고 종사자로 재직하는 동안 시설이용자를 대상으로 「성폭력범죄의 처벌 등에 관한 특례법」 제2조에 따른 성폭력범죄 및 「아동 · 청소년의 성보호에 관한 법률」 제2조제2호에 따른 아동 · 청소년대상 성범죄를 저질러 금고 이상의 형 또는 치료감호를 선고받고 그 형이 확정된 사람

[본조신설 2012. 1. 26.]

제36조(운영위원회) ① 시설의 장은 시설의 운영에 관한 다음 각 호의 사항을 심의하기 위하여 시설에 운영위원회를 두어야 한다. 다만, 보건복지부령으로 정하는 경우에는 복수의 시설에 공동으로 운영위원회를 둘 수 있다. 〈개정 2012. 1. 26.〉

1. 시설운영계획의 수립 · 평가에 관한 사항
2. 사회복지 프로그램의 개발 · 평가에 관한 사항
3. 시설 종사자의 근무환경 개선에 관한 사항
4. 시설 거주자의 생활환경 개선 및 고충 처리 등에 관한 사항
5. 시설 종사자와 거주자의 인권보호 및 권익증진에 관한 사항
6. 시설과 지역사회의 협력에 관한 사항
7. 그 밖에 시설의 장이 운영위원회의 회의에 부치는 사항

② 운영위원회의 위원은 다음 각 호의 어느 하나에 해당하는 사람 중에서 관할 시장 · 군수 · 구청장이 임명하거나 위촉한다. 〈신설 2012. 1. 26.〉

1. 시설의 장
2. 시설 거주자 대표
3. 시설 거주자의 보호자 대표
4. 시설 종사자의 대표

5. 해당 시 · 군 · 구 소속의 사회복지업무를 담당하는 공무원
6. 후원자 대표 또는 지역주민
7. 공익단체에서 추천한 사람
8. 그 밖에 시설의 운영 또는 사회복지에 관하여 전문적인 지식과 경험이 풍부한 사람

③ 시설의 장은 다음 각 호의 사항을 제1항에 따른 운영위원회에 보고하여야 한다. 〈신설 2012. 1. 26.〉

1. 시설의 회계 및 예산 · 결산에 관한 사항
2. 후원금 조성 및 집행에 관한 사항
3. 그 밖에 시설운영과 관련된 사건 · 사고에 관한 사항

④ 그 밖에 운영위원회의 조직 및 운영에 관한 사항은 보건복지부령으로 정한다. 〈개정 2012. 1. 26.〉

[전문개정 2011. 8. 4.]

제37조(시설의 서류 비치) 시설의 장은 후원금품대장 등 보건복지부령으로 정하는 서류를 시설에 갖추어 두어야 한다.

[전문개정 2011. 8. 4.]

제38조(시설의 휴지 · 재개 · 폐지 신고 등) ① 제34조제2항에 따른 신고를 한 자는 지체 없이 시설의 운영을 시작하여야 한다.

② 시설의 운영자는 그 운영을 일정 기간 중단하거나 다시 시작하거나 시설을 폐지하려는 경우에는 보건복지부령으로 정하는 바에 따라 시장 · 군수 · 구청장에게 신고하여야 한다.

③ 시장 · 군수 · 구청장은 제2항에 따라 시설 운영이 중단되거나 시설이 폐지되는 경우에는 보건복지부령으로 정하는 바에 따라 시설 거주자의 권익을 보호하기 위하여 다음 각 호의 조치를 하고 신고를 수리하여야 한다. 〈개정 2012. 1. 26., 2019. 1. 15.〉

1. 시설 거주자가 자립을 원하는 경우 자립을 할 수 있도록 지원하고 그 이행을 확인하는 조치
2. 시설 거주자가 다른 시설을 선택할 수 있도록 하고 그 이행을 확인하는 조치
3. 시설 거주자가 이용료 · 사용료 등의 비용을 부담하는 경우 납부한 비용 중 사용하지 아니한 금액을 반환하게 하고 그 이행을 확인하는 조치
4. 보조금 · 후원금 등의 사용 실태 확인과 이를 재원으로 조성한 재산 중 남은 재산의 회수조치
5. 그 밖에 시설 거주자의 권익 보호를 위하여 필요하다고 인정되는 조치

④ 시설 운영자가 제2항에 따라 시설운영을 재개하려고 할 때에는 보건복지부령으로 정하는 바에 따라 시설 거주자의 권익을 보호하기 위하여 다음 각 호의 조치를 하여야 한다. 이 경우 시장 · 군수 · 구청장은 그 조치 내용을 확인하고 제2항에 따른 신고를 수리하여야 한다. 〈신설 2012. 1. 26., 2019. 1. 15.〉

1. 운영 중단 사유의 해소
2. 향후 안정적 운영계획의 수립
3. 그 밖에 시설 거주자의 권익 보호를 위하여 보건복지부장관이 필요하다고 인정하는 조치

⑤ 제1항과 제2항에 따른 시설 운영의 개시 · 중단 · 재개 및 시설 폐지의 신고 등에 관하여 필요한 사항은 보건복지부령으로 정한다. 〈신설 2012. 1. 26.〉

[전문개정 2011. 8. 4.]

제39조 삭제 〈1999. 4. 30.〉

제40조(시설의 개선, 사업의 정지, 시설의 폐쇄 등) ① 보건복지부장관, 시 · 도지사 또는 시장 · 군수 · 구청장은 시설이 다음 각 호의 어느 하나에 해당할 때에는 그 시설의 개선, 사업의 정지, 시설의 장의 교체를 명하거나 시설의 폐쇄를 명할 수 있다. 〈개정 2012. 1. 26., 2018. 12. 11.〉

1. 시설이 설치기준에 미달하게 되었을 때
2. 사회복지법인 또는 비영리법인이 설치 · 운영하는 시설의 경우 그 사회복지법인 또는 비영리법인의 설립허가가 취소되었을 때
3. 설치 목적이 달성되었거나 그 밖의 사유로 계속하여 운영될 필요가 없다고 인정할 때
4. 회계부정이나 불법행위 또는 그 밖의 부당행위 등이 발견되었을 때
5. 제34조제2항에 따른 신고를 하지 아니하고 시설을 설치 · 운영하였을 때
6. 제36조제1항에 따른 운영위원회를 설치하지 아니하거나 운영하지 아니하였을 때
7. 정당한 이유 없이 제51조제1항에 따른 보고 또는 자료 제출을 하지 아니하거나 거짓으로 하였을 때
8. 정당한 이유 없이 제51조제1항 및 제2항에 따른 검사 · 질문 · 회계감사를 거부 · 방해하거나 기피하였을 때
9. 시설에서 「성폭력범죄의 처벌 등에 관한 특례법」 제2조제1항 제3호부터 제5호까지의 성폭력범죄 또는 「아동 · 청소년의 성보호에 관한 법률」 제2조제3호의 아동 · 청소년대상 성폭력범죄가 발생한 때
10. 1년 이상 시설이 휴지상태에 있어 시장 · 군수 · 구청장이 재개를 권고하였음에도

불구하고 재개하지 아니한 때

② 제1항에 따른 사업의 정지 및 시설의 폐쇄 명령을 받은 경우에는 제38조제3항을 준용한다.

③ 제1항에 따른 행정처분의 세부적인 기준은 그 위반행위의 유형과 위반 정도 등을 고려하여 보건복지부령으로 정한다.

[전문개정 2011. 8. 4.]

제41조(시설 수용인원의 제한) 각 시설의 수용인원은 300명을 초과할 수 없다. 다만, 대통령령으로 정하는 경우에는 그러하지 아니하다.

[전문개정 2011. 8. 4.]

제3장의2 재가복지 〈신설 2003. 7. 30.〉

제41조의2(재가복지서비스) ① 국가나 지방자치단체는 보호대상자가 다음 각 호의 어느 하나에 해당하는 재가복지서비스를 제공받도록 할 수 있다.

1. 가정봉사서비스 : 가사 및 개인활동을 지원하거나 정서활동을 지원하는 서비스
2. 주간 · 단기 보호서비스 : 주간 · 단기 보호시설에서 급식 및 치료 등 일상생활의 편의를 낮 동안 또는 단기간 동안 제공하거나 가족에 대한 교육 및 상담을 지원하는 서비스

② 시장 · 군수 · 구청장은 「사회보장급여의 이용 · 제공 및 수급권자 발굴에 관한 법률」 제15조에 따른 보호대상자별 서비스 제공 계획에 따라 보호대상자에게 사회복지서비스를 제공하는 경우 시설 입소에 우선하여 제1항 각 호의 재가복지서비스를 제공하도록 하여야 한다. 〈개정 2012. 1. 26., 2017. 10. 24.〉

[전문개정 2011. 8. 4.]

제41조의3 삭제 〈2017. 10. 24.〉

제41조의4(가정봉사원의 양성) 국가나 지방자치단체는 재가복지서비스를 필요로 하는 가정 또는 시설에서 보호대상자가 일상생활을 하기 위하여 필요한 각종 편의를 제공하는 가정봉사원을 양성하도록 노력하여야 한다.

[전문개정 2011. 8. 4.]

제4장 보칙 〈개정 2011. 8. 4.〉

제42조(보조금 등) ① 국가나 지방자치단체는 사회복지사업을 하는 자 중 대통령령으로 정하

는 자에게 운영비 등 필요한 비용의 전부 또는 일부를 보조할 수 있다. 〈개정 2016. 2. 3.〉

② 제1항에 따른 보조금은 그 목적 외의 용도에 사용할 수 없다.

③ 국가나 지방자치단체는 제1항에 따라 보조금을 받은 자가 다음 각 호의 어느 하나에 해당할 때에는 이미 지급한 보조금의 전부 또는 일부의 반환을 명할 수 있다. 다만, 제1호 및 제2호의 경우에는 반환을 명하여야 한다. 〈개정 2016. 2. 3.〉

1. 거짓이나 그 밖의 부정한 방법으로 보조금을 받았을 때
2. 사업 목적 외의 용도에 보조금을 사용하였을 때
3. 이 법 또는 이 법에 따른 명령을 위반하였을 때

④ 제1항에 따른 보조금과 관련하여 이 법에서 규정한 사항 외에는 「보조금 관리에 관한 법률」 및 「지방재정법」을 따른다. 〈신설 2016. 2. 3.〉

[전문개정 2011. 8. 4.]

제42조의2(국유 · 공유 재산의 우선매각) 국가나 지방자치단체는 사회복지사업과 관련한 시설을 설치하거나 사업을 육성하기 위하여 필요하다고 인정하면 「국유재산법」과 「공유재산 및 물품 관리법」에도 불구하고 사회복지법인 또는 사회복지시설에 국유 · 공유 재산을 우선매각하거나 임대할 수 있다.

[전문개정 2011. 8. 4.]

제42조의3(지방자치단체에 대한 지원금) ① 보건복지부장관은 시 · 도지사 및 시장 · 군수 · 구청장에게 사회복지사업의 수행에 필요한 비용을 지원할 수 있다. 〈개정 2008. 2. 29., 2010. 1. 18.〉

② 보건복지부장관은 「사회보장급여의 이용 · 제공 및 수급권자 발굴에 관한 법률」 제39조에 따른 평가결과를 반영하여 제1항에 따른 지원을 할 수 있다. 〈개정 2008. 2. 29., 2010. 1. 18., 2014. 12. 30.〉

③ 제1항에 따른 지원금의 지급기준 · 지급방법 등에 관하여 필요한 사항은 보건복지부령으로 정한다. 〈개정 2008. 2. 29., 2010. 1. 18.〉

[본조신설 2007. 12. 14.]

제43조(시설의 서비스 최저기준) ① 보건복지부장관은 시설에서 제공하는 서비스의 최저기준을 마련하여야 한다.

② 시설 운영자는 제1항의 서비스 최저기준 이상으로 서비스 수준을 유지하여야 한다.

③ 제1항의 서비스 기준 대상시설과 서비스 내용 등에 관하여 필요한 사항은 보건복지부령으로 정한다.

[본조신설 2012. 1. 26.]

[종전 제43조는 제43조의2로 이동 〈2012. 1. 26.〉]

제43조의2(시설의 평가) ① 보건복지부장관과 시·도지사는 보건복지부령으로 정하는 바에 따라 시설을 정기적으로 평가하고, 그 결과를 공표하거나 시설의 감독·지원 등에 반영할 수 있으며 시설 거주자를 다른 시설로 보내는 등의 조치를 할 수 있다.

② 보건복지부장관이나 시·도지사는 제1항의 평가 결과에 따라 시설 거주자를 다른 시설로 보내는 경우에는 제38조제3항의 조치를 하여야 한다.

[전문개정 2012. 1. 26.]

[제43조에서 이동 〈2012. 1. 26.〉]

제44조(비용의 징수) 이 법에 따른 복지조치에 필요한 비용을 부담한 지방자치단체의 장이나 그 밖에 시설을 운영하는 자는 그 혜택을 받은 본인 또는 그 부양의무자로부터 대통령령으로 정하는 바에 따라 그가 부담한 비용의 전부 또는 일부를 징수할 수 있다.

[전문개정 2011. 8. 4.]

제45조(후원금의 관리) ① 사회복지법인의 대표이사와 시설의 장은 아무런 대가 없이 무상으로 받은 금품이나 그 밖의 자산(이하 "후원금"이라 한다)의 수입·지출 내용을 공개하여야 하며 그 관리에 명확성이 확보되도록 하여야 한다. 〈개정 2012. 1. 26.〉

② 후원금에 관한 영수증 발급, 수입 및 사용결과 보고, 그 밖에 후원금 관리 및 공개 절차 등 구체적인 사항은 보건복지부령으로 정한다. 〈개정 2012. 1. 26.〉

[전문개정 2011. 8. 4.]

제45조의2(상속인 없는 재산의 처리) ① 시설을 설치·운영하는 자는 그 시설에 입소 중인 사람이 사망하고 그 상속인의 존부가 분명하지 아니한 때에는 「민법」 제1053조부터 제1059조까지의 규정에 따라 사망한 사람의 재산을 처리한다. 다만, 사망한 사람의 잔여재산이 500만원 이하인 경우에는 관할 시장·군수·구청장에게 잔여재산 목록을 작성하여 보고하는 것으로 그 재산의 처리를 갈음할 수 있다.

② 제1항 단서에 따른 보고를 받은 시장·군수·구청장은 제2조제1호 각 목의 법률에서 정하는 절차에 따라 사망한 사람의 재산을 처리할 수 있다.

[본조신설 2020. 12. 29.]

제46조(한국사회복지사협회) ① 사회복지사는 사회복지에 관한 전문지식과 기술을 개발·보급하고, 사회복지사의 자질 향상을 위한 교육훈련을 실시하며, 사회복지사의 복지증진을 도모하기 위하여 한국사회복지사협회(이하 "협회"라 한다)를 설립한다.

② 제1항에 따른 협회는 법인으로 하되, 협회의 조직과 운영 등에 필요한 사항은 대통령령으로 정한다.

③ 협회에 관하여 이 법에서 규정한 사항을 제외하고는 「민법」 중 사단법인에 관한 규정을 준용한다.

[전문개정 2011. 8. 4.]

제47조(비밀누설의 금지) 사회복지사업 또는 사회복지업무에 종사하였거나 종사하고 있는 사람은 그 업무 수행 과정에서 알게 된 다른 사람의 비밀을 누설하여서는 아니 된다.

[전문개정 2011. 8. 4.]

제48조(압류 금지) 이 법 및 제2조제1호 각 목의 법률에 따라 지급된 금품과 이를 받을 권리는 압류하지 못한다.

[전문개정 2011. 8. 4.]

제49조(청문) 보건복지부장관, 시 · 도지사 또는 시장 · 군수 · 구청장은 다음 각 호의 어느 하나에 해당하는 처분을 하려면 청문을 실시하여야 한다. 〈개정 2016. 2. 3.〉

1. 제11조의3에 따른 사회복지사의 자격취소
2. 제26조에 따른 설립허가 취소
3. 제40조에 따른 시설의 폐쇄

[전문개정 2011. 8. 4.]

제50조(포상) 정부는 사회복지사업에 관하여 공로가 현저하거나 모범이 되는 자에게 포상(褒賞)을 할 수 있다.

[전문개정 2011. 8. 4.]

제51조(지도 · 감독 등) ① 보건복지부장관, 시 · 도지사 또는 시장 · 군수 · 구청장은 사회복지사업을 운영하는 자의 소관 업무에 관하여 지도 · 감독을 하며, 필요한 경우 그 업무에 관하여 보고 또는 관계 서류의 제출을 명하거나, 소속 공무원으로 하여금 사회복지법인의 사무소 또는 시설에 출입하여 검사 또는 질문을 하게 할 수 있다.

② 시 · 도지사 또는 시장 · 군수 · 구청장은 사회복지법인과 사회복지시설에 대하여 지방의회의 추천을 받아 「공인회계사법」 제7조에 따라 등록한 공인회계사 또는 「주식회사 등의 외부감사에 관한 법률」 제2조제7호에 따른 감사인을 선임하여 회계감사를 실시할 수 있다. 이 경우 공인회계사 또는 감사인의 추천, 회계감사의 대상 및 그 밖에 필요한 사항은 보건복지부령으로 정하는 기준에 따라 지방자치단체의 조례로 정한다. 〈신설 2018. 12. 11.〉

③ 사회복지법인의 주된 사무소의 소재지와 시설의 소재지가 같은 시 · 도 또는 시 · 군 · 구

에 있지 아니한 경우 그 시설의 업무에 관하여는 시설 소재지의 시 · 도지사 또는 시장 · 군수 · 구청장이 지도 · 감독 · 회계감사 등을 한다. 이 경우 지도 · 감독 · 회계감사 등을 위하여 필요할 때에는 사회복지법인의 업무에 대하여 사회복지법인의 주된 사무소 소재지의 시 · 도지사 또는 시장 · 군수 · 구청장에게 협조를 요청할 수 있다. 〈개정 2018. 12. 11.〉

④ 제3항에 따른 지도 · 감독 · 회계감사 등에 관하여 따로 지방자치단체 간에 협약을 체결한 경우에는 제2항에도 불구하고 협약에서 정한 시 · 도지사 또는 시장 · 군수 · 구청장이 지도 · 감독 · 회계감사 등의 업무를 수행한다. 〈개정 2018. 12. 11.〉

⑤ 제1항 및 제2항에 따라 검사 · 질문 또는 회계감사를 하는 관계 공무원 등은 그 권한을 표시하는 증표를 지니고 이를 관계인에게 보여주어야 한다. 〈개정 2018. 12. 11.〉

⑥ 보건복지부장관, 시 · 도지사 또는 시장 · 군수 · 구청장은 지도 · 감독 · 회계감사를 실시한 후 제26 조 및 제40조에 따른 행정처분 등을 한 경우에는 처분 대상인 법인 또는 시설의 명칭, 처분사유, 처분내용 등 처분과 관련된 정보를 대통령령으로 정하는 바에 따라 공표할 수 있다. 〈신설 2012. 1. 26., 2017. 10. 24., 2018. 12. 11.〉

⑦ 지도 · 감독 기관은 사회복지 사업을 운영하는 자의 소관 업무에 대한 지도 · 감독에 있어 필요한 경우 촉탁할 수 있으며 촉탁받은 자의 업무범위와 권한은 대통령령으로 정한다. 〈신설 2012. 1. 26., 2018. 12. 11.〉

[전문개정 2011. 8. 4.]

제52조(권한의 위임 또는 위탁) ① 이 법에 따른 보건복지부장관 또는 시 · 도지사의 권한은 대통령령으로 정하는 바에 따라 그 일부를 시 · 도지사 또는 시장 · 군수 · 구청장에게 위임할 수 있다.

② 보건복지부장관은 이 법에 따른 업무의 일부를 대통령령으로 정하는 바에 따라 제6조의2제5항에 따른 전담기구, 사회복지 관련 기관 또는 단체에 위탁할 수 있다. 〈개정 2017. 10. 24.〉

[전문개정 2011. 8. 4.]

제5장 벌칙 〈개정 2011. 8. 4.〉

제53조(벌칙) 다음 각 호의 어느 하나에 해당하는 자는 5년 이하의 징역 또는 5천만원 이하의 벌금에 처한다. 〈개정 2016. 12. 2.〉

1. 제23조제3항을 위반한 자
2. 제42조제2항을 위반한 자

[전문개정 2011. 8. 4.]

제53조의2 삭제 〈2014. 12. 30.〉

제53조의3 삭제 〈2014. 12. 30.〉

제54조(벌칙) 다음 각 호의 어느 하나에 해당하는 자는 1년 이하의 징역 또는 1천만원 이하의 벌금에 처한다. 〈개정 2017. 10. 24., 2018. 12. 11.〉

1. 제6조제1항을 위반한 자

1의2. 제18조의2를 위반하여 금품, 향응 또는 재산상의 이익을 주고받거나 주고받을 것을 약속한 사람

2. 제28조제2항을 위반한 자
3. 제34조제2항에 따른 신고를 하지 아니하고 시설을 설치 · 운영한 자
4. 정당한 이유 없이 제38조제3항(제40조제2항에서 준용하는 경우를 포함한다)에 따른 시설 거주자 권익 보호조치를 기피하거나 거부한 자
5. 정당한 이유 없이 제40조제1항에 따른 명령을 이행하지 아니한 자
6. 제47조를 위반한 자
7. 정당한 이유 없이 제51조제1항 및 제2항에 따른 보고를 하지 아니하거나 거짓으로 보고한 자, 자료를 제출하지 아니하거나 거짓 자료를 제출한 자, 검사 · 질문 · 회계감사를 거부 · 방해 또는 기피한 자

[전문개정 2011. 8. 4.]

제55조(벌칙) 제13조를 위반한 자는 300만원 이하의 벌금에 처한다.

[전문개정 2011. 8. 4.]

제56조(양벌규정) 법인의 대표자나 법인 또는 개인의 대리인 · 사용인, 그 밖의 종업원이 그 법인 또는 개인의 업무에 관하여 제53조, 제54조 및 제55조의 위반행위를 하면 그 행위자를 벌하는 외에 그 법인 또는 개인에게도 해당 조문의 벌금형을 과(科)한다. 다만, 법인 또는 개인이 그 위반행위를 방지하기 위하여 해당 업무에 관하여 상당한 주의와 감독을 게을리하지 아니한 경우에는 그러하지 아니하다. 〈개정 2014. 12. 30.〉

[전문개정 2011. 8. 4.]

제57조(벌칙 적용 시의 공무원 의제) 제12조제1항 또는 제52조제2항에 따라 위탁받은 업무를 수행하는 제6조의2제5항에 따른 전담기구, 사회복지 관련 기관 또는 단체 임직원은 「형법」 제129조부터 제132조까지의 규정을 적용할 때에는 공무원으로 본다. 〈개정 2017. 10. 24.〉

[전문개정 2011. 8. 4.]

제58조(과태료) ① 다음 각 호의 어느 하나에 해당하는 자에게는 500만원 이하의 과태료를 부과한다. 〈신설 2018. 12. 11.〉

1. 제35조의3제1항을 위반하여 채용한 자
2. 제35조의3제2항을 위반하여 근로조건을 변경 · 적용한 자

② 제13조제2항 단서 및 제3항, 제11조의4, 제18조제6항, 제24조, 제31조, 제34조의3, 제34조의4, 제37조, 제38조제1항 · 제2항 또는 제45조를 위반한 자에게는 300만원 이하의 과태료를 부과한다. 〈개정 2012. 1. 26., 2016. 2. 3., 2018. 12. 11.〉

③ 삭제 〈2017. 10. 24.〉

④ 제1항 또는 제2항에 따른 과태료는 대통령령으로 정하는 바에 따라 보건복지부장관, 시 · 도지사 또는 시장 · 군수 · 구청장이 부과 · 징수한다. 〈개정 2017. 10. 24., 2018. 12. 11.〉

[전문개정 2011. 8. 4.]

부 칙 〈법률 제18618호, 2021. 12. 21.〉

제1조(시행일) 이 법은 공포 후 6개월이 경과한 날부터 시행한다. 다만, 제19조의2의 개정규정은 공포한 날부터 시행한다.

제2조(결격사유에 관한 경과조치) 이 법 시행 전에 발생한 사유로 인하여 제19조제1항제1호의9, 제35조제2항제1호 및 제35조의2제2항제1호의 개정규정에 따른 결격사유에 해당하게 된 경우에는 같은 개정규정에도 불구하고 종전의 규정에 따른다.

3. 사회복지사 등의 처우 및 지위 향상을 위한 법률

[시행 2022. 6. 22.] [법률 제18617호, 2021. 12. 21., 일부개정]

제1조(목적) 이 법은 사회복지사 등에 대한 처우를 개선하고 신분보장을 강화하여 사회복지사 등의 지위를 향상하도록 함으로써 사회복지 증진에 이바지하는 것을 목적으로 한다.

제2조(정의) "사회복지사 등"이란 다음 각 호의 어느 하나에 해당하는 법인 등(이하 "사회복지법인 등"이라 한다)에서 사회복지사업에 종사하는 자를 말한다.

1. 「사회복지사업법」 제16조에 따라 사회복지사업을 행할 목적으로 설립된 사회복지법인
2. 「사회복지사업법」 제2조에 따라 사회복지사업을 행할 목적으로 설치된 사회복지시설
3. 그 밖에 대통령령으로 정하는 사회복지 관련 단체 또는 기관

제3조(사회복지사 등의 처우개선과 신분보장) ① 국가와 지방자치단체는 사회복지사 등의 처우를 개선하고 복지를 증진함과 아울러 그 지위 향상을 위하여 적극적으로 노력하여야 한다.

② 국가와 지방자치단체는 사회복지사 등의 보수가 사회복지전담공무원의 보수수준에 도달하도록 노력하여야 한다.

③ 국가는 사회복지사 등의 적정 인건비에 관한 기준을 마련하여야 하며, 지방자치단체는 해당 기준을 준수하기 위하여 노력하여야 한다. 〈신설 2018. 12. 11.〉

④ 보건복지부장관과 지방자치단체의 장은 사회복지사 등의 보수 수준 및 지급실태, 제3항에 따른 기준의 지방자치단체별 준수율 등에 관하여 3년마다 조사 · 공표하여야 한다. 〈개정 2018. 12. 11.〉

⑤ 사회복지사 등은 사회복지법인 등의 운영과 관련된 위법 · 부당 행위 및 그 밖의 비리 사실 등을 관계 행정기관과 수사기관에 신고하는 행위로 인하여 징계 조치 등 신분상 불이익이나 근무조건상 차별을 받지 아니한다. 〈개정 2018. 12. 11.〉

제3조의2(처우개선위원회) ① 사회복지사 등의 처우개선 등에 관한 사항을 심의하기 위하여 보건복지부와 특별시 · 광역시 · 특별자치시 · 도 · 특별자치도(이하 "시 · 도"라 한다) 및 시 · 군 · 구(자치구를 말한다. 이하 같다)에 각각 처우개선위원회를 둔다. 다만, 시 · 군 · 구에 두는 처우개선위원회는 그 기능을 담당하기에 적합한 다른 위원회가 있는 경우에는 시 · 군 · 구의 조례로 정하는 바에 따라 그 위원회가 처우개선위원회의 기능을 수행할 수 있다.

② 보건복지부에 두는 처우개선위원회는 다음 각 호의 사항을 심의한다.

1. 사회복지사 등의 처우개선에 관한 사항
2. 제3조제3항에 따른 적정 인건비 기준에 관한 사항
3. 그 밖에 사회복지사 등의 처우개선 등에 관한 사항으로서 위원장이 필요하다고 인정하여 회의에 부치는 사항

③ 보건복지부에 두는 처우개선위원회의 기능과 구성 · 운영 등에 관하여 필요한 사항은 대통령령으로 정한다.

④ 시 · 도 및 시 · 군 · 구에 두는 처우개선위원회의 기능과 구성 · 운영 등에 관하여 필요한 사항은 대통령령으로 정하는 바에 따라 조례로 정한다.

[본조신설 2021. 12. 21.]

제4조(한국사회복지공제회) ① 사회복지사 등은 생활안정과 복지증진을 도모하기 위하여 보건복지부장관의 인가를 받아 한국사회복지공제회(이하 "공제회"라 한다)를 설립할 수 있다. 〈개정 2012. 5. 23.〉

② 공제회는 법인으로 하고, 주된 사무소는 서울특별시에 둔다.

③ 공제회의 정관 기재사항은 대통령령으로 정하고, 정관의 변경은 대의원회의 의결을 거쳐 보건복지부장관의 인가를 받아야 한다.

④ 삭제 〈2012. 5. 23.〉

[제목개정 2012. 5. 23.]

제4조의2(유사명칭의 사용 금지) 이 법에 따른 공제회가 아니면 한국사회복지공제회 또는 이와 유사한 명칭을 사용하지 못한다.

[본조신설 2012. 5. 23.]

제4조의3(회원의 자격) ① 공제회의 회원은 사회복지사업에 종사하는 자 중 다음 각 호의 어느 하나에 해당하는 사람으로 한다.

1. 「사회복지사업법」 제11조에 따른 사회복지사
2. 제2조에 따른 법인 및 시설 등에 종사하는 사람
3. 「민법」 또는 다른 법률에 따라 설립된 법인 등에서 사회복지 관련 업무에 종사하는 자 중 대통령령으로 정하는 사람
4. 그 밖에 공제회 정관으로 정하는 사람

② 회원이 되려는 사람은 가입신청서를 제출하고 최초의 부담금을 납입한 날에 공제회의 회원이 된다.

[본조신설 2012. 5. 23.]

제5조(조직 등) ① 공제회는 의결기관으로서 대의원회와 이사회를 두고, 집행기관으로서 이사장과 이사를 두며, 감사기관으로서 감사를 둔다.

② 공제회 대의원의 선정, 대의원회의 구성과 권한, 이사회의 구성과 권한, 임원의 정수, 임원의 선출 및 임기, 임원의 직무, 직원의 임면 등에 관하여 필요한 사항은 대통령령으로 정한다.

제6조(사업) ① 공제회는 그 목적을 달성하기 위하여 다음 각 호의 사업을 한다.

1. 회원에 대한 공제급여의 지급
2. 사회복지시설의 안전 · 화재 등에 대한 공제사업
3. 자금조성을 위한 사업
4. 회원의 복지 · 후생을 위한 사업
5. 제1호부터 제4호까지의 사업에 부대되는 사업 중 정관으로 정하는 사업

② 공제회는 그 목적을 달성하기 위하여 필요한 범위에서 수익사업을 할 수 있다.

③ 이 법에 따른 공제회의 사업에 대하여는 「보험업법」을 적용하지 아니한다.

제7조(재원) 공제사업에 필요한 자금은 다음 각 호의 어느 하나에 해당하는 재원으로 조성한다. 다만, 보건복지부장관은 공제회의 주된 사무소의 설치 및 운영에 필요한 비용의 일부를 지원할 수 있다. 〈개정 2012. 5. 23.〉

1. 회원의 부담금
2. 정부 또는 지방자치단체 외의 자의 출연금
3. 공제사업의 운영으로 발생하는 수익금
4. 그 밖의 수입금

제8조(예산과 결산, 준비금의 적립 등) ① 공제회는 다음 회계연도의 총수입과 총지출을 예산으로 편성하고 다음 회계연도가 개시되기 1개월 전에 대의원회의 의결을 거쳐 보건복지부장관의 승인을 받아야 한다.

② 공제회는 회계연도가 경과한 날부터 3개월 이내에 결산보고서, 재산목록, 대차대조표 및 손익계산서를 작성하여 대의원회의 승인을 거쳐 보건복지부장관에게 제출하여야 한다.

③ 공제회가 장래 지급할 급여에 충당하기 위한 준비금, 결산상 순이익금 등에 대한 사항은 대통령령으로 정한다.

제9조(행정조치 등) ① 보건복지부장관은 공제회의 운영이 다음 각 호의 어느 하나에 해당하는 때에 기간을 정하여 운영 및 업무의 시정, 그 밖에 필요한 조치를 명할 수 있다.

1. 회계 또는 업무집행이 법령, 정관, 그 밖의 공제회 규정을 위반한 때
2. 공제회를 현저하게 부당 운영한 때
3. 정당한 사유 없이 공제사업의 전부 또는 일부를 중단한 때

② 공제회에 대하여는 이 법에서 규정된 것 외에는 「민법」 중 사단법인에 관한 규정을 준용한다.

제10조(과태료) ① 제4조의2를 위반한 자에게는 300만원 이하의 과태료를 부과한다.

② 제1항에 따른 과태료는 대통령령으로 정하는 바에 따라 보건복지부장관이 부과 · 징수한다.

[본조신설 2012. 5. 23.]

부 칙 〈법률 제18617호, 2021. 12. 21.〉

이 법은 공포 후 6개월이 경과한 날부터 시행한다.

4. 자살예방 및 생명존중문화 조성을 위한 법률

[시행 2022. 12. 11.] [법률 제18900호, 2022. 6. 10., 일부개정]

제1장 총칙

제1조(목적) 이 법은 자살에 대한 국가적 차원의 책무와 예방정책에 관하여 필요한 사항을 규정함으로써 국민의 소중한 생명을 보호하고 생명존중문화를 조성함을 목적으로 한다.

제2조(기본정책) ① 자살예방정책은 자살 위험에 노출된 개인이 처한 특수한 환경을 고려하여 성별 · 연령별 · 계층별 · 동기별 등 다각적이고 범정부적인 차원의 사전예방대책에 중점을 두고 수립되어야 한다.

② 자살예방정책은 생명윤리의식 및 생명존중문화의 확산, 건강한 정신과 가치관의 함양 등 사회문화적 인식개선에 중점을 두고 수립되어야 한다.

제2조의2(정의) 이 법에서 사용하는 용어의 뜻은 다음과 같다.

1. "자살위험자"란 자살의 위험에 노출되거나 노출될 가능성이 있다고 판단되는 자를 말한다.
2. "자살위해물건"이란 자살 수단으로 빈번하게 사용되고 있거나 가까운 장래에 자살 수단으로 빈번하게 사용될 위험이 상당한 것으로서 제10조의2에 따른 자살예방정책위원회의 심의를 거쳐 보건복지부장관이 고시하는 물건을 말한다.
3. "자살유발정보"란 자살을 적극적으로 부추기거나 자살행위를 돕는 데 활용되는 다음 각 목의 정보를 말한다.
   가. 자살동반자 모집정보
   나. 자살에 대한 구체적인 방법을 제시하는 정보
   다. 자살을 실행하거나 유도하는 내용을 담은 문서, 사진 또는 동영상 등의 정보
   라. 자살위해물건의 판매 또는 활용에 관한 정보
   마. 그 밖에 위 각 목에 준하는 정보로서 명백히 자살 유발을 목적으로 하는 정보
4. "생명지킴이"란 자살을 할 위험성이 높은 사람을 발견하여 자살예방센터 등 전문기관에 의뢰 · 연계하는 사람으로 보건복지부장관이 인정하는 교육을 수료한 사람을 말한다.
5. "자살예방사업"이란 다음 각 호의 사업을 말한다.
   가. 생명존중문화 조성

나. 자살예방 상담 · 교육 및 홍보

다. 자살예방 전문인력 양성

라. 자살예방체계 구축

마. 자살위험자 발견 및 사후관리

바. 자살실태조사 및 심리부검

사. 자살시도자 및 그 가족, 자살자의 유족에 대한 지원 및 사후관리

아. 그 밖에 자살예방을 위하여 보건복지부장관이 필요하다고 인정하는 사업

[본조신설 2019. 1. 15.]

제3조(국민의 권리와 의무) ① 국민은 자살위험에 노출되거나 스스로 노출되었다고 판단될 경우 국가 및 지방자치단체에 도움을 요청할 권리가 있다.

② 국민은 국가 및 지방자치단체가 자살예방정책을 수립 · 시행함에 있어 적극 협조하여야 하며, 자살을 할 위험성이 높은 자를 발견한 경우에는 구조되도록 조치를 취하여야 한다.

제4조(국가 및 지방자치단체의 책무) ① 국가 및 지방자치단체는 자살위험자를 위험으로부터 적극 구조하기 위하여 필요한 정책을 수립하여야 한다. 〈개정 2019. 1. 15.〉

② 국가 및 지방자치단체는 자살의 사전예방, 자살 발생 위기에 대한 대응 및 자살이 발생한 후 또는 자살이 미수에 그친 후 사후대응의 각 단계에 따른 정책을 수립 · 시행하여야 한다. 이 경우 자살시도자 및 그 가족 또는 자살자의 유족을 보호하기 위한 방안을 포함하여야 한다. 〈개정 2017. 2. 8., 2019. 1. 15.〉

제5조(사업주의 책무) ① 사업주는 국가 및 지방자치단체가 실시하는 자살예방정책에 적극 협조하여야 한다.

② 사업주는 고용하고 있는 근로자의 정신적인 건강 유지를 위하여 필요한 조치를 강구하도록 노력하여야 한다.

제6조(다른 법률과의 관계) 자살예방 및 그에 관한 정책의 수립 · 시행 등에 관하여 다른 법률에 특별한 규정이 있는 경우 외에는 이 법에서 정하는 바에 따른다.

제2장 기본계획의 수립 등

제7조(자살예방기본계획의 수립) ① 국가는 자살예방정책을 효과적으로 추진하기 위하여 자살예방기본계획(이하 "기본계획"이라 한다)을 5년마다 수립하여야 한다. 〈개정 2018. 12. 11.〉

② 기본계획에는 다음 각 호의 사항이 포함되어야 한다. 〈개정 2018. 12. 11., 2019. 1. 15.〉

1. 생명존중문화의 조성
2. 자살상담매뉴얼 개발 및 보급
3. 아동 · 청소년 · 중년층 · 노인 등 생애주기별 자살예방대책
4. 우울증 및 약물 중독관리 등 정신건강증진
5. 정보통신 등 다양한 매체를 이용한 자살예방체계 구축
6. 자살위험자 및 자살시도자의 발견 · 치료 및 사후관리
7. 자살자의 유족에 대한 지원 및 사후관리
8. 자살 감시체계의 구축
9. 자살 수단에 대한 통제
10. 자살예방 교육 및 훈련
11. 자살예방에 대한 연구지원
12. 중앙 및 지역 협력기관의 지정 및 운영 방안
13. 언론의 자살보도에 대한 권고기준 수립 및 이행확보 방안
14. 그 밖에 자살예방대책과 관련하여 필요한 사항

③ 보건복지부장관은 관계 중앙행정기관의 장과 협의하여 기본계획안을 작성하고, 제10조의2에 따른 자살예방정책위원회의 심의를 거쳐 이를 확정한다. 〈신설 2018. 12. 11.〉

④ 보건복지부장관은 확정된 기본계획을 지체 없이 관계 중앙행정기관의 장 및 특별시장 · 광역시장 · 도지사 · 특별자치도지사(이하 "시 · 도지사"라 한다)에게 통보하여야 한다. 〈개정 2018. 12. 11.〉

제8조(연도별 시행계획의 수립 · 시행 등) ① 보건복지부장관, 관계 중앙행정기관의 장 및 시 · 도지사는 매년 기본계획에 따라 자살예방시행계획(이하 "시행계획"이라 한다)을 수립 · 시행하여야 한다.

② 관계 중앙행정기관의 장 및 시 · 도지사는 다음 해의 시행계획 및 지난해의 시행계획에 따른 추진실적을 대통령령으로 정하는 바에 따라 매년 보건복지부장관에게 제출하고, 보건복지부장관은 매년 시행계획에 따른 추진실적을 평가한 후 그 결과를 제10조의2에 따른 자살예방정책위원회의 심의를 거쳐 확정하여야 한다. 〈개정 2018. 12. 11.〉

③ 시행계획의 수립 · 시행 및 추진실적의 평가에 관하여 필요한 사항은 대통령령으로 정한다.

제9조(시 · 도별 시행계획의 조정 등) ① 보건복지부장관은 기본계획에 기초하여 특별시 ·

광역시 · 도 · 특별자치도(이하 "시 · 도"라 한다)별 시행계획을 조정하고 그 이행상황을 점검하여야 한다.

② 보건복지부장관은 시 · 도별 시행계획이 기본계획 및 중앙행정기관의 시행계획에 위배되는 경우에는 해당 시 · 도지사에게 이를 변경하도록 요구할 수 있다.

제10조(계획수립의 협조) ① 보건복지부장관, 관계 중앙행정기관의 장 및 시 · 도지사는 기본계획 또는 시행계획의 수립 · 시행과 평가를 위하여 필요한 경우에는 관계 중앙행정기관, 지방자치단체, 관계 공공기관, 그 밖에 자살예방활동 관련 단체의 장에게 관련 자료의 제출 등 필요한 협조를 요청할 수 있다.

② 제1항에 따라 협조요청을 받은 자는 정당한 사유가 없는 한 이에 따라야 한다.

제10조의2(자살예방정책위원회) ① 자살예방정책에 관한 중요 사항을 심의하기 위하여 국무총리 소속으로 자살예방정책위원회(이하 이 조에서 "위원회"라 한다)를 둔다.

② 위원회는 다음 각 호의 사항을 심의한다.

1. 자살예방정책의 중장기 정책목표와 추진방향에 관한 사항
2. 기본계획의 수립에 관한 사항
3. 시행계획에 따른 추진실적의 평가에 관한 사항
4. 자살예방정책의 관계 부처 간 협조 · 조정에 관한 사항
5. 자살예방정책과 관련한 민관협력에 관한 사항
6. 그 밖에 자살예방정책에 관한 사항으로서 위원장이 회의에 부치는 사항

③ 위원회는 위원장 1명을 포함한 25명 이내의 위원으로 구성한다.

④ 위원장은 국무총리가 되고, 위원은 다음 각 호의 사람이 된다.

1. 대통령령으로 정하는 관계 중앙행정기관의 장
2. 자살예방에 관하여 학식과 경험이 풍부한 사람 중에서 국무총리가 위촉하는 사람

⑤ 위원회는 자살예방정책을 심의하기 위하여 필요한 경우 관계 행정기관에 자료를 요청할 수 있다. 이 경우 관계 행정기관의 장은 특별한 사정이 없으면 협조하여야 한다.

⑥ 위원회의 업무를 효율적으로 수행하기 위하여 위원회에 실무위원회를 둔다.

⑦ 위원회와 실무위원회의 구성 및 운영 등에 필요한 사항은 대통령령으로 정한다.

[본조신설 2018. 12. 11.]

제3장 자살예방대책 등

제11조(자살실태조사) ① 국가 및 지방자치단체는 자살실태를 파악하고, 자살예방을 위한

서비스의 욕구와 수요를 파악하기 위하여 5년마다 자살실태조사를 실시하고 그 결과를 발표하여야 한다.

② 제1항에 따른 자살실태조사에는 다음 각 호의 사항이 포함되어야 한다. 〈신설 2018. 12. 11.〉

1. 성별 · 나이 · 학력, 혼인 및 취업 상태 등 조사대상자의 일반적 특성에 관한 사항
2. 자살에 관한 생각, 자살을 시도한 횟수 등 조사대상자의 자살 위험요인에 관한 사항
3. 신문 · 방송 및 인터넷 등 언론의 자살보도가 자살에 미치는 영향에 관한 사항
4. 그 밖에 자살실태 및 자살예방을 위한 서비스의 욕구와 수요를 파악하기 위하여 필요한 사항

③ 국가 및 지방자치단체는 제1항에 따른 자살실태조사를 위하여 관계 기관 · 법인 · 단체의 장에게 필요한 자료의 제출 또는 의견의 진술을 요청할 수 있다. 이 경우 요청을 받은 자는 정당한 사유가 없으면 이에 협조하여야 한다. 〈신설 2019. 12. 3.〉

④ 국가 및 지방자치단체는 제12조의4에 따른 한국생명존중희망재단에 제1항에 따른 자살실태조사를 위탁할 수 있다. 〈신설 2022. 6. 10.〉

⑤ 제1항 및 제2항에 따른 자살실태조사의 실시, 결과발표, 조사내용 등에 관하여 필요한 사항은 대통령령으로 정한다. 〈개정 2018. 12. 11., 2019. 12. 3., 2022. 6. 10.〉

제11조의2(심리부검) ① 국가와 지방자치단체는 효과적인 자살예방정책을 수립하고, 자살시도자 및 그 가족 또는 자살자의 유족(이하 이 장에서 "자살시도자등"이라 한다)에 대한 심리적 지원을 제공하기 위하여 자살행위 전후의 심리 · 행동변화 등을 바탕으로 자살원인을 분석하는 심리부검을 실시할 수 있다. 이 경우 미리 자살시도자등의 동의를 받아야 한다. 〈개정 2019. 1. 15., 2022. 6. 10.〉

② 국가 및 지방자치단체는 제12조의4에 따른 한국생명존중희망재단에 제1항에 따른 심리부검을 위탁할 수 있다. 〈신설 2022. 6. 10.〉

[본조신설 2017. 2. 8.]

제12조(자살통계 분석 및 정보관리체계 구축) ① 국가 및 지방자치단체는 자살통계를 수집 · 분석 및 관리하기 위하여 전문 조사 · 연구 기관을 지정하여 운영할 수 있다.

② 보건복지부장관은 제12조의3제2항에 따라 제공받은 형사사법정보를 제1항에 따른 전문 조사 · 연구 기관에 제공할 수 있다. 〈신설 2022. 2. 3.〉

③ 제1항에 따른 전문 조사 · 연구 기관의 지정 등에 필요한 사항은 보건복지부령으로 정한다. 〈개정 2022. 2. 3.〉

제12조의2(자살시도자 등의 사후관리) ① 다음 각 호의 어느 하나에 해당하는 사람은 직무상 자살시도자등을 알게 된 경우 그 자살시도자 등에게 관할 구역 안에 있는 관계 지원 기관에 관한 정보를 제공하여야 한다. 〈개정 2019. 1. 15., 2022. 2. 3.〉

1. 「국가공무원법」 제2조제2항제2호에 따른 경찰공무원 및 소방공무원
2. 「지방공무원법」 제2조제2항제2호에 따른 자치경찰공무원
3. 삭제 〈2022. 2. 3.〉

② 경찰관서의 장과 소방관서의 장은 자살시도자 또는 자살자가 발생한 경우 자살시도자등의 정보를 관할 구역 내 다음 각 호의 기관에 제공하여야 한다. 〈개정 2019. 1. 15., 2022. 2. 3.〉

1. 제13조에 따른 자살예방센터
2. 「정신건강증진 및 정신질환자 복지서비스 지원에 관한 법률」 제3조제3호에 따른 정신건강복지센터
3. 그 밖에 대통령령으로 정하는 자살예방업무 수행기관

③ 제2항 각 호의 기관의 장은 자살시도자 사후관리 등 자살예방업무의 원활한 수행을 위하여 경찰관서의 장, 소방관서의 장, 지방자치단체의 장, 의료기관의 장 및 그 밖의 관련 기관의 장에게 자살시도자등의 정보의 제공을 요청할 수 있다. 이 경우 요청을 받은 기관의 장은 정당한 사유가 없으면 이에 따라야 한다. 〈개정 2019. 1. 15.〉

④ 제2항 및 제3항에 따른 정보는 자살시도자등의 성명, 생년월일, 주소 및 연락처로 한다. 〈개정 2019. 1. 15., 2022. 2. 3.〉

⑤ 제2항 및 제3항에 따라 자살시도자등의 정보를 제공받은 기관은 상담 등의 지원을 제공할 때 당사자에게 해당 정보의 삭제 및 파기를 요구할 권리가 있음을 안내하고 당사자가 이를 요구하면 지체 없이 해당 정보를 삭제 및 파기하여야 한다. 〈신설 2022. 2. 3.〉

⑥ 제2항 각 호의 기관의 장은 정보를 제공받은 자살시도자등에 대하여 상담 등 지원을 제공하고 지원내용을 매년 보건복지부장관에게 보고하여야 한다. 〈개정 2019. 1. 15., 2022. 2. 3.〉

⑦ 제2항 각 호의 기관의 장은 제6항에 따라 자살시도자등에게 필요한 지원을 하기 위한 담당자를 소속 직원 중에서 지정하여야 한다. 다만, 둘 이상의 기관에서 동일한 자살시도자등의 정보를 제공받은 경우 관계 기관의 장이 서로 협의하여 지정할 수 있다. 〈개정 2019. 1. 15., 2022. 2. 3.〉

⑧ 제1항에 따른 정보제공의 범위, 절차 · 방법, 제4항에 따른 정보의 제공 방법, 제6항에 따른 보고 및 제7항에 따른 담당자의 지정 등에 필요한 사항은 대통령령으로 정한

다. 〈개정 2022. 2. 3.〉

[본조신설 2018. 12. 11.]

제12조의3(형사사법정보의 제공 등) ① 보건복지부장관은 제11조제1항에 따른 자살실태조사를 실시하거나, 제12조에 따른 자살통계 수집 · 분석을 위하여 필요한 경우에는 경찰청장 및 해양경찰청장에게 「형사사법절차 전자화 촉진법」 제2조제3호의 형사사법정보(이하 "형사사법정보"라 한다)의 제공을 요청할 수 있다. 다만, 요청하는 정보의 범위는 자살자의 성별, 연령, 사고원인, 사고발생지 등에 대한 관련 정보 및 자료로서 필요최소한으로 한다.

② 제1항에 따라 형사사법정보의 제공을 요청받은 기관(이하 "제공기관"이라 한다)의 장은 「형사사법절차 전자화 촉진법」 제6조제3항에도 불구하고 정당한 사유가 없으면 이에 따라야 한다.

③ 형사사법정보의 제공 범위 및 방법에 관하여는 보건복지부장관과 제공기관의 장이 협의하여 결정한다.

④ 제공기관의 장은 보건복지부장관(제12조제1항에 따른 전문 조사 · 연구 기관을 포함한다. 이하 제6항에서 같다)에게 형사사법정보에 포함되어 있는 개인의 정보 등을 보호하기 위하여 사용방법 · 사용부서나 그 밖에 필요한 사항에 대하여 제한을 하거나 형사사법정보의 안전성 확보를 위하여 필요한 조치(이하 "정보보호조치"라 한다)를 강구하도록 요청할 수 있다.

⑤ 누구든지 이 법에 따라 제공받은 형사사법정보를 목적 외의 용도로 사용하거나 제3자에게 제공하여서는 아니 된다.

⑥ 제공기관의 장은 보건복지부장관이 정보보호조치를 하지 아니하거나 제5항을 위반하는 경우에는 형사사법정보의 제공을 중지 또는 제한할 수 있다.

[본조신설 2022. 2. 3.]

제12조의4(한국생명존중희망재단의 설립 및 운영) ① 보건복지부장관은 자살예방 및 생명존중문화 조성 관련 사업을 효율적으로 수행하기 위하여 한국생명존중희망재단(이하 "재단"이라 한다)을 설립한다.

② 재단은 다음 각 호의 업무를 수행한다.

1. 자살예방 정책수립을 위한 자료 개발 및 정책 분석
2. 제7조에 따른 기본계획 수립 지원
3. 제11조에 따른 자살실태조사 지원
4. 제11조의2에 따른 심리부검 지원

5. 자살시도자 사후관리
6. 자살자의 유족 지원 및 관리
7. 자살예방 홍보 및 교육
8. 자살예방 연구 · 개발
9. 자살예방 전문 인력 양성
10. 제13조에 따른 자살예방센터 업무 지원
11. 그 밖에 이 법 또는 다른 법령에 따라 위탁받은 업무

③ 재단은 법인으로 하고, 주된 사무소의 소재지에 설립등기를 함으로써 성립한다.

④ 재단에는 재단을 대표하고 그 업무를 총괄하기 위하여 이사장을 두며, 이사장은 보건복지부장관이 임면한다.

⑤ 보건복지부장관은 재단의 설립 · 운영에 필요한 비용을 지원할 수 있다.

⑥ 재단에 관하여 이 법에서 정한 사항 외에는 「민법」 중 재단법인에 관한 규정을 준용한다.

⑦ 재단은 「기부금품의 모집 및 사용에 관한 법률」에도 불구하고 기부금품을 모집할 수 있다.

⑧ 재단의 설립 및 운영에 필요한 사항은 대통령령으로 정한다.

[본조신설 2022. 6. 10.]

제13조(자살예방센터의 설치) ① 다음 각 호의 업무를 수행하기 위하여 시 · 도지사 및 시장 · 군수 · 구청장(자치구의 구청장을 말한다)은 자살예방센터를 설치 · 운영할 수 있다. 〈개정 2019. 1. 15., 2022. 6. 10.〉

1. 자살 관련 상담
2. 자살위기 상시현장출동 및 대응
3. 자살시도자 사후관리
4. 자살자의 유족 지원 및 관리
5. 자살예방 홍보 및 교육
6. 자살예방 관련 종사인력에 대한 교육 · 훈련
7. 그 밖에 자살예방 및 자살자의 유족 지원을 위하여 보건복지부장관이 필요하다고 인정하는 업무

② 지방자치단체는 제1항에 따른 자살예방센터를 「정신건강증진 및 정신질환자 복지서비스 지원에 관한 법률」 제3조제3호에 따른 정신건강복지센터에 둘 수 있다. 〈개정 2016. 5. 29., 2022. 6. 10.〉

③ 지방자치단체는 제1항에 따른 자살예방센터를 대통령령으로 정하는 바에 따라 민간에 위탁할 수 있다. 이 경우 지방자치단체는 위탁업무의 수행에 드는 비용을 보조할 수 있다. 〈개정 2022. 6. 10.〉

④ 국가 및 지방자치단체는 수시로 신고를 받을 수 있는 자살예방용 긴급전화를 설치 · 운영하여야 한다.

⑤ 제1항에 따른 자살예방센터 및 제4항에 따른 긴급전화의 설치 · 운영에 필요한 사항은 대통령령으로 정한다.

제14조(자살위험자 지원 및 정신건강 증진 대책) ① 국가 및 지방자치단체는 정신건강에 이상이 생긴 것으로 인하여 자살 위험에 노출된 자에 대하여 필요한 의료적 조치가 적절히 제공될 수 있는 환경을 조성하여야 한다.

② 국가 및 지방자치단체는 자살위험자를 대상으로 한 정신건강 선별검사 도구를 개발하고 보급하여야 한다.

③ 국가 및 지방자치단체는 자살위험자의 조기 발견, 상담 및 치료를 위하여 필요한 조치를 하도록 노력하여야 한다.

④ 제2항에 따른 선별검사 및 제3항에 따른 상담 · 치료에 필요한 사항은 보건복지부령으로 정한다.

제4장 생명존중문화 조성 등

제15조(생명존중문화 조성) 국가 및 지방자치단체는 생명을 존중하는 사회문화 환경을 조성하기 위하여 자살예방을 위하여 활동하는 민간단체 등과 협조하여 범국민적 생명존중문화 사업을 추진할 수 있다.

제16조(자살예방의 날) ① 자살의 위해성을 일깨우고 자살예방을 위한 적극적인 사회 분위기를 조성하기 위하여 매년 9월 10일을 자살예방의 날로 하고, 자살예방의 날부터 1주일을 자살예방주간으로 한다.

② 국가 및 지방자치단체는 자살예방의 날 취지에 적합한 행사와 교육 · 홍보사업을 실시하도록 노력하여야 한다.

제17조(자살예방 상담 · 교육) ① 다음 각 호에 해당하는 기관 · 단체 및 시설의 장은 자살방지 및 생명존중문화 조성을 위하여 자살예방 상담 · 교육을 실시할 수 있도록 노력하여야 한다.

1. 국가기관, 지방자치단체 및 대통령령으로 정하는 공공기관

2. 「노인복지법」에 따른 노인복지시설
3. 「사회복지사업법」에 따른 사회복지시설
4. 그 밖에 자살예방 상담 · 교육이 필요하다고 인정하여 대통령령으로 정하는 기관이나 단체

② 보건복지부장관은 관계 중앙행정기관의 장 및 지방자치단체의 장에게 자살위험자 등과 관련된 업무를 수행하는 사람으로서 다음 각 호의 어느 하나에 해당하는 사람에 대하여 제1항에 따른 자살예방 상담 · 교육을 실시할 것을 요청할 수 있다. 〈신설 2018. 12. 11.〉

1. 「119구조 · 구급에 관한 법률」 제8조에 따른 119구조대의 구조대원 및 같은 법 제10조에 따른 119구급대의 구급대원
2. 「국가공무원법」 제2조제2항제2호에 따른 경찰공무원
3. 「지방공무원법」 제2조제2항제2호에 따른 자치경찰공무원
4. 「사회보장급여의 이용 · 제공 및 수급권자 발굴에 관한 법률」 제43조에 따른 사회복지전담공무원
5. 그 밖에 자살예방 상담 · 교육이 필요하다고 인정하여 대통령령으로 정하는 사람

③ 국가와 지방자치단체는 자살시도자 및 자살자 유족의 의견을 반영하여 제1항 및 제2항에 따른 자살예방 상담 · 교육에 필요한 프로그램을 개발 · 보급하고, 자살예방 상담 · 교육에 필요한 비용의 전부 또는 일부를 예산의 범위에서 해당 기관 · 단체 및 시설에 지원할 수 있다. 〈개정 2018. 12. 11., 2019. 1. 15.〉

④ 제1항 및 제2항에 따른 자살예방 상담 · 교육, 방법 및 내용과 제3항에 따른 프로그램의 개발 · 보급 및 지원 등에 필요한 사항은 보건복지부령으로 정한다. 〈개정 2018. 12. 11.〉

제18조(자살예방을 위한 홍보) ① 국가 및 지방자치단체는 교육과 홍보 활동을 통하여 자살예방에 관한 국민의 이해를 돕기 위하여 필요한 시책을 강구하여야 한다. 〈개정 2019. 1. 15.〉

② 보건복지부장관은 자살의 예방과 국민의 자살예방 활동 참여를 독려하기 위하여 자살예방에 대한 홍보영상을 제작하여 「방송법」 제2조제23호의 방송편성책임자에게 배포하여야 한다. 〈신설 2019. 1. 15.〉

③ 보건복지부장관은 「방송법」 제2조제3호에 따른 방송사업자에게 같은 법 제73조제4항에 따라 대통령령으로 정하는 비상업적 공익광고 편성비율의 범위에서 제2항의 홍보영상을 채널별로 송출하도록 요청할 수 있다. 〈신설 2019. 1. 15., 2020. 4. 7.〉

④ 제3항에 따른 방송사업자는 제2항의 홍보영상 외에 독자적인 홍보영상을 제작하여 송출할 수 있다. 이 경우 보건복지부장관에게 필요한 협조 및 지원을 요청할 수 있다. 〈신설 2019. 1. 15., 2020. 4. 7.〉

⑤ 제3항에 따른 방송사업자는 자살과 관련한 보도 또는 방송에 연이어 제2항에 따른 홍보영상 또는 보건복지부장관이 정하는 자살예방 상담번호 안내를 송출하도록 노력하여야 한다. 〈신설 2019. 1. 15., 2020. 4. 7.〉

제19조(자살유발정보예방체계의 구축) ① 누구든지 「정보통신망 이용촉진 및 정보보호 등에 관한 법률」 제2조제1호에 따른 정보통신망을 통하여 자살유발정보를 유통하여서는 아니 된다.

② 보건복지부장관은 교육부, 문화체육관광부, 과학기술정보통신부, 여성가족부, 방송통신위원회 및 경찰청 등 관계 기관과 자살유발정보예방협의회를 구성하여 자살유발정보의 차단을 위하여 협력하여야 한다.

③ 제2항에 따른 자살유발정보예방협의회의 구성 · 기능 및 운영 등에 관하여 필요한 사항은 보건복지부령으로 정한다.

[전문개정 2019. 1. 15.]

제19조의2(자살보도 권고기준 준수 협조요청) ① 보건복지부장관은 자살사건 보도로 인한 자살의 확산을 방지하기 위하여 방송 · 신문 · 잡지 및 인터넷신문 등 언론에 대하여 제7조제2항제13호에 따른 자살보도에 대한 권고기준을 준수하도록 협조를 요청할 수 있다. 〈개정 2019. 1. 15.〉

② 언론은 제1항에 따른 협조요청을 적극 이행하도록 노력하여야 한다.

[본조신설 2018. 12. 11.]

제19조의3(긴급구조대상자 구조를 위한 정보제공요청 등) ① 경찰관서 · 해양경찰관서 및 소방관서의 장(이하 이 조에서 "긴급구조기관"이라 한다)은 자살위험자 중 다음 각 호에 해당하는 사람(이하 이 조에서 "긴급구조대상자"라 한다)의 생명 · 신체를 보호하기 위하여 긴급한 경우로서 다른 방법으로는 긴급구조대상자의 위치 등을 파악하여 구조할 수 없는 경우에 「정보통신망 이용촉진 및 정보보호 등에 관한 법률」 제2조제1항제3호의 정보통신서비스 제공자에게 자료의 열람이나 제출을 요청(이하 "자료제공요청"이라 한다)할 수 있다.

1. 자살 의사 또는 계획을 표현한 사람
2. 자살동반자를 모집한 사람

3. 자살위해물건을 구매하거나 구매의사를 표현하는 등 자살을 실행할 것이 명백하다고 판단되는 사람

② 자료제공요청의 대상이 되는 자료는 긴급구조대상자의 성명, 주민등록번호(주민등록번호가 없는 경우에는 생년월일을 말한다), 주소, 전화번호, 아이디(컴퓨터시스템이나 통신망의 정당한 이용자임을 알아보기 위한 이용자 식별부호를 말한다), 전자우편주소 및 「위치정보의 보호 및 이용 등에 관한 법률」 제2조제2호에 따른 개인위치정보를 말한다.

③ 자료제공요청은 요청사유, 긴급구조대상자와의 연관성, 필요한 자료의 범위를 기재한 서면(이하 "자료제공요청서"라 한다)으로 하여야 한다. 다만, 서면으로 요청할 수 없는 긴급한 사유가 있을 때에는 서면에 의하지 아니하는 방법으로 요청할 수 있으며, 그 사유가 해소되면 지체 없이 정보통신서비스 제공자에게 자료제공요청서를 제출하여야 한다.

④ 정보통신서비스 제공자는 제1항의 자료제공요청을 받았을 경우 지체 없이 협조하여야 한다.

⑤ 긴급구조기관 및 정보통신서비스 제공자는 제1항 및 제2항에 따라 인적사항 및 위치를 특정할 수 있는 정보를 요청하거나 제공하는 경우 그 사실을 해당 개인정보주체(제2항에 따른 정보에 의하여 식별되는 자를 말한다)에게 즉시 통보하여야 한다. 다만, 즉시 통보가 개인정보주체의 생명 · 신체에 대한 뚜렷한 위험을 초래할 우려가 있는 경우에는 그 사유가 소멸한 후 지체 없이 통보하여야 한다.

⑥ 긴급구조기관 및 긴급구조업무에 종사하거나 종사하였던 사람은 긴급구조 목적으로 제공받은 개인정보를 긴급구조 외의 목적에 사용하여서는 아니 된다.

⑦ 긴급구조기관은 제1항에 따라 개인정보의 제공을 요청한 때에는 다음 각 호의 사항을 대통령령으로 정하는 바에 따라 보관하여야 하며, 해당 개인정보주체가 수집된 개인정보에 대한 확인, 열람, 복사 등을 요청하는 경우에는 지체 없이 그 요청에 따라야 한다.

1. 요청자
2. 요청 일시 및 목적
3. 정보통신서비스 제공자로부터 제공받은 내용

⑧ 긴급구조기관은 제1항 및 제2항에 따라 제공받은 인적사항 및 위치를 특정할 수 있는 정보를 제3자에게 알려서는 아니 된다. 다만, 다음 각 호의 경우에는 그러하지 아니하다.

1. 개인정보주체의 동의가 있는 경우

2. 긴급구조 활동을 위하여 불가피한 상황에서 다른 긴급구조기관에 제공하는 경우

⑨ 보건복지부장관은 대통령령으로 정하는 방법에 따라 제12조에 따른 자살통계 수집 · 분석 및 관리를 위하여 필요한 범위 내에서 긴급구조기관에게 제1항에 따라 자료를 제공받은 횟수, 유형 등 현황에 관한 통계자료의 제공을 요청할 수 있으며, 긴급구조기관은 특별한 사정이 없는 한 그 요청에 따라야 한다.

[본조신설 2019. 1. 15.]

제19조의4(정보통신서비스 제공자의 의무) ① 정보통신서비스 제공자 중 일일평균 이용자의 수, 매출액 등이 대통령령으로 정하는 기준에 해당하는 자는 제19조의3제1항에 따른 자료제공 업무책임자를 지정하여 보건복지부장관에게 신고하여야 한다.

② 제1항에 따른 신고 내용과 방법, 절차 등에 대해서는 대통령령으로 정한다.

[본조신설 2019. 1. 15.]

제5장 보칙

제20조(자살시도자 등에 대한 지원) ① 국가 및 지방자치단체는 자살시도자 및 그 가족 또는 자살자의 유족 등에 미치는 심각한 심리적 영향의 완화와 이들의 생활안정을 위하여 자살시도자 등에게 심리상담 · 상담치료 · 법률구조 및 생계비 등을 지원할 수 있다. 〈개정 2017. 2. 8., 2018. 12. 11., 2019. 1. 15.〉

② 국가 및 지방자치단체는 자살자의 유족 등이 참여하는 자조(自助) 모임의 운영에 필요한 인력과 비용을 지원할 수 있다. 〈신설 2018. 12. 11., 2019. 1. 15.〉

③ 국가 및 지방자치단체는 자살자의 유족이 자살자의 유족 지원 대책을 적극적으로 이용할 수 있도록 지원 대책과 그 이용 절차를 안내하여야 한다. 〈신설 2019. 1. 15.〉

④ 국가 및 지방자치단체는 자살자의 유족이 지원 대책을 직접 신청하지 않는 경우 자살자의 유족에 대한 지원이 즉시 제공될 수 있도록 대통령령으로 정하는 바에 따라 직권으로 신청하여야 한다. 이 경우 지원대상자의 동의를 받아야 하며, 동의를 받은 경우에는 지원대상자가 신청한 것으로 본다. 〈신설 2019. 1. 15.〉

제21조(명예 및 생활의 평온에 대한 배려) 국가 및 지방자치단체는 자살예방대책을 실시함에 있어서 자살자 · 자살시도자 및 이들의 가족 등의 명예 및 생활의 평온을 부당하게 침해하는 일이 없도록 하여야 한다.

제22조(전문인력의 양성) 국가 및 지방자치단체는 자살예방 등에 관한 전문인력의 양성 · 확보 및 자질의 향상에 필요한 시책을 강구하도록 노력하여야 한다.

제23조(민간단체 등의 지원) ① 국가 및 지방자치단체는 자살예방사업을 수행하는 단체에 대하여 업무수행에 필요한 지원을 할 수 있다. 〈개정 2019. 1. 15.〉

② 국가 및 지방자치단체는 생명지킴이의 활동에 필요한 경비를 지원할 수 있다. 〈신설 2019. 1. 15., 2022. 2. 3.〉

제24조(비밀누설의 금지) 이 법에 따라 자살예방 직무를 수행하였던 자 또는 수행하고 있는 자는 직무 수행과 관련하여 알게 된 타인의 비밀을 누설하거나 발표하여서는 아니 된다.

제24조의2(관계 기관의 협조) ① 보건복지부장관, 관계 중앙행정기관의 장 및 시·도지사는 자살예방 및 생명존중문화 조성을 위한 정책의 시행을 위하여 필요한 경우에는 관계 중앙행정기관, 지방자치단체, 관계 공공기관 및 그 밖의 관련 기관·단체의 장에게 협조를 요청할 수 있다.

② 제1항에 따라 협조요청을 받은 자는 특별한 사유가 없으면 협조하여야 한다.

[본조신설 2018. 12. 11.]

제6장 벌칙

제25조(벌칙) ① 다음 각 호의 어느 하나에 해당하는 자는 5년 이하의 징역 또는 5천만원 이하의 벌금에 처한다. 〈개정 2022. 2. 3.〉

1. 제12조의3제5항을 위반하여 형사사법정보를 목적 외의 용도로 사용하거나 제3자에게 제공한 자
2. 제19조의3제6항을 위반하여 같은 조 제1항에 따라 받은 정보를 긴급구조 외의 목적에 사용한 자
3. 제19조의3제8항을 위반하여 개인정보주체의 동의를 받지 아니하거나 긴급구조 외의 목적으로 같은 조 제1항에 따라 받은 정보를 제공하거나 제공받은 자

② 제24조를 위반한 자는 3년 이하의 징역 또는 3천만원 이하의 벌금에 처한다.

③ 제19조제1항을 위반하여 자살유발정보를 정보통신망을 통하여 유통한 사람은 2년 이하의 징역 또는 2천만원 이하의 벌금에 처한다.

④ 제19조의3제4항을 위반하여 자료제공요청을 거부한 자는 1년 이하의 징역 또는 2천만원 이하의 벌금에 처한다.

[전문개정 2019. 1. 15.]

제26조(과태료) ① 제12조의2제5항을 위반하여 파기 등의 조치를 하지 아니한 자에게는 3

천만원 이하의 과태료를 부과한다. 〈신설 2022. 2. 3.〉

② 제19조의3제5항을 위반하여 정보제공사실을 통보하지 아니한 자에게는 1천만원 이하의 과태료를 부과한다. 〈개정 2022. 2. 3.〉

③ 제1항 및 제2항에 따른 과태료는 대통령령으로 정하는 바에 따라 보건복지부장관, 시 · 도지사 또는 시장 · 군수 · 구청장이 부과 · 징수한다. 〈신설 2022. 2. 3.〉

[본조신설 2019. 1. 15.]

부 칙 〈법률 제18900호, 2022. 6. 10.〉

제1조(시행일) 이 법은 공포 후 6개월이 경과한 날부터 시행한다.

제2조(한국생명존중희망재단의 설립에 관한 경과조치) ① 이 법 시행 당시 「민법」 제32조에 따라 설립된 한국생명존중희망재단(이하 "구법인"이라 한다)은 총회 의결로 이 법에 따라 설립되는 한국생명존중희망재단(이하 "신법인"이라 한다)이 그 모든 재산과 권리 · 의무를 승계하도록 보건복지부장관에게 승인을 신청할 수 있다.

② 제1항에 따라 보건복지부장관의 승인을 받은 구법인은 신법인의 설립과 동시에 「민법」 중 법인의 해산 및 청산에 관한 규정에도 불구하고 해산된 것으로 보며, 구법인에 속하였던 모든 소관 업무, 권리 · 의무 및 재산은 신법인이 승계한다.

③ 제2항에 따라 신법인에 승계될 재산의 가액은 신법인 설립등기일 전일의 장부가액으로 한다.

④ 신법인 설립 당시 등기부나 그 밖의 공부(公簿)에 표시된 구법인의 명의는 신법인의 명의로 본다.

⑤ 신법인 설립 당시 구법인의 임직원은 신법인의 임직원으로 보며, 임직원의 임기는 종전의 임명일부터 기산한다.

⑥ 신법인의 설립 이전에 구법인이 행한 행위 또는 구법인에 대하여 행하여진 행위는 신법인이 행한 행위 또는 신법인에 대하여 행하여진 행위로 본다.

5. 장애인 건강권 및 의료접근성 보장에 관한 법률

[시행 2021. 6. 30.] [법률 제17790호, 2020. 12. 29., 일부개정]

제1장 총칙

제1조(목적) 이 법은 장애인의 건강권 보장을 위한 지원, 장애인 보건관리 체계 확립 및 의료접근성 보장에 관한 사항을 규정하여 장애인의 건강증진에 이바지하는 것을 목적으로 한다.

제2조(기본이념) ① 장애인은 최적의 건강관리와 보호를 받을 권리를 가진다.

② 장애인은 장애를 이유로 건강관리 및 보건의료에 있어 차별대우를 받지 아니한다.

③ 장애인은 건강관리 및 보건의료 서비스의 접근에 있어 비장애인과 동등한 접근성을 가질 권리를 가진다.

제3조(정의) 이 법에서 사용하는 용어의 뜻은 다음과 같다.

1. "장애인"이란 「장애인복지법」 제2조에 따른 장애인을 말한다.
2. "건강권"이란 질병 예방, 치료 및 재활, 영양개선, 재활운동, 보건교육 및 건강생활의 실천 등에 관한 제반 여건의 조성을 통하여 최선의 건강상태를 유지할 권리를 말하며, 보건과 의료서비스를 제공받을 권리를 포함한다.
3. "장애인 건강보건관리"란 장애 유무, 장애 유형 및 정도, 성별 등의 특성에 따라 장애인과 비장애인 간 또는 장애인 간 건강수준의 격차가 발생하지 아니하도록 보건의료 접근성을 향상하는 등 장애인의 건강권 보장을 위한 제반 보건의료활동을 말한다.
4. "장애인 건강보건관리사업"이란 장애인을 위한 건강검진, 주기별 질환관리, 진료 및 재활, 건강증진사업 등 장애인 건강보건관리를 위한 각종 활동 및 지원 사업을 말한다.
5. "재활의료"란 손상이나 질병으로 인한 장애의 최소화 및 장애인(손상이나 질병 발생 후 완전한 회복이 어려워 일정기간 내에 장애인이 될 것으로 예상되는 사람을 포함한다)의 기능 회복과 유지를 위하여 필요한 의료행위를 말한다.
6. "재활의료기관"이란 「의료법」 제3조제2항제3호에 따른 병원급 의료기관 중에서 재활의료를 행할 목적으로 제18조제1항에 따라 지정된 병원을 말한다.

제4조(국가와 지방자치단체의 책무) ① 국가와 지방자치단체는 장애인의 건강권을 존중하고 보호하며 실현할 의무를 갖는다.

② 국가와 지방자치단체는 장애인의 건강권 향상과 장애 유무, 장애 유형 및 정도, 모·부성권 보장, 성별 등의 특성에 따른 장애인과 비장애인 간 또는 장애인 간 건강수준의 격차 해소를 위하여 장애인 건강보건관리사업을 적극 시행하여야 한다. 〈개정 2018. 12. 11.〉

③ 국가와 지방자치단체는 장애인이 기능과 건강을 회복할 수 있도록 장애인에게 적정한 진료 및 재활의료를 제공하여야 한다.

④ 국가와 지방자치단체는 장애인이 저소득, 낮은 교육수준, 의료 차별, 적정하지 못한 고용·노동·주거 환경, 사회적 지지 부족 및 성별 특성 등으로 건강을 위협받는 상황을 예방하기 위하여 필요한 대책을 수립·시행하여야 한다.

⑤ 국가와 지방자치단체는 장애인 건강보건관리사업에 대하여 장애인과 그 가족에게 적극 홍보하여야 하며, 국민이 장애인 건강권에 대하여 올바로 인식할 수 있도록 필요한 정책을 실시하여야 한다.

제5조(국민의 의무) 국민은 장애인의 건강권 보장과 건강격차 해소 및 보건의료 접근성 제고를 위하여 국가와 지방자치단체가 실시하는 장애인 건강보건관리사업에 적극 협력하여야 한다.

제2장 장애인 건강보건관리종합계획의 수립 등

제6조(장애인 건강보건관리종합계획의 수립) ① 보건복지부장관은 「장애인복지법」 제11조에 따른 장애인정책조정위원회의 심의를 거쳐 장애인 건강보건관리종합계획(이하 "종합계획"이라 한다)을 5년마다 수립하고 「국민건강증진법」 제4조 및 제4조의2에 따라 국민건강증진종합계획 및 실행계획을 수립·시행함에 있어서 종합계획이 포함되도록 하여야 한다.

② 종합계획에는 다음 각 호의 사항이 포함되어야 한다. 〈개정 2018. 12. 11.〉

1. 장애인 건강보건관리사업의 목표와 방향에 관한 사항
2. 장애인 건강보건관리사업의 추진계획 및 방법에 관한 사항
3. 장애인 건강보건관리에 필요한 전문인력의 육성 및 교육·훈련에 관한 사항
4. 장애 유형 및 정도, 성별 특성 등에 따른 장애인 건강보건관리에 관한 사항
5. 모성권 보장 등 여성장애인의 건강보건관리에 관한 사항
6. 그 밖에 장애인의 건강증진 및 장애인 건강보건관리를 위하여 필요한 사항

③ 보건복지부장관은 종합계획의 수립을 위하여 필요하다고 인정하는 경우 관계 기관

의 장에게 종합계획의 수립에 필요한 자료의 제출을 요구할 수 있다. 이 경우 자료의 제출을 요구받은 자는 정당한 사유가 없으면 이에 따라야 한다.

제3장 장애인 건강관리사업 등

제7조(장애인 건강검진사업) ① 국가와 지방자치단체는 장애인의 건강증진 및 질환 예방을 위한 건강검진사업(이하 "장애인 건강검진사업"이라 한다)을 시행할 수 있다.

② 보건복지부장관은 장애인에게 맞춤형 건강검진이 이루어질 수 있도록 장애인의 장애 유형 및 정도, 연령, 모 · 부성권 보장, 성별 등의 특성 및 생애 주기에 맞는 건강검진 항목을 설계하여야 한다. 〈개정 2018. 12. 11.〉

③ 국가와 지방자치단체는 건강검진을 받는 장애인과 그 가족의 경제적 부담능력 등을 고려하여 건강검진에 소요되는 비용의 전부 또는 일부를 지원할 수 있다.

④ 국가와 지방자치단체는 건강검진 결과에 따라 장애인의 특성과 수요에 맞는 의료서비스가 제공되도록 노력하여야 한다.

⑤ 장애인 건강검진사업을 수행하고자 하는 의료기관은 보건복지부장관으로부터 장애인 건강검진기관으로 지정을 받아야 한다.

⑥ 장애인 건강검진사업의 범위 및 지원 대상 · 기준 · 절차 등에 필요한 사항은 대통령령으로 정한다.

⑦ 제5항에 따른 검진기관의 인력 · 시설 및 장비 등 장애인 건강검진기관 지정 기준 및 절차는 보건복지부령으로 정한다.

제8조(장애인 건강관리사업) ① 국가와 지방자치단체는 장애발생 후 장애인의 생애주기별, 성별 질환 관리를 위한 사업(이하 "장애인 건강관리사업"이라 한다)을 시행할 수 있다.

② 장애인 건강관리사업의 내용 · 방법 등에 필요한 사항은 대통령령으로 정한다.

제9조(장애인의 의료기관등 접근 및 이용 보장 등) ① 국가와 지방자치단체는 장애인이 진료, 재활 등을 위하여 「의료법」 제3조에 따른 의료기관, 「지역보건법」에 따른 보건소, 「농어촌 등 보건의료를 위한 특별조치법」에 따른 보건진료소, 「지방의료원의 설립 및 운영에 관한 법률」에 따른 지방의료원(이하 "의료기관등"이라 한다)을 이용하는 경우 그 접근을 보장하기 위한 이동 편의 및 의료기관등 이용 시 장애인의 장애 유형 및 정도, 모 · 부성권 보장, 성별 등의 특성에 따른 적절한 편의를 제공할 수 있다. 〈개정 2018. 12. 11.〉

② 국가와 지방자치단체는 의료기관등을 직접 이용하기 어려운 장애인을 위하여 장애인의 거주지를 방문하여 진료 등을 행하는 방문진료사업을 수행할 수 있다.

③ 제1항에 따른 이동 및 이용 편의 제공과 제2항에 따른 방문진료사업의 대상 · 기준 및 방법 등에 필요한 사항은 대통령령으로 정한다.

제10조(장애인 건강보건연구사업) ① 보건복지부장관은 장애인의 건강증진, 장애 관련 각종 질환의 예방과 진료기술의 발전, 장애인 건강권 백서 발간 등을 위한 연구 · 개발사업(이하 "장애인 건강보건연구사업"이라 한다)을 시행할 수 있다.

② 보건복지부장관은 장애인 건강보건연구사업에 관한 국제협력의 증진과 선진기술의 도입을 위한 전문인력의 국외파견 및 국내유치 등의 방안 마련을 위하여 노력하여야 한다.

③ 보건복지부장관은 장애인 건강보건연구사업의 구체적이고 세부적인 사항에 관한 기획 · 관리 및 평가 등의 업무를 효율적으로 수행하기 위하여 제19조에 따른 중앙장애인보건의료센터로 하여금 장애인 건강보건연구사업을 수행하게 할 수 있다.

제11조(장애인 건강보건통계사업) ① 보건복지부장관은 장애인의 건강위험요인과 질환의 발생 및 치료에 관한 자료를 지속적으로 수집 · 분석하여 장애인 보건 관련 통계를 산출하기 위한 등록 · 관리 · 조사사업(이하 "장애인 건강보건통계사업"이라 한다)을 시행할 수 있다. 이 경우 통계자료의 수집 및 통계의 작성 등에 관하여는 「통계법」을 준용하며, 통계의 산출을 위하여 처리되는 개인정보는 「개인정보 보호법」 제58조제1항을 따른다.

② 보건복지부장관은 장애인을 진료하는 의료인 또는 의료기관, 「국민건강보험법」에 따른 국민건강보험공단 및 건강보험심사평가원, 그 밖에 장애인과 관련된 사업을 하는 법인 · 기관 · 단체에 대하여 보건복지부령으로 정하는 바에 따라 장애인 건강보건통계사업에 필요한 자료의 제출이나 의견의 진술 등을 요구할 수 있다. 이 경우 자료의 제출을 요구받은 자는 정당한 사유가 없으면 이에 따라야 한다.

③ 보건복지부장관은 장애인 건강보건통계사업을 효율적으로 추진하기 위하여 제19조에 따른 중앙장애인보건의료센터로 하여금 장애인 건강보건통계사업을 수행하게 할 수 있다.

제12조(장애인 건강보건정보사업) ① 보건복지부장관은 장애인 건강보건에 관한 정보를 체계적으로 구축하여 효율적으로 국민에게 제공하기 위한 사업(이하 "장애인 건강보건정보사업"이라 한다)을 실시할 수 있다.

② 장애인 건강보건정보사업의 내용은 다음 각 호와 같다.

1. 장애인 건강보건 관련 각종 정보에 대한 데이터베이스 구축 및 관리
2. 장애인 건강보건에 관한 정보 제공 및 상담

3. 장애인 건강보건에 관한 교육자료 개발 및 교육 · 홍보
4. 그 밖에 장애인 건강보건정보 데이터베이스 구축과 제공에 관하여 보건복지부장관이 필요하다고 인정하는 업무

③ 보건복지부장관은 장애인 건강보건정보사업을 효율적으로 추진하기 위하여 제19조에 따른 중앙장애인보건의료센터로 하여금 장애인 건강보건정보사업을 수행하게 할 수 있다.

제13조(장애인과 그 가족에 대한 건강교육) ① 국가와 지방자치단체는 장애인의 건강증진을 위하여 장애인과 그 가족을 대상으로 건강교육을 실시할 수 있다.

② 제1항에 따른 건강교육의 실시 시기 · 내용 · 방법 등에 필요한 사항은 보건복지부령으로 정한다.

제14조(장애인 건강권 교육) ① 국가와 지방자치단체는 장애인 건강권 관련 인식 향상을 위하여 다음 각 호의 어느 하나에 해당하는 사람을 대상으로 장애인 건강권에 관한 교육을 실시할 수 있다.

1. 장애인의 진료 · 재활 등을 담당하는 의료인
2. 장애인 관련 시설 종사자 및 장애인 관련 보조인력
3. 여성장애인의 임신, 출산 등을 담당하는 의료인
4. 그 밖에 보건복지부령으로 정하는 장애인 관련 업무 담당자

② 제1항에 따른 교육의 실시 시기 · 내용 · 방법 등에 필요한 사항은 보건복지부령으로 정한다.

제15조(재활운동 및 체육) ① 보건복지부장관은 의사의 처방에 따른 재활운동 프로그램을 장애인 또는 손상이나 질병 발생 후 완전한 회복이 어려워 일정기간 내에 장애인이 될 것으로 예상되는 사람들에게 제공할 수 있다.

② 국가와 지방자치단체는 「장애인복지법」에 따른 장애인복지시설, 「체육시설의 설치 · 이용에 관한 법률」에 따른 공공체육시설을 지정하여 장애인에게 체육 프로그램을 제공할 수 있다.

③ 보건복지부장관은 장애인 또는 손상이나 질병 발생 후 완전한 회복이 어려워 일정기간 내에 장애인이 될 것으로 예상되는 사람의 신체적 · 정신적 기능과 사회적 능력을 향상시키기 위한 재활운동 프로그램을 개발하고 이를 보급하기 위하여 노력하여야 한다.

④ 제1항부터 제3항까지에 따른 재활운동 및 체육 프로그램의 제공, 개발 및 보급 등에 필요한 사항은 보건복지부령으로 정한다.

제16조(장애인 건강 주치의) ① 국가 및 지방자치단체는 장애 정도가 심하여 건강에 대한 특별한 보호가 필요한 장애인(이하 "중증장애인"이라 한다)에 대하여 장애인 건강 주치의 제도를 시행할 수 있다.

② 제1항에 따른 장애인 건강 주치의 제도의 대상이 되는 중증장애인의 범위 및 내용 등에 필요한 사항은 대통령령으로 정한다.

제17조(의료비 지원) ① 국가와 지방자치단체는 의료비를 부담하기 어렵다고 인정되는 장애인에게 장애 정도와 경제적 능력 등을 고려하여 장애 정도에 따라 의료비에 사용되는 비용을 지급할 수 있다.

② 제1항에 따른 의료비 지급 대상 · 기준 및 방법 등에 필요한 사항은 보건복지부령으로 정한다.

제17조의2(의료비의 환수) ① 특별자치시장 · 특별자치도지사 · 시장 · 군수 · 구청장은 제17조에 따른 의료비의 지급이 다음 각 호의 어느 하나에 해당하는 경우에는 지급한 의료비의 전부 또는 일부를 환수하여야 한다.

1. 의료비를 지급받은 사람 또는 요양기관이 거짓이나 그 밖의 부정한 방법으로 의료비를 지급받은 경우
2. 잘못 지급된 경우

② 제1항에 따라 환수를 하는 경우 의료비를 반환하여야 할 사람이 납부기한까지 내지 아니한 때에는 「지방행정제재 · 부과금의 징수 등에 관한 법률」에 따라 징수한다. 〈개정 2020. 3. 24.〉

③ 특별자치시장 · 특별자치도지사 · 시장 · 군수 · 구청장은 제2항에 따라 의료비를 징수할 때 반환하여야 할 사람이 행방불명되거나 재산이 없거나 그 밖의 불가피한 사유로 환수가 불가능하다고 인정할 때에는 결손처분할 수 있다.

④ 제1항에 따른 환수 및 제3항에 따른 결손처분의 대상, 범위, 방법 등에 필요한 사항은 대통령령으로 정한다.

[본조신설 2018. 12. 11.]

제4장 중앙장애인보건의료센터 등

제18조(재활의료기관의 지정 등) ① 보건복지부장관은 「의료법」 제3조제2항제3호에 따른 병원급 의료기관 중에서 보건복지부령으로 정하는 시설 · 인력 · 장비 등의 기준을 갖춘 병원을 재활의료기관으로 지정할 수 있다.

② 보건복지부장관은 제1항에 따라 지정받은 재활의료기관이 다음 각 호의 어느 하나에 해당하는 경우에는 그 지정을 취소할 수 있다. 다만, 제1호에 해당하는 경우에는 그 지정을 취소하여야 한다.

1. 거짓이나 그 밖의 부정한 방법으로 지정을 받은 경우
2. 지정의 취소를 원하는 경우
3. 제1항에 따른 기준에 미달하게 된 경우

제18조의2(공공어린이재활병원등의 설치 등) ① 국가와 지방자치단체는 어린이의 특성과 요구에 맞는 체계적인 재활의료 지원을 위하여 권역별 공공어린이재활병원 및 공공어린이재활의료센터(이하 "공공어린이재활병원등"이라 한다)를 설치 또는 지정 · 운영할 수 있다.

② 국가와 지방자치단체는 효과적인 어린이 재활의료체계를 구축하기 위하여 공공어린이재활병원등의 설치 또는 지정 · 운영을 업무에 필요한 전문인력과 시설을 갖춘 기관에 위탁할 수 있다.

③ 국가와 지방자치단체는 제2항에 따라 업무를 위탁하는 경우 그 업무 수행에 필요한 경비의 전부 또는 일부를 보조할 수 있다.

④ 공공어린이재활병원등의 설치 · 지정 · 운영기준, 방법, 절차 및 업무 등에 관한 구체적인 사항은 보건복지부령으로 정한다.

[본조신설 2020. 12. 29.]

제19조(중앙장애인보건의료센터) ① 보건복지부장관은 장애인 보건의료에 관한 다음 각 호의 업무를 수행하게 하기 위하여 보건복지부령으로 정하는 시설, 인력, 장비 등의 기준을 충족하는 기관을 중앙장애인보건의료센터로 지정할 수 있다.

1. 장애인 건강보건관리사업의 기획 및 장애인 건강보건관리 전달체계의 구축
2. 장애인 건강보건 관련 정보 · 통계의 수집 · 분석 및 제공
3. 장애인의 진료 및 재활
4. 장애인 건강보건관리에 관한 연구
5. 지역장애인보건의료센터에 대한 지원 및 평가
6. 장애인 건강보건 관련 사항의 홍보
7. 장애의 예방 · 진료 · 재활 등에 관한 신기술 · 가이드라인의 개발 및 보급
8. 장애인 건강보건관리 서비스를 제공하는 인력의 교육 · 훈련
9. 장애인 건강보건 관련 국제협력
10. 여성장애인의 임신과 출산 시 장애 유형에 맞는 전문의료서비스 제공

11. 그 밖에 보건복지부장관이 필요하다고 인정하는 사업

② 제1항에 따른 중앙장애인보건의료센터의 지정 기준 · 절차 및 운영 등에 필요한 사항은 보건복지부령으로 정한다.

제20조(지역장애인보건의료센터) ① 특별시장 · 광역시장 · 도지사 · 특별자치시장 · 특별자치도지사(이하 "시 · 도지사"라 한다)는 장애인 건강보건관리에 관한 다음 각 호의 업무를 수행하게 하기 위하여 「의료법」 제3조에 따른 의료기관(이하 "의료기관"이라 한다) 중 보건복지부령으로 정하는 시설 · 인력 · 장비 등의 기준을 충족하는 의료기관을 지역장애인보건의료센터로 지정할 수 있다.

1. 장애인에 대한 건강검진, 진료 및 재활 등의 의료서비스 제공
2. 해당 지역의 장애인 건강 보건의료 및 재활의료 사업에 대한 지원
3. 해당 지역의 장애인 관련 의료 종사자에 대한 교육 · 훈련
4. 여성장애인의 임신과 출산 시 장애 유형에 맞는 전문의료서비스 제공
5. 그 밖에 보건복지부장관이 필요하다고 인정하는 사업

② 제1항에 따른 지역장애인보건의료센터의 지정 기준 · 절차 및 운영 등에 필요한 사항은 보건복지부령으로 정한다.

제21조(장애인보건의료센터의 지정 취소) ① 중앙장애인보건의료센터, 지역장애인보건의료센터(이하 "장애인보건의료센터"라 한다)가 다음 각 호의 어느 하나에 해당하는 경우에는 보건복지부장관, 시 · 도지사 중 해당 지정권자가 그 지정을 취소할 수 있다. 다만, 제1호의 경우에는 그 지정을 취소하여야 한다.

1. 거짓이나 그 밖의 부정한 방법으로 지정을 받은 경우
2. 제19조제2항 또는 제20조제2항에 따른 지정 기준에 미달한 경우
3. 정당한 사유 없이 제19조제1항 또는 제20조제1항에 따른 업무를 수행하지 아니한 경우

② 제1항에 따른 장애인보건의료센터의 지정 취소 등에 필요한 사항은 보건복지부령으로 정한다.

제5장 보칙

제22조(비용 지원) ① 국가와 지방자치단체는 다음 각 호의 어느 하나에 해당하는 비용의 전부 또는 일부를 예산 또는 「국민건강증진법」에 따른 국민건강증진기금에서 지원할 수 있다.

1. 장애인보건의료센터의 업무수행 및 업무수행을 위한 시설 · 인력 · 장비 등을 확충하

는 데 소요되는 비용
2. 장애인 건강검진사업에 소요되는 비용
3. 장애인 건강관리사업에 소요되는 비용
4. 장애인 건강보건연구사업에 소요되는 비용
5. 장애인 건강보건통계사업에 소요되는 비용
6. 장애인 건강보건정보사업에 소요되는 비용
7. 장애인 건강보건에 관한 교육 및 홍보에 소요되는 비용
8. 장애인 건강 및 보건 관련 전문인력의 교육 · 훈련에 소요되는 비용

② 제1항에 따른 비용 지급의 대상 · 기준 · 절차 및 방법 등에 필요한 사항은 대통령령으로 정한다.

제23조(지도 · 감독) 보건복지부장관은 장애인보건의료센터의 업무를 지도 · 감독하며, 업무 · 회계 등에 필요한 사항을 보고하게 하거나 필요한 자료의 제출을 명할 수 있다.

제24조(청문) 보건복지부장관 또는 시 · 도지사는 제21조에 따라 장애인보건의료센터의 지정을 취소하려는 경우에는 청문을 하여야 한다.

제25조(개인정보의 목적 외 사용 금지) 이 법에 따라 장애인 건강보건관리와 관련된 직무를 수행하거나 수행하였던 사람은 「개인정보 보호법」 제18조제2항에 따른 경우를 제외하고는 직무상 알게 된 개인정보를 타인에게 제공 또는 누설하거나 목적 외의 용도로 사용하여서는 아니 된다.

제26조(권한의 위임 및 업무의 위탁) ① 이 법에 따른 보건복지부장관의 권한은 그 일부를 대통령령으로 정하는 바에 따라 시 · 도지사 또는 시장 · 군수 · 구청장(자치구의 구청장을 말한다)에게 위임할 수 있다.

② 이 법에 따른 보건복지부장관의 업무는 그 일부를 대통령령으로 정하는 바에 따라 「국민건강보험법」에 따른 국민건강보험공단 · 건강보험심사평가원, 중앙장애인보건의료센터 또는 그 밖에 장애인 건강보건 관련 사업을 하는 기관 · 법인 · 단체에 위탁할 수 있다.

제6장 벌칙

제27조(벌칙) 제25조를 위반하여 직무상 알게 된 개인정보를 타인에게 제공 또는 누설하거나 목적 외의 용도로 사용한 자는 3년 이하의 징역 또는 3천만원 이하의 벌금에 처한다.

제28조(과태료) ① 다음 각 호의 어느 하나에 해당하는 자에게는 500만원 이하의 과태료를 부과한다.

1. 제11조제2항을 위반하여 자료를 제출하지 아니하거나 거짓된 자료를 제출한 자
2. 제23조를 위반하여 보고 또는 자료의 제출을 하지 아니하거나 거짓으로 한 자

② 제1항에 따른 과태료는 대통령령으로 정하는 바에 따라 보건복지부장관이 부과 · 징수한다.

부　칙 〈법률 제17790호, 2020. 12. 29.〉

이 법은 공포 후 6개월이 경과한 날부터 시행한다.

참고문헌

고광신 외(2010). 사회복지행정론. 나눔의집.

권구영 외(2008). 사회복지실천론. 창지사.

권진숙 외(2009). 정신보건사회복지론. 공동체.

권혁창 외(2017). 사회복지개론. 학지사.

김성천 외(2018). 사회복지학 개론. 학지사.

김영순(1996). 복지국가의 위기와 재편-영국과 스웨덴의 경험. 서울대학교출판부.

김의명(2016). 산업복지론. 양성원.

김이선 · 최윤정 · 정연주 · 장희영 · 이명진 · 양계민(2022). 2021년 국민 다문화수용성 조사. 여성가족부.

김준규 외(2011). 사회복지개론. 창지사.

김혜란 외(2002). 사회복지실천기술론. 나남출판.

남기민(2004). 사회복지정책론. 학지사.

남인복 역(2005). 지금 복지국가는 어디로 가고 있는가. 부글.

류기형 외(2018). 초보자와 신입생의 성공을 위한 사회복지개론. 양서원.

박옥희(2012). 사회복지의 이해. 학지사.

______(2017). 사회복지의 이해. 학지사.

박용순(2017). 사회복지개론. 학지사.

박용순 외(2014). 사회문제론. 학지사.

박지영 외(2014). 함께하는 사회복지의 이해. 학지사.

보건복지부(2018). 국민기초생활보장 안내.

__________(2018). 긴급지원사업 안내.

__________(2018). 노인돌봄 종합서비스 안내.

__________(2018). 보육정책 안내.

__________(2018). 사회서비스 사업 안내.

__________(2018). 장애인복지사업 안내.

__________(2018). 장애인활동보조 사업. www.ableservice.or.kr

__________(2018). 정신보건 사업 안내.

__________(2018). 지역사회보장협의체 사업 안내.

__________(2018). 2018년 사회복지관 운영관련 업무처리 안내.

__________(2018). 2018년 사회복지시설 관리안내–사회복지시설 종류.

__________(2019). 2019년 독거노인 · 중증장애인응급안전알림서비스 사업안내.

__________(2022). 2021 보건복지백서.

보건복지부 사회서비스자원과(2018). 2018 사회복지관 운영관련 업무처리 안내.

성명옥 역(2004). 정상화원리의 연구. 창지사.

성민선 외(2004). 학교사회복지의 이론과 실제. 학지사.

손명희 · 박세정(2008). 인간행동과 사회환경. 창지사.

신복기 외(2009). 사회복지행정론. 공동체.

신성자 외(2007). 사회복지실천기술론. 양서원.

엄기욱 외(2014). 사회복지개론. 학지사.

엄명용 외(2005). 사회복지실천기술의 이해. 학지사.

여성가족부(2020). 2020년 가족실태조사.

오정수 외(2010). 사회복지학개론. 양서원.

윤정숙(2016). 사회복지관련 직업의 세계. 창지사.

______(2017). NCS 기반 사회복지실천기술론. 창지사.

이인정 · 최해경(2007). 인간행동과 사회환경. 나남출판.

이종복 외(2006). 사회복지실천론. 학현사.

이진숙 외(2009). 사회복지정책론. 양서원.

이진숙 · 신지연 · 윤나리(2010). 가족정책론. 학지사.

이필환 외(2001). 사회복지실천이론의 토대. 나눔의집.

임은희(2004). 사회복지실천론. 학지사.

임춘식 외(2007). 사회복지학개론. 공동체.

장동일(2008). 사회복지행정론. 동문사.

장인협(1993). 사회복지실천방법론. 서울대학교출판부.

정민숙 외(2017). 사회복지개론. 공동체.

천정웅 외(2016). 차세대 사회복지개론. 양서원.

최옥채(2006). 사회복지실천론. 양서원.

최윤정 · 전기택 · 김이선 · 선보영 · 동제연 · 양계민 · 최영미 · 황정미(2022). 2021년 전국다문화가족실태조사. 여성가족부.

최일섭(2018). 사회복지개론. 지식공동체.

통계청(2009). 한국의 사회동향 2009-인구.

______(2016). 한국의 사회동향 2016.

______(2021). 2020년 다문화 인구동태 통계 보도자료.

______(2021). 장래인구추계(2020~2070년).

한국건강가정진흥원(2021). 2020 다문화가족지원센터 별도지원사업 연간결과보고서.

한국보건사회연구원 지역사회보장균형발전지원센터. 제4기('19~'22) 지역사회보장계획 수립 안내. 보건복지부.

한인영 · 최현미 · 장수미(2006). 의료사회복지실천론. 학지사.

한국임상사회사업학회(2006). 사회복지개론. 도서출판 신정.

황선재(2015). 불평등과 사회적 위험-건강과 사회문제 지수를 중심으로. 보건사회연구, 35(1). 한국보건사회연구원.

황성철(2007). 사회복지 프로그램 개발과 평가. 공동체.

NCS 매뉴얼. 사회문제 설정하기.

岡本民夫 編(1990). 社會福祉援助技術 總論. 川島書店.

京極高宣(1987). ソ-シャルワ-カ-の職務の專門性とは何か. 社會福祉硏究, 41. 鐵道弘濟會.

北川淸一(1998). ケ-スワ-カのための面接技法(4)面接の技法 2-質問, 觀察. 生活と福祉 12月號. 全國社會福祉協議會.

新版.社會福祉學習雙書 編(2004). 社會福祉援助技術論. 全國社會福祉協議會.

仲村優一 外 編. 社會福祉實踐の方法と技術. 有斐閣.

M. Ross(1955). *Community Organization : Theory. Principles and Practice*. New York : Harper. Brothers Publishers.

〈법령〉

고용보험법

공공부조법

국민건강보험법

국민기초생활보장법

국민기초생활보장법 시행령
국민연금법
노인복지법
노인장기요양보험법
사회보장기본법
사회보험법
사회복지사 등의 처우 및 지위 향상을 위한 법률
사회복지사업법
사회복지사업법 시행령
산업재해보상법
아동복지법
자살예방 및 생명존중문화 조성을 위한 법률
장애인 건강권 및 의료접근성 보장에 관한 법률
장애인복지법

〈홈페이지〉
국가법령정보센터 www.law.go.kr
디딤씨앗통장 사업 안내 www.adongcda.or.kr
법무부 www.moj.go.kr
법무부 사회통합정보망 Soci-Net www.socinet.go.kr
보건복지부 www.mohw.go.kr
보육인력국가자격증 chrd.childcare.go.kr
복지로 www.bokjiro.go.kr
여성가족부 www.mogef.go.kr
여성가족부 다문화가족지원포털 다누리 www.liveinkorea.kr
통계청 kostat.go.kr
한국사회복지사자격관리센터 lic.welfare.net
한국요양보호협회 www.silvercare.org
한국학교사회복지사협회 www.kassw.or.kr

저/자/약/력

■ **윤정숙**

전 경북과학대학교 사회복지과 교수
일본명치학원대학원 사회복지학전공 사회학 석사
충남대학교 사회복지대학원 박사과정 수료

〈주요 저서〉
지방분권시대의 지역복지계획 사례집
참가형 복지교육
복지과 교육법의 구축과 전개
ncs사회복지실천기술론
사회복지관련 직업의 세계 등

■ **신민정**

수성대학교 사회복지과 교수
일본사회사업대학원 사회복지연구과 사회복지학 석사
대구대학교 일반대학원 박사 졸업

〈주요 저서〉
사회복지실천론
지역사회복지론
사회복지개론
사회복지법제론
직업과 자기개발 등

〈제2판〉

사회복지학개론

|공저자| 윤정숙 · 신민정

|1판 1쇄| 발행 2022년 2월 25일
|2판 1쇄| 발행 2023년 3월 10일
|2판 2쇄| 발행 2024년 1월 10일
|2판 3쇄| 발행 2025년 1월 15일
|2판 4쇄| 발행 2026년 1월 3일

|발행인| 김 동 훈
|발행처| 공 동 체

|주소| 경기도 고양시 일산동구 호수로 358-39, 동문타워 I 905호(백석동)
|전화| 031) 814-3000(대표)
|팩스| 031) 814-3100
|홈페이지| http://www.compub.co.kr
|전자우편| compub@naver.com
|출판등록| 2005년 10월 6일
|등록번호| 제396-2005-36호

|ISBN| 979-11-6725-242-5
정가 18,000원